Revolution von innen

Das Buch

»*Buddha* ist kein Name einer Person. Es ist ein Zustand, den wir alle erreichen können: das Aufblühen allen Glücks und aller positiven Kräfte. Es ist vollkommene Freiheit, das Ziel auf der Suche nach dem ewigen Glück.«

Mit Anfang 20 gab Robert Thurman seinem Leben eine neue Richtung. Inspiriert von einem in New York lebenden Mönch ging er nach Indien in ein tibetisches Kloster und wurde zu einem der herausragenden Experten auf dem Gebiet des Buddhismus. Heute ist er, so das *Time Magazine,* einer der einflußreichsten Menschen weltweit. Seinen Weg und vor allem die Lehren des Buddhismus beschreibt er in diesem Buch. Auf ganz spannende Weise macht Robert Thurman dabei deutlich, daß der Buddhismus – richtig verstanden und gelebt – eine sozial engagierte Religion ist.

Der Autor

Robert Thurman, geboren 1941, erhielt 1978 als erster tibetischer Buddhist eine Professur für Religionswissenschaften am Amherst College und in Harvard. Heute lehrt er an der Columbia Universität tibetischen Buddhismus. Der Vater von fünf Kindern – darunter die Schauspielerin Uma Thurman – ist Mitbegründer und Präsident des *Tibethaus* in New York, einer kulturellen Non-profit-Organisation, die sich für den Schutz der Bevölkerung Tibets einsetzt. Seit über 35 Jahren verbindet Robert Thurman eine enge Freundschaft mit dem Dalai Lama.

16,50

Robert Thurman

Revolution von innen

Die Lehren des Buddhismus
oder das vollkommene Glück

Aus dem Amerikanischen von Dagmar Ahrens-Thiele

Econ Taschenbuch Verlag

Econ Taschenbuch Verlag 2000
Der Econ Taschenbuch Verlag ist ein Unternehmen der
Econ Ullstein List Verlag GmbH & Co. KG, München

Titel der amerikanischen Originalausgabe: Inner Revolution
(Riverhead Books, a Member of Penguin Putnam Inc., New York)
Übersetzung: Dagmar Ahrens-Thiele
Umschlagkonzept: HildenDesign, München – Stefan Hilden
Umschlaggestaltung: HildenDesign, München –
Stefanos Dalakiouridis
Titelabbildung: HildenDesign, München
Druck und Bindearbeiten: Ebner Ulm
Printed in Germany
ISBN 3-548-74002-2

Für Buddha Shākyamuni,
den Begründer der Revolution im Innern auf unserer Welt,
in tiefster Dankbarkeit und stetig wachsender Bewunderung.

Eure meisterliche Einsicht in die Selbstlosigkeit,
Eure unerschöpfliche Liebe für alle Lebewesen,
Euer allwissendes Begreifen der winzigsten Vorgänge
der Geschichte als Ereignisse menschlicher Entwicklung,
und Eure unglaubliche Fähigkeit zur Erlösung der Lebewesen –
all dies bewog Euch, das tiefgreifende Verwobensein aller Wesen zu lehren
und die gleichmütige, unaufhaltsame Revolution im Innern anzustoßen,
die Juwelen-Gemeinschaft der Hinwendung zur Erlösung zu gründen,
der Großzügigkeit, Gerechtigkeit und Toleranz,
dem Heldenmut, der geistigen Konzentration und dem schöpferischen Genius den Weg zu bereiten,
auf unserem Erdenstern mit all seinen Lebewesen wahrhaft zivilisatorisch zu wirken,
in Eurem Buddha-Paradies, das Ihr »erträglich« nanntet!

Und für Seine Heiligkeit, den Vierzehnten Dalai Lama,
in unserem postmodernen Zeitalter unter uns weilend,
den Friedensfürsten und Philosophenkönig Tibets,
in bewundernder Hochschätzung Eures schöpferischen Einsatzes
für die Bevölkerung Tibets und der ganzen Welt –
als Lehrmeister, tiefgründig, allumfassend und erhaben,
als einfacher Shākya-Mönch, ergebener Nachfolger des Buddha Shākyamuni,
als Bewahrer des allgemein menschlichen Glaubensbekenntnisses der Güte,
als Erforscher geistiger, spiritueller, gesellschaftlicher und menschlicher Wissenschaften –

seid Ihr ein Vorbild an feinsinniger Geisteskraft und Herzensgüte,
Ihr vermittelt Hoffnung und grenzenlosen Optimismus in einer scheinbar rettungslos dem Untergang geweihten Welt,
Ihr gebt den Pfad des Friedens als ein realisierbares Ziel vor,
Ihr werdet immer wieder geboren, um die Revolution im Innern weiterzuführen,
ausstrahlend auf alle Lebewesen, Gläubige wie Ungläubige,
aller Glaubensgemeinschaften und Wissensgebiete der Welt,
Ihr seid ein Segen für alle Geschöpfe, andere Arten und menschliche Wesen!

Inhalt

Danksagung

Vor der Lindisfarne Association hielt ich 1976 einen Vortrag zum Thema »Aufgeklärte Politik«, und damit begann seinerzeit meine Arbeit an dem vorliegenden Buch. Die Liste derer, die zu seinem Gelingen beigetragen haben und denen ich Dank schulde, ist daher lang.

Während des Schreibens konnte ich auf das Wissen vieler zurückgreifen. Ich danke zunächst allen, deren Lehren und Schriften für mich eine entscheidende Hilfe darstellten: Vimalakīrti, Nāgārjuna, Asanga, Shāntideva, Tsongkhapa, dem Großen Fünften Dalai Lama, Platon, Thomas Paine, Thomas Jefferson, Max Weber, Buckminster Fuller, Peter Berger, Philip Slater, Riane Eisler, Ken Wilber, Jeremy Rifkin, William Greider. Zu Dank verpflichtet bin ich aber auch jenen, die mir persönlich Anregungen zu diesem Thema gaben: David Wills und David Little, die mir den Zugang zu den einzigartigen Schriften Max Webers eröffneten, Peter Berger, der mir mit seinen kritischen Fragen half, David Spangler, der mir die Augen für das positive Potential der Zukunft öffnete, Tara Tulku Rinpoche, der alte Lehren kreativ weiterentwickelte, meinen Freunden Joel McCleary und Toinette Lippe, die meine Gedanken auf effektives Handeln und gelebte Barmherzigkeit[1] lenkten, und ganz besonders meiner Frau Nena, meiner unermüdlichen Lehrerin, meinem ältesten Sohn Ganden, der mich bei der Endfassung dieses Buches unterstützte. Ich danke auch meinen Studenten, die während der letzten 25 Jahre in so großer Zahl meine Vorlesungen über dieses Thema und verwandte Themen besuchten – das große Privileg und die Freude des Lehrens bestehen für mich darin, daß man stets neue Facetten in seinen als gesichert geltenden Erkenntnissen entdeckt, wenn diese der Wißbegierde anderer standhalten müssen.

Für die unschätzbare Hilfe bei der Erarbeitung der Endfassung dieses vorliegenden Buches bedanke ich mich bei meiner Agentin Lynn Nesbit: Beim Auf und Ab des Schreibprozesses hielt sie die Dinge im Fluß, den Blick unverwandt auf das Endziel gerichtet. Mein aufrichtiger Dank geht auch an die mich bereits bei früheren Büchern so sachkundig betreuende beratende Redakteurin Jisho Cary Warner für ihr Mitdenken und ihre harte Arbeit. Ganz besonders wichtig war von Anbeginn die Hilfe meiner guten Freundin und langjährigen Verlegerin Amy Hertz, der ich Dank schulde für ihre Zuversicht, ihre Geduld und Hartnäckigkeit, für ihren kritischen und schöpferischen Sachverstand und ihren unermüdlichen Einsatz. Mein Dank geht auch an alle Mitarbeiter von Riverhead Books, besonders an meine Verlegerin Susan Peterson und an Jennifer Repo, die Redaktionsassistentin.

Zu guter Letzt – und dies umfassend – danke ich Buddha Shākyamuni und Seiner Heiligkeit, dem Dalai Lama, ohne sie hätte ich nichts zu schreiben gehabt; dem Ehrwürdigen Geshe Wangyal, ohne ihn wäre ich niemals in der Lage gewesen, etwas zu schreiben; und erneut meiner geliebten Seelengefährtin Nena, ohne die ich nichts hätte schreiben wollen; und meinen geliebten fünf Kindern, Taya, Ganden, Uma,

[1] Das englische Wort »compassion« wurde mit »Erbarmen« oder »Barmherzigkeit« übersetzt, um den in diesen Begriffen enthaltenen wesentlichen Aspekt der aktiven oder tätigen Hilfe hervorzuheben. Die häufig zu lesenden Ausdrücke »Mitgefühl« oder »Mitleid« bezeichnen dagegen eine eher passive Einstellung, die der wichtigsten Tugend eines Bodhisattvas nicht gerecht wird. [Anm. d. Übers.]

Dechen, Mipam, und drei Enkelkindern, ohne die ich keine so klare Vorstellung gehabt hätte, für wen ich meine Ausführungen verfasse.

Robert A. Thurman
Gandendechanay, Woodstock, New York
November 1997

Geleitwort

Bob Thurman zählt zu meinen ältesten Freunden im Westen. Er beschäftigt sich seit langem mit dem Thema Revolution im Innern, ich erinnere mich daran, daß wir bereits vor Jahren in Dharamsala darüber sprachen.

Für tibetische Buddhisten sind die Gedanken dieses Buches nicht revolutionär: Natürlich verändert sich die gesamte Gesellschaft, wenn sich das Denken der einzelnen Mitglieder dieser Gesellschaft ändert. Als Buddhisten glauben wir, daß der Buddha – von Erbarmen erfüllt – den Wunsch hatte, allen fühlenden Wesen zu helfen, und zugleich die Weisheit, wie dieses Ziel erreichbar ist.

Thurman erklärte mir, einige Intellektuelle im Westen seien der Meinung, der Buddhismus habe nicht die Absicht, die Gesellschaft zu verändern: Der Buddha hätte bekanntlich auf seinen Thron verzichtet und Klöster gegründet – Entsagung sei die Grundlage des buddhistischen Pfades. Thurmans Buch erscheint daher gerade zur rechten Zeit, um mit den in den Köpfen herumgeisternden Vorstellungen aufzuräumen, der Buddhismus sei eine sich nicht sozial engagierende Religion.

Ich meine, Thurman vermittelt seinen Lesern neue Einblicke in die tibetische Gesellschaft und ihre besondere buddhistische Kultur. Der Autor hat mir den wesentlichen Unterschied erklärt zwischen den stark militaristisch geprägten europäischen, russischen und chinesischen Feudalgesellschaften und unserem pazifistischen, monastischen, glücklichen – wenn auch materiell unterentwickelten – traditionellen tibetischen Lebensstil. Er bemüht sich, die heute vorherrschende Ansicht zu widerlegen, materieller Fortschritt sei das höchste Gut.

Ich habe festgestellt, daß die Menschen im Westen sich nicht selten abfällig über Politik äußern und immer mehr die Hoffnung verlieren, Politiker seien in der Lage, überhaupt etwas Nützliches oder gar Intelligentes zu tun. Die Lektüre des vorliegenden Buches mit Berichten über das Leben einiger Führer buddhistischer Gesellschaften, der indischen Könige Ashoka und Udaya etwa oder meines Vorgängers, des Fünften Dalai Lamas, kann einigen Lesern möglicherweise Mut machen und sie davon überzeugen, daß auch Politik buddhistische Praxis sein kann und wohltätiges und geschicktes soziales Handeln sehr wohl ein Pfad zur Erleuchtung sein könnte. Wir dürfen den Mut nicht verlieren und müssen uns der Verantwortung für unsere Welt und die zukünftigen Generationen mit großer Entschlossenheit und mit Weitblick stellen. Thurmans Buch widmet sich dem buddhistischen Gedanken des Wirkens zum Wohl anderer. Ich zolle ihm Lob für seine sorgsame Untersuchung und seine klaren Ausführungen und ich lege Ihnen ans Herz, über seine Einsichten nachzudenken.

8. Oktober 1997

Vorwort

Ich wurde im Sommer 1941 geboren. Meine ersten Erinnerungen an die Welt außerhalb meiner Familie hatten mit dem Zweiten Weltkrieg zu tun: Aus Manhattan fuhren wir seinerzeit zum Brooklyn Navy Yard, um meinem Onkel Byng Lebewohl zu sagen, der von dort Ende 1944 mit seinem Tanker in See stach. Mein Onkel war ein stolzer Kapitän, der sich nicht wohl bei seiner Aufgabe gefühlt hatte, Schiffe zu bauen, und vor Aktivität strotzte. Ich fühlte mich im Stich gelassen, als dieser mir kaum bekannte Mann meinen Kopf streichelte, die Gangway hinaufstieg und kurz darauf mit seinem Schiff ablegte. Wie eine Collage tragischer Ereignisse ist in mir die Erinnerung an die Seelenqual der in unserem Haushalt lebenden Großeltern mütterlicherseits wach geblieben: Byngs Schiff explodierte im Ärmelkanal nur einen Tag nach der Kapitulation Deutschlands, getroffen von einem U-Boot, das die Nachricht vom Kriegsende nicht rechtzeitig erhalten hatte. Der Tanker meines Onkels hatte Kerosin geladen – Überlebende oder Tote wurden nie geborgen. Purse und Dunie, so nannten meine Großeltern einander, konnten die Nachricht einfach nicht glauben, reisten in die Küstenregionen Frankreichs und Englands, durchforsteten Lager und Krankenhäuser in der verzweifelten Hoffnung, irgendwo einen seines Gedächtnisses beraubten, aber lebenden Byng zu finden. Noch mehrere Jahre nach Kriegsende setzten sie ihre Suche fort inmitten des Chaos umherirrender, durch den Krieg heimatlos gewordener Menschen. Dunie erlitt am Ende einen Schlaganfall und verlor ihr Erinnerungsvermögen, und Purse gab die Suche schließlich auf. Byngs Tod war der eines Unschuldigen – ein sinnloser Tod, vermeidbar, wäre da nicht die schnelle Hand am Abzug einer vernichtenden Waffe gewesen.

In meine Teenagerzeit in den fünfziger Jahren fielen Luftschutzübungen; ich erinnere mich noch an die auf eine Stange an der Kreuzung Einundachtzigste und Lexington montierten Sirenen, die in regelmäßigen Abständen heulten. Von einem Atomkrieg mit den Russen war die Rede und von New York als einem möglichen Angriffsziel. Auch die Erinnerung an meine Geburtstagsfeier ist mir geblieben, verdüstert durch die Bilder der Atompilze von Hiroshima und Nagasaki. In meiner anglophilen Privatschule beschäftigte ich mich mit Latein, Französisch, Algebra, englischer Geschichte, Shakespeare, Homer und der Bibel. Ich glitt sorglos dahin wie über eine dünne Eisschicht, putzmunter und voller Enthusiasmus für mein von westlicher Kultur geprägtes Leben, darunter in der Tiefe unheimliche, finstere Höllenströme, bereit, bei einem nuklearen Holocaust die Welt zu verschlingen. Schließlich brach das Eis, und mir blieb keine andere Wahl, als der existentiellen Krise, in die sich die Welt selbst hineinmanövriert hatte, ins Auge zu blicken. Ich suchte nach Antworten auf meine Fragen, angesichts der Gefahr, in der sich die Welt befand, und angesichts meiner Angst vor dem gewaltigen atomaren Vernichtungspotential.

Nachdem mir dies bewußt geworden war, begann ich alles und jeden in Frage zu stellen, nur hörte ich niemals auf, mir unablässig selbst zu beteuern, daß ich »ich« sei. Ich fragte mich, wer ich sei und wie ich zu meinen Grundüberzeugungen gelangt war, verspürte das dringende Bedürfnis, meine Identität irgendwo festzumachen, machte mir jedoch niemals Gedanken darüber, ob ich überhaupt *existiere*. Ich wollte mich selbst kennenlernen, ganz egal, was unterdessen mit der

Welt geschehe. Ich begegnete meiner Sterblichkeit, als ich bei einem Unfall ein Auge verlor, blieb jedoch nach wie vor auf mich selbst konzentriert. Ich begab mich auf die Suche nach einem Trugbild, reiste als Pilger bis nach Indien auf der Suche nach meinem Selbst, ließ alles hinter mir, um in das Land der heiligen Gurus zu gelangen. Der Tod meines Vaters erfüllte mich mit Trauer und bestärkte mich nur noch mehr in meiner Entschlossenheit, mich selbst zu finden. Als ich gerade nach New York zurückgekehrt war, um an der Beerdigung meines Vaters teilzunehmen, lernte ich Geshe Wangyal kennen, einen mongolischen Mönch, der ganz in meiner Nähe in New Jersey lebte.

Ich spürte eine große Stärke von ihm ausstrahlen, eine tiefe Gefühlskraft, als ich in sein rosa gestrichenes Haus kam mit der schlichten, farbenprächtigen Kapelle. Unmittelbar neben seinem kleinen Gelände stand eine russisch-orthodoxe Kirche aus Beton. In seiner Anwesenheit verschlug es mir fast die Sprache, meine Knie wurden weich, und es rumorte in meinem Magen. Geradezu erstaunlich war, daß von der Anwesenheit Geshe Wangyals selbst fast gar nichts zu spüren war, er hatte nichts mit mir zu tun, tat nichts für mich, ja schien überhaupt nichts zu tun. Er schien uneingeschränkt zufrieden, und sich selbst überhaupt nicht wichtig zu nehmen. Als ich »ihn« nicht finden konnte, drängte sich mir unwillkürlich die Frage auf: *Wer ist eigentlich dieses »Ich«, dem ich dauernd nachjage?* Ich war 21 Jahre alt, hatte meine Collegeausbildung abgebrochen, war aus einer noch jungen Ehe ausgestiegen, kaum in der Lage, für mich selbst zu sorgen und ahnte jetzt zum erstenmal, daß da etwas über mein Selbst Hinausreichendes existierte.

Geshe Wangyal war völlig anders als die Menschen, denen ich bisher begegnet war. In einem der heißen Sommer am Schwarzen Meer hatte er sich als halbwüchsiger Mönch mit Typhus infiziert und wäre daran um ein Haar gestorben. Als seine Mutter hörte, daß seine Mitbrüder ihn bereits aufgegeben hatten, eilte sie ins Kloster, verbrachte drei Tage an seinem Bett und saugte unermüdlich Eiter und Schleim aus seiner Kehle und seinen Lungen, um ihn vor dem Erstickungstod zu bewahren. Nachdem er aus seinem Fieber erwacht war, hörte er als erstes, seine Mutter sei am Tage seiner Genesung der Krankheit erlegen, von der sie ihn geheilt hatte. Entsetzt mußte er feststellen, daß ihn diese Nachricht zwar mit Trauer erfüllte, doch daß in seinem Kopf nur ein einziger Gedanke übermächtig war, er einzig und allein an den quälenden Durst nach seinem zehntägigen Fieberschlaf dachte. Nachdem ihm dieses Übermaß an Selbstsucht zum Bewußtsein gekommen war, beschloß er augenblicklich, sich bis zu seinem letzten Atemzug dafür einzusetzen, sich selbst und andere Menschen von derartig zwanghaften selbstsüchtigen Regungen zu befreien. Niemals zuvor war mir ein Mensch begegnet, der sich so bedingungslos für den Weg der Barmherzigkeit entschieden hatte. Ich hatte angebissen.

Geshe Wangyal lehnte es ab, mein spiritueller Lehrer zu werden, er hielt sich nicht für ein höheres Wesen und bezweifelte, daß ich den schwierigen Pfad der spirituellen Entwicklung meistern könnte. Er räumte jedoch ein, alle wesentlichen Erkenntnisse in seinem Leben tibetischen Schriften entnommen zu haben, und meinte, auch ich könne möglicherweise aus ihnen Wichtiges für mein Leben schöpfen. Da ich kein Mönch war, konnte ich nicht in seinem Kloster wohnen, mußte mir daher ein externes Quartier suchen. Wir kamen überein, daß er für meinen Unterhalt sorgen und mich lehren wolle, tibetische Bücher zu lesen, wenn ich als Gegenleistung einigen jungen Mönchen in seiner Obhut Englischunterricht geben würde. Nach einer Woche hatte ich alles arrangiert, mein Ticket nach New Delhi verkauft, um meine Miete zu bestreiten, so daß ich meine Studien in New Jersey aufnehmen konnte.

Während meiner ersten Tibetischstunde sprach Geshe Wangyal über das Leiden – dies war der Anstoß zu einer unglaublichen Veränderung meiner Weltsicht. Wir werden geboren, werden krank, werden alt und sterben. Wir streben nach Wohlergehen und Glück, doch wie es scheint, ohne beides jemals zu finden. Ängstlich klammern wir uns an das

Wenige, was wir besitzen. Ich lernte, daß ein Leben, ohne zu wissen, was ich tue und warum ich es tue, zu Leiden führt, und dies war wie eine Offenbarung für mich. Mein Leben mit der Angst vor dem globalen Inferno, meine Jagd nach Wissen, Sex, Vergnügen, dem Selbst, mein Versuch, die Augen vor der Realität zu verschließen, dies alles hatte zwangsläufig dazu geführt, daß ich mich innerlich vollkommen unausgefüllt fühlte und hatte in mir nur die Begierde nach noch mehr erzeugt. Vor dieser Unterrichtsstunde hatte ich geglaubt, die Antworten auf meine Fragen an der nächsten Straßenecke zu finden; unablässig war ich um die Ecke gebogen, und schon hatte wieder ein neuer Wunsch von mir Besitz ergriffen, und die ganze Hatz hatte von neuem begonnen. Eben diese Jagd hatte mich so unglücklich gemacht, in mir hatte sich eine Wahnidee eingenistet, die diese wahnsinnige Hetzjagd ausgelöst hatte. Erstmals in meinem Leben hatte ich jemanden getroffen, der mir Hoffnung machte, es gebe einen Weg, mich von dieser Jagerei zu befreien. Ich war aufgefordert, mich dem Leid zu *stellen*; gleichzeitig war mir bewußt geworden, daß es auch einen Weg gab, dieses Leid zu *beenden*.

Mein Kernproblem war die übermäßige Beschäftigung mit mir selbst, das war eine zentrale Störung meiner Gedankenwelt, die mich hinderte, das Leben in jeder für mich denkbaren Weise zu genießen, anderen so wohlwollend zu begegnen, wie ich es mir wünschte, und all das zu erkennen, wonach ich gesucht hatte. Ich begann einen Sinn darin zu sehen, meinem Leben eine Neuorientierung zu geben, indem ich mich von »mir« befreite.

Von 1962 bis 1966 lebte ich beinahe von nichts, von allenfalls hundert Dollar im Monat. In den ersten beiden Jahren trug ich Jeans und T-Shirts, anschließend, nach meiner Ordination, das traditionelle dreiteilige Gewand der tibetischen Mönche – rotbrauner gegürteter Rock, oberer Schal und gelber Überschal für spezielle Anlässe. Für Konsumgüter gab ich keinen Cent aus, ich sah kaum fern, hörte keine Musik, las nur die Lehrbücher für die in buddhistischen Klöstern lebenden Mönche und meditierte viel. Ich interessierte mich nicht mehr für Autos und Motorräder, für Anzüge und schöne Schuhe. In regelmäßigen Abständen schor ich mir den Kopf kahl. Ich reiste niemals, es sei denn, jemand bat mich darum und erstattete mir die Reisekosten. Außerdem ernährte ich mich einige Jahre vegetarisch.

Wenn ich auf meine Erfahrungen aus dieser Zeit zurückblicke, scheinen sie mir einem meinen ganzen Körper durchströmenden und den ganzen Tag anhaltenden orgiastischen Zustand vergleichbar, und dieser unterschied sich von einem auf die Genitalien und auf nur kurze Augenblicke intensiver Erregung beschränkten Orgasmus. Im Gegensatz zu meinen früheren Erfahrungen, bei denen ich als jugendlicher Liebhaber und dann verheirateter Mann nie genug Liebe bekommen hatte, erfüllte mich jetzt ein wunderbares Gefühl inneren Wohlbehagens.

Mich beschäftigten keinerlei Geld-, Familien-, Zukunfts-, Karrieresorgen oder Konkurrenzgedanken. Ich besaß weniger als jemals zuvor, und doch war ich um vieles zufriedener. Ich hatte nur den einen Wunsch, für immer der 2500jährigen buddhistischen Gemeinschaft der nach Erleuchtung Suchenden anzugehören, als Mönch in sie aufgenommen zu werden. Meine innere Welt war reich, voller Erkenntnisse und verlockender Visionen, zugleich war ich erfüllt von Dankbarkeit angesichts des mir zuteil gewordenen Glücks und Privilegs, Zugang zu so bedeutenden Lehrern und Lehren zu haben und außerdem die Zeit, studierend möglicherweise etwas von diesen Lehren verinnerlichen zu können. Meine Sehnsucht, die ich immer noch spürte, richtete sich nun auf innere Erfahrungen, die nach meinen Vorstellungen auf einer höheren Stufe des Pfades zur Erleuchtung lagen.

Nichts wünschte ich mir sehnlicher, als dem Beispiel Ge-she-las [d.i. Geshe Wangyal, Anm. d. Übers.] zu folgen und Mönch zu werden. Dieser jedoch war fest davon überzeugt, es sei besser für mich, meine Studien und Meditationen fortzusetzen, ohne mich formell zum Mönch ordinieren zu lassen. Ich bestand jedoch darauf, und schließlich erklärte er sich bereit, mit mir nach Indien zu fahren und mich dort klösterlichen Lehrern vorzustellen.

Im indischen Sarnath, wo Buddha Shākyamuni das erste Mal eine Rede über das Leiden gehalten hatte, stellte mich Geshe Wangyal 1964 offiziell Seiner Heiligkeit, dem Dalai Lama, vor. Er beschrieb mich als verrückten amerikanischen Jungen, hochintelligent und herzensgut (allerdings ein wenig stolz), der gut Tibetisch spreche und etwas über den Buddhismus gelernt hätte. Ich wolle Mönch werden, so Geshe Wangyal, und das bedeutete, ich würde als erster »Abendländer« die Ordination zum tibetischen Mönch erhalten. Die Entscheidung jedoch wolle er, Geshe Wangyal, Seiner Heiligkeit überlassen. Er beabsichtige, mich in Indien in der tibetischen Exilgemeinde unter der Obhut Seiner Heiligkeit zurückzulassen, damit ich meine buddhistischen Studien vertiefen könne. Seine Heiligkeit sah mich interessiert an und bat dann Geshe Wangyal, mich zu einer zweiten Audienz nach Dharamsala zu bringen, dort würde er persönlich die notwendigen Entscheidungen für mein weiteres Studium treffen.

In Dharamsala, dem Sitz der tibetischen Exilgemeinde, traf sich Seine Heiligkeit häufig mit mir, um sich von meinen Fortschritten ein Bild zu machen, er war jedoch nicht mein persönlicher Lehrer. Ich wurde bei Dagyab Rinpoche untergebracht, einem der ranghöchsten Lamas in Tibet vor der chinesischen Machtübernahme. Er war seinerzeit nur ein Jahr älter als ich, war aber schon seit frühester Kindheit zum lamaistischen Lehrer ausgebildet worden. Khen Losang Dondrub, Abt des Namgyal College, des Klosters Seiner Heiligkeit, erhielt den Auftrag, mich in buddhistischer Philosophie zu unterweisen. Seine Erhabenheit Ling Rinpoche, der älteste persönliche geistliche Lehrer Seiner Heiligkeit, beriet mich in den ethischen Belangen, die mit meinem Wunsch zusammenhingen, zum Mönch ordiniert zu werden. Tibetische Medizin, Astronomie und Astrologie rundeten meine Studien ab, Fächer die ich niemals als notwendig für die Mönchsausbildung erachtet hätte.

Ich verbrachte ein anregendes Jahr in Dharamsala, meine Tage waren mit Studium und Meditation ausgefüllt, und ich lernte die Weltanschauung der Tibeter kennen. Meine Zusammenkünfte mit Seiner Heiligkeit wurden bald zur wöchentlichen Routine. Während unserer Gespräche überprüfte Seine Heiligkeit nur kurz meine Fortschritte, meine Fragen leitete er an meine älteren Lehrer weiter. Dann wandte er sich Themen aus der westlichen Kultur zu – ihn interessierte sehr vieles. Er fragte mich nach Freud, Platon, Jefferson, der amerikanischen Verfassung, wollte etwas über Demokratie, Autos, Flugzeuge und Nuklearphysik wissen. Für mich war es schwierig, alles in Tibetisch zu erklären, oftmals mußte ich englische Wörter einflechten oder im Zuge meiner Ausführungen neue tibetische Wörter kreieren. Begriffe wie Freiheit und Unabhängigkeit hatte ich nur im Kontext der amerikanischen Gesellschaft kennengelernt. Freiheit, was zu tun? Suche nach dem Glück? Waren wir denn wirklich glücklich? Waren wir tatsächlich frei?

Schließlich stimmten Seine Heiligkeit und Ling Rinpoche tatsächlich meiner Ordination zum tibetischen Mönch zu. Ling Rinpoche nahm mir die vorläufigen Verzichtsgelöbnisse des Novizen ab, Seine Heiligkeit vollzog etwa einen Monat später die eigentliche Zeremonie, meine Verpflichtung auf die 252 Ordensregeln. Ling Rinpoche machte mir eindringlich klar, welch bindende Verpflichtung ich als erster Vertreter einer westlichen Kultur mit dieser Ordination zum tibetischen Mönch eingegangen war. Ich fühlte mich geehrt, und war überwältigt.

In den christlichen Klöstern des Abendlands und in den buddhistischen Klöstern des Fernen Ostens verpflichten sich Mönche und Nonnen mit dem Anlegen ihrer schwarzen, grauen oder dunkelbraunen Ordenstracht zugleich zu einem Leben der Buße und Kasteiung. Im Gegensatz hierzu basiert das indische und tibetische Mönchswesen auf dem Mittleren Weg des Buddha Shākyamuni, dem Weg zwischen Hedonismus und Askese, der den Verzicht auf oberflächliche Freuden betont, um sich ganz dem Ziel zu widmen, zur höchsten

Wonne zu gelangen: zur Befreiung von den Fesseln des Ichs, welche das Leiden verursachen. Die tibetische Kultur bot mir den notwendigen Rückhalt, so daß ich mich ganz meinen Studien widmen und die Lehren in der täglichen Praxis umsetzen konnte. Ich tauchte in die Gemeinschaft der im indischen Exil lebenden Tibeter ein, die dem Massaker der chinesischen Kommunisten entkommen waren, konnte damals allerdings noch nicht so recht einschätzen, wie sehr diese einzigartige Kultur dazu angetan war, mich in meinem Streben zu ermutigen.

Ich entdeckte in Indien, wie einfach es ist, ein angenehmes Leben zu führen, wenn man erst einmal andere Prioritäten gesetzt hat. Wir hatten keine Elektrizität, daher glich jeder Abend einem Fest bei Kerzenschein, und dies veranlaßte mich, früh schlafen zu gehen und bei Sonnenaufgang aufzustehen, um am Morgen das helle Licht des Tages und meine klaren Gedanken zu nutzen. Es gab auch kein fließendes Wasser, so hatte ich die Gelegenheit, an der meinen Körper stärkenden Übung teilzunehmen, täglich gefüllte Eimer mit Wasser von einer Quelle zu unserem Wohnquartier zu tragen und mich bei dieser täglichen Aufgabe gleichzeitig der Gesellschaft meiner Nachbarn zu erfreuen. Da wir ohne Telefon auskommen mußten, lernte ich mich von Angesicht zu Angesicht ganz auf meinen jeweiligen Gesprächspartner zu konzentrieren. So verlief mein Leben in einem tibetischen Flüchtlingslager – eine tägliche Erleuchtungserfahrung.

Nach mehr als einem Jahr hatte ich das Gefühl, meine Aufgabe in Dharamsala erfüllt zu haben, und ich begann, mich in der kleinen Stadt am Himalaja nicht mehr ganz wohl zu fühlen. Ich wollte nach Amerika zurück, Freunde besuchen und meine neue Lebensweise zu Hause erproben, obwohl ich als Mönch und wegen meines Gelübdes, ganz zu schweigen von meiner Ordenstracht, sicher ein wenig Aufsehen erregen würde. Ich meinte, meine Mönchsdisziplin befähige mich zu einem freieren Leben in einer Welt, die mir einst so viel Verdruß beschert hatte, und ich könnte sorgenfreier leben, befreit von dem Druck, nach einer Partnerin, einem Job oder nach Besitz streben zu müssen.

Sobald ein Individuum seine geistigen Verblendungen überwunden hat, etwa seinen Haß besiegt hat, wird er oder sie in die Lage versetzt, der ganzen Welt zu helfen, diesen Schritt ebenfalls zu tun – und das ist das oberste Ziel im tibetischen Buddhismus. Das Ziel meiner Meditationsübungen sei es, so war ich gelehrt worden, andere Wesen von ihren Leiden zu erlösen. In meiner Naivität und meinem Idealismus glaubte ich dennoch, ich würde ein Beispiel geläuterten inneren Lebens vorleben können, das hieß: Freiheit zunächst für sich selbst erreichen und alsdann für das größere gesellschaftliche Umfeld. Das ließ sich freilich nicht so gut an, wie ich erwartet hatte.

Während ich bemüht war, mich sichtbar zu meinen Idealen zu bekennen, durchlebten die Menschen in meiner Umgebung schreckliche Identitätskrisen und gaben sich auch dem Drogenkonsum hin. In meiner klösterlichen Zurückgezogenheit hatte ich mich sicher und glücklich gefühlt, doch jetzt bedrückte mich, daß ich die Befreiung, die ich erfahren hatte, mit niemandem teilen konnte. Buddha hatte einst die Mönchstracht eingeführt, damit man einen nach Erleuchtung Strebenden respektierte, doch ich machte die Erfahrung, daß zur damaligen Zeit niemand in den Vereinigten Staaten einen amerikanischen Mönch wirklich respektierte, auch wenn man eine große Persönlichkeit wie den Dalai Lama verehrte. Niemand meiner Freunde oder aus meiner Familie verstand, warum ich eine rote Robe trug und mit kahlgeschorenem Kopf umherlief.

Mitte der sechziger Jahre eskalierte der Guerrillakampf in Vietnam zu einem erbarmungslosen Krieg, und mich verfolgte das Bild des weitsichtigen alten vietnamesischen Mönchs Tri Quang Duc, der sich 1965 eines Tages zu einem Schritt entschlossen hatte, der das Leben von Millionen Menschen beeinflussen sollte: Freundlich lächelnd schritt er an einigen Fernsehkameraleuten vorbei zu einem von ihm zuvor ausgewählten Platz, setzte sich in Meditationshaltung nieder, übergoß sich mit Benzin – und war kurz darauf von lodernden Flammen eingehüllt. Ihm waren weder Schmerz noch Angst anzumerken, er saß einfach da, ein leichtes Lächeln auf den Lippen. Nach nur fünfzig Sekunden, in denen die Flammen ihn verzehrten und verkohlten, hatte der Körper seine Form eingebüßt und fiel in sich zusammen. Zu dieser inneren Gelassenheit hatte ihm sein innerer Frieden die Kraft gegeben.

So zumindest habe ich diesen berühmten TV-Clip in Erinnerung behalten. Aufrüttelnd war für mich nicht nur das Grauen, einen Menschen bei lebendigem Leibe verbrennen zu sehen, es war auch die offensichtliche Tatsache, daß dieser Mensch die Fähigkeit gehabt hatte, dabei völlig unbewegt und ruhig dazusitzen. Es war die geradezu unheimliche Überzeugungskraft in diesem Ereignis: Ich hatte gesehen, daß Tri die Selbstverbrennung gewählt hatte, um jene wachzurütteln, die in ihrer Verblendung Kinder mit Napalm verbrannten und Hunderttausende Erwachsener in den Tod schickten.

Fast alle meine Bekannten ließ dieses Ereignis unbeeindruckt, denn sie meinten, Tri sei entweder verrückt gewesen oder hätte unter Drogen gestanden. Mich jedoch ließ dieses Bild nicht los. Seine Schritte, so zeigte es die Videoaufzeichnung, waren entschlossen, nicht schwankend gewesen. Er war ein alter Mann, der kurz vor seinem Tod stand. Doch schien es, als habe er die Angst vor dem Tod längst überwunden, ihn akzeptiert, und so war er in der Lage gewesen, diesem ruhig ins Auge zu sehen. Tri Quang Duc hatte seinen wahrhaftigen Sieg über den Haß demonstriert. Die Flammen des Hasses hatten seinen Körper zwar verzehrt, seiner inneren Glückseligkeit hatten sie jedoch nichts anhaben können.

Inmitten einer solchen Umgebung fühlte ich mich als Einzelkämpfer, als Fremder in einer fremden Welt – nicht geschult genug, meinen Traum zu leben, den Menschen meines Umfelds zum Glück zu verhelfen; aber ich wollte auch nicht mehr so wie früher leben. Für mich als Mönch schien es in Amerika keine Zukunft zu geben, denn es gab keine Gemeinschaft, die mich so, wie die Tibeter es getan hatten, in meiner Entwicklung unterstützten, und außerdem keine Möglichkeit, mit meinen Zeitgenossen meine Freude und Geistesklarheit zu teilen.

Und so gab ich nach langer Gewissensprüfung mein Leben als Mönch auf. Obwohl ich wußte, daß dies die richtige Entscheidung war, erfüllte mich doch große Scham bei dem Gedanken, daß meine Lehrer, insbesondere Ling Rinpoche und Seine Heiligkeit, der Dalai Lama, tief enttäuscht sein würden. Geshe Wangyal war immer gegen meine formelle Ordination gewesen – und wollte nun, da ich zur Mönchsgemeinde gehörte, keine Verantwortung dafür übernehmen, daß ich meine Entscheidung rückgängig machen wollte. Ich löste mein Gelübde und wollte meine Gewänder an ihn zurückgeben, doch er verwies mich an Seine Heiligkeit. Ich faßte den Entschluß, mein Versagen wiedergutzumachen, indem ich mich als Laie ebenso pflichtbewußt im täglichen Leben verhielt wie als Mönch, gleichzeitig war ich jedoch zu stolz, meine frühere Lebensweise in weltlicher Umgebung wieder aufzunehmen. Ich verwechselte ein bescheidenes Maß an Wissen und einige intensive Meditationserfahrungen mit wahrhaftigen und dauerhaften Erkenntnissen auf dem Pfad zur Erleuchtung. Es stellte sich nun die Frage, was ich tun sollte. Ich war voller Respekt für meine tibetischen Lehrer in Indien und meinen Lehrer in New Jersey, und doch glaubte ich von anderen im Westen nichts mehr lernen zu können. Das bedeutete also: Mir stand ein langer, schwieriger Weg bevor.

Damals bestand die größte Gefahr für mich darin, der Versuchung zu erliegen, ein Guru zu werden. Viele wußten, daß ich ein buddhistischer Mönch gewesen war, konnten aber kaum zwischen einem Mönch und einem Ex-Mönch unterscheiden. Ich kannte mich einigermaßen gut in den wichtigsten Lehrtraditionen des tibetischen Buddhismus aus und konnte mich meditativ so weit versenken, daß ich zu einer veränderten Wahrnehmung und Erkenntnis des Wesens unseres Bewußtseins gelangen konnte, und das hätte gereicht, um mir eine Gefolgschaft zu verschaffen. Trotz meines Stolzes orientierte ich mich jedoch an meinem Vorbild Geshe Wangyal, der es immer abgelehnt hatte, eine größere Schar von Schülern um sich zu versammeln. Wenn er trotz seines großen Wissens kein Guru werden wollte, wie hätte ich mir dann die Rolle eines spirituellen Meisters für andere anmaßen dürfen? Es ging kein Weg daran vorbei, ich mußte irgendeinen Beruf finden, der mich finanziell so unabhängig werden ließ, daß ich niemals mehr der Versuchung unterliegen würde, aus dem Wunsch der Menschen nach spirituellem Wachstum persönlichen wirtschaftlichen Vorteil zu ziehen. Ich gelangte zu dem Entschluß, noch weitere für das Lesen buddhistischer Texte notwendige Sprachen zu erlernen und fortzufahren, das für mich neue Universum des Dharma, der Lehre des Buddha, zu entdecken. In Amerika ist die einzige dem Klostergelehrtentum vergleichbare Laieninstitution die Universität, und so wandte ich mich schließlich dem akademischen Leben zu.

Zum Glück fand ich eine Seelengefährtin, Nena. Ich verliebte mich in sie und begann mit ihr Werte wie Familie, Schule und Beruf wiederzuentdecken, ja ich entdeckte sogar Amerika. Sie wurde auch meine Lehrerin, meine spirituelle Freundin für die gelebte Praxis, die sich weniger für hochtrabende Gespräche und exzentrische Übungen interessierte, sondern für die richtige Umsetzung der buddhistischen Lehren im täglichen Leben. Bald erlebten wir das Wunder der Geburt eines entzückenden Jungen, dem Geshe Wangyal den Namen Ganden gab, nach dem glückseligen Paradies des Buddha der Zukunft, Maitreya. Ganden bekam bald eine Schwester, die natürlich den Namen der indischen Muttergöttin Umā erhielt.

Es fiel mir schwer, mein buddhistisch orientiertes Leben den Anforderungen der Gesellschaft im modernen Amerika und dem Konkurrenzdenken in der akademischen Welt anzupassen. Da ich eine Rolle auszufüllen hatte – die des jungen und armen Graduierten mit einer gerade erst gegründeten Familie –, genoß ich immerhin etwas Schutz. Nach Beendigung eines strapaziösen dreijährigen Studiums der Sprachen,

Sozialwissenschaften, asiatischen Geschichte und Weltphilosophie – gleichzeitig versuchte ich mich in der Rolle des Ehemanns für Nena und Vaters zweier lebhafter Kleinkinder zurechtzufinden –, erhielt ich ein Forschungsstipendium für Indien und damit auch die Gelegenheit, meine Lehrer wiederzusehen. Das war 1970, fünf Jahre war ich nicht mehr in Indien gewesen.

Ich machte mir Gedanken darüber, wie Seine Heiligkeit, der Dalai Lama, mich nach der Lösung meines Mönchsgelübdes empfangen würde, daher war ich bei unserer ersten Begegnung sehr angespannt. Ich ging auf ihn zu und verbeugte mich linkisch, doch noch bevor ich dazu kam, ihm meine Familie vorzustellen, hüpfte mein dreijähriger Sohn Ganden auf den Schoß Seiner Heiligkeit, umarmte ihn so stürmisch, daß er ihm dabei die Brille von der Nase stieß. Der Dalai Lama lachte laut – das Eis war gebrochen; wir knüpften wieder an das herzliche Freundschaftsverhältnis an, das uns vor fünf Jahren verbunden hatte. Am Ende unserer ausführlichen Unterhaltung gab mir Seine Heiligkeit Empfehlungen, bei wem ich zur Fertigstellung meiner Dissertation studieren sollte, machte Vorschläge, wie er mir selbst behilflich sein könnte (das von mir gerade übersetzte Buch gehörte zu seinen Lieblingsschriften), wo wir wohnen könnten und anderes mehr. Dann nahm er meine und die Hände Nenas in die seinen und erteilte uns seinen Segen.

Als ich einige Jahre später promoviert hatte und zu lehren begann, stellte ich mit Entsetzen fest, welch grob verzerrtes Bild von den asiatischen Kulturen allgemein und speziell der buddhistischen Kultur in der westlichen Literatur und in den Köpfen meiner Kollegen existierte. Quell dieses falschen Verständnisses war das Schrifttum der europäischen »Autoritäten« Max Weber, Sigmund Freud, Karl Marx und Emile Durkheim, weitergegeben wurde es von zeitgenössischen Autoren und Übersetzern. Zu den Hauptvorurteilen, die mir immer wieder begegneten, zählten: die Asiaten kennen keinen Individualismus; Asiaten heben sich weder äußerlich und noch viel weniger intellektuell als Individuen voneinander ab; sie besitzen die Grundüberzeugung, das Leben sei wertlos. Daher haben sie wenig Interesse an ethischen Denksystemen und erdulden ohne Widerspruch den »Orientalischen Despotismus«. Unter diesen »Asiaten« haben die Buddhisten die extremste Einstellung, denn sie lehren die Auslöschung des Selbsts und des Lebens als höchstes Ziel, sie sind »sozial apathisch«, »jenseitsbezogen«, »mystisch«, »Weltverächter« (Formulierungen Max Webers). Diese Klischees sind für jeden, der einmal in einer asiatischen Gesellschaft gelebt hat, völlig absurd. Trotzdem fand ich sie in der Vorstellungswelt meiner Kollegen fest verwurzelt und erlebte, daß sie gedankenlos an die Studenten weitergegeben wurden, so daß das westliche Denken gleichsam von diesen Vorstellungen durchdrungen war. Ich selbst hatte genau das Gegenteil dessen während meines Aufenthaltes in einer Exilgemeinschaft erlebt. Ich hatte beobachtet, daß meine Lehrer sich unermüdlich für das Wohl der anderen eingesetzt hatten. Ich hatte auf meinem Weg zur Ordination die Unterstützung einer fremden Gemeinschaft erfahren. Ich hatte – in moderner Ausformung – eine alte Lebensweise kennengelernt, die vor 2500 Jahren mit der Erleuchtung des Buddha Shākyamuni ins Leben gerufen worden war mit dem Ziel, eine reine Welt zu schaffen. Grundlage des Handelns in dieser Welt ist das Bestreben, jedem einzelnen Menschen zu helfen, ihr oder sein volles Potential zu entwickeln, und das bedeutet nichts weniger, als ein vollkommen erleuchteter Mensch zu werden, ein Buddha, so bedeutend wie der historische Buddha. Niemals hat es – weder vor noch nach der Zeit des Buddha Shākyamuni – eine positivere Philosophie gegeben oder eine, die sich des einzelnen mehr annimmt als der Buddhismus. Meine Aufgabe war es nun, dieses falsche Bild zurechtzurücken.

Meinen Kampf gegen die oben erwähnten Vorurteile hatte ich als junger Dozent zu führen, der sich gleichzeitig um ein Ordinariat bemühte – und dieser langwierige Prozeß allein ruiniert nicht selten die psychische Integrität, das Familienleben und die eigene Gesundheit. Das bedeutet sechs unterbezahlte Jahre in der Lehre, in denen man Hunderte von Studenten erleuchten, all seinen Kollegen landesweit durch Brillanz, Charakter, Charme und Aufopferung für den Beruf gefallen, in seinem Wohnort mit besonderen Veranstaltungen Eindruck machen, wenigstens zwei Bücher, ein halbes Dutzend Artikel und eine Anzahl von Rezensionen in führenden Fachzeitschriften veröffentlichen und sich ganz allgemein für sein Institut unentbehrlich machen muß. Außerdem sollte man tunlichst darauf achten, nicht zu populär zu werden, um die Kollegen nicht zu sehr in den Schatten zu stellen, und in der wissenschaftlichen Arbeit nicht allzu kontroverse Ansichten zu vertreten. Wenn man es im sechsten Jahr nicht geschafft hat, einen Ruf zu bekommen, kann man zwar woanders hingehen und nach einigen weiteren Jahren vielleicht in einer weniger angesehenen Institution (gewöhnlich weit entfernt von dem Ort, wo man sich mit seiner Familie niedergelassen hat) die ersehnte Professur bekommen, doch die Wahrscheinlichkeit ist groß, daß man sie niemals bekommt, und man wird dann an eine Fachschule zurückkehren müssen, um eine andere Berufslaufbahn einzuschlagen.

Was auch immer das Wunder bewirkte, im Dezember 1978 bekam ich mein Ordinariat, der erste derart geehrte Buddhist in der Geschichte des Fachbereichs Religionswissenschaften am Amherst College.

Verstärkt wandte ich mich nun meiner Verpflichtung als Buddhist zu, anderen Menschen zu helfen, Erlösung von ihrem Leiden zu finden. Ich hatte den großen Wunsch, die Menschen meiner Umgebung mit den großen Lehrern bekannt zu machen, denen ich in Indien begegnet war. Sie sollten persönlich die Gegenwart eines Menschen erleben, der sich für das Glück des anderen aufopfert.

Seine Heiligkeit strahlt stets Würde und bestechenden Charme aus. In den siebziger Jahren hatte er sich zahlreichen formellen Exerzitien unterzogen, so daß er die unterschiedlichen Praktiken des Tantra beherrschte, jenes wertvollen Systems des Buddhismus, das die Tibeter bewahrten, nachdem es in Indien vor mehr als tausend Jahren beinahe verlorengegangen war. In dieser buddhistischen Tradition visualisiert der Meditierende die Welt gleichsam als einen Ort, wo erleuchtete Wesen in einer erleuchteten Umwelt leben. Diese Fähigkeit zur Visualisierung ist meiner Meinung nach auch die Quelle des Charismas Seiner Heiligkeit, das stets auf die Menschen in seiner Umgebung ausstrahlt.

Während des größten Teils der siebziger Jahre durfte der Dalai Lama wegen einer Übereinkunft zwischen der Nixon-Administration und der kommunistischen Regierung Chinas nicht öffentlich in Amerika lehren. Doch unter Präsident Carter erhielt er schließlich die Einreiseerlaubnis nach Amerika.

Das Amherst College und die Harvard University, an der ich nebenbei als Gastdozent lehrte, waren die ersten Institutionen in Amerika, die Seine Heiligkeit während seines Aufenthaltes im September 1979 einluden. Als ich den Dalai Lama in jenem Herbst begrüßen konnte, hatten wir einander acht Jahre nicht gesehen. Er war immer noch so heiter und lebendig, wie ich ihn in Erinnerung hatte, und doch hatte er sich auffallend verändert: In der Nacht vor seiner Landung in New York träumte ich, er manifestiere sich ganz oben auf der Spitze des Waldorf Astoria im Mandala-Himmelspalast des Kālachakra-Buddha. Die große Schar der Honoratioren – Bürgermeister, Senatoren, Firmenvorstände und Könige, Scheiche und Sultane, Prominente und Stars –, sie alle wurden mitgerissen von dem Strudel der 722 tanzenden Gottheiten der drei Gebäude des Diamantenpalasts und umschwärmten gleichsam wie Bienen in Nadelstreifen eine riesige Honigwabe. Erstaunlich an dieser Überfülle an ausstrahlender Kraft und Schönheit des Dalai Lama war für mich, daß ihm alles überhaupt keine Mühe zu machen schien. Ich spürte gleichsam die Leere im Herzen Seiner Heiligkeit, dem diese Wirkkraft entströmte. Er war gelassen, gleichmütig, ein wahrer Quell der Unendlichkeit.

Ich kehrte 1979 mit Seiner Heiligkeit und meiner Familie zu einem einjährigen Studienaufenthalt nach Indien zurück. In dieser Zeit schärfte er meinen Blick für seine Heimat Tibet, dessen tragisches Schicksal und Einzigartigkeit. Sechs Millionen Einwohner leben in dem besetzten Land von zwei Millionen Quadratkilometern Größe auf einer Höhenlage von durchschnittlich viereinhalbtausend Metern. Tibet sieht man allzu leicht als verloren an, betrachtet es als fernen Außenposten im Himalaja, besetzt von den Machthabern der volkreichsten Nation der Erde. Diese scheinen entschlossen, eine wertvolle traditionsreiche Kultur auszulöschen und zugleich ein ganz besonderes Volk, das uns helfen könnte, die Schwierigkeiten zu meistern, mit denen wir heute zu Ende des 20. Jahrhunderts konfrontiert sind. Ich hatte in den sechziger Jahren unter tibetischen Flüchtlingen der ersten Generation im Exil in Wellblechhütten in Dharamsala gelebt. Damals glaubte ich, die chinesische Okkupation sei endgültig, und hatte mit großer Taktlosigkeit Seiner Heiligkeit geraten, von seiner politischen Verantwortung und der geistlichen Herrschaft über sein Land abzusehen und sich als die Autorität der Welt für den Dharma, die Lehren des Buddha, zu betätigen. Mit übermenschlicher Geduld hatte er mir erklärt, er bewundere meinen Vorschlag, könne ihm in der Praxis jedoch nicht folgen, da sein Volk so sehr auf ihn vertraue. Er fühlte sich für Tibet verantwortlich.

Ich erinnerte mich an meinen Traum, in dem sich der Dalai Lama sogar mitten in New York in einem reinen, behüteten Land manifestiert hatte, und mir wurde klar, daß es tatsächlich eine Möglichkeit für Tibet gibt, wieder die Freiheit zu erlangen. Dies ist nicht nur möglich, sondern notwendig und unausweichlich. Wegen seiner Größe hat China das Recht nicht automatisch auf seiner Seite. Für das kleine Tibet spricht die Macht der Wahrheit.

1987 konnten Nena und ich zum erstenmal nach Tibet reisen. Was für ein Erlebnis! Es war erschütternd, Tibetern zu begegnen, die sich nicht ins Exil hatten flüchten können und seit nun schon beinahe vierzig Jahren unablässig schreckliches Leid erduldeten. Als sie mich Tibetisch sprechen hörten, strömten sie herbei, um mir ihre Geschichten anzuvertrauen. Eltern, Brüder, Schwestern, Tanten, Onkel, Neffen und Kinder waren verhaftet, gefoltert, inhaftiert, geschlagen, verstümmelt und getötet worden. Ihre Tempel waren verwüstet, ihre Familiengebetsschnüre vernichtet, ihre Lamas vor ihren Augen zu Tode geprügelt worden. Sie bedrängten mich immer wieder: »Berichten Sie der Welt, was Sie hier gesehen haben! Überbringen Sie meinen Brief Seiner Heiligkeit, Präsident Reagan, der UN.« Sie zeigten ihre Gefühle so eindringlich, daß ich mich bei der Schilderung ihrer Qualen meiner Tränen nicht erwehren konnte.

1989 wurde Nena lebensbedrohlich krank, und unsere Familie durchlebte eine Krise. Einige Tage nachdem Seine Heiligkeit Nena an ihrem vermeintlichen Sterbebett aufgesucht hatte, wurde ihm der Friedensnobelpreis verliehen. Alles in allem war 1989 ein ungewöhnliches Jahr: Die Tschechoslowakei, die DDR und Polen schüttelten die kommunistische Herrschaft ab, und die Sowjetunion begann zu zerfallen. Eine bedrohliche Situation für meine Familie und für die Welt. Glücklicherweise genas Nena bald auf wundersame Weise.

Mehr denn je beschäftigte mich der fortdauernde Todeskampf Tibets, zugleich gaben mir die hoffnungsvollen Veränderungen in der Weltpolitik und das wachsende Interesse im Westen für den Buddhismus großen Auftrieb. Erstaunlicherweise bewirkt das messianische Ideal der Selbstbefreiung und damit die Möglichkeit, alle anderen Menschen ebenfalls zu befreien, allein schon ein glücklicheres Gefühl. Auch wenn man sich auf einer bestimmten Ebene bewußt ist, in begrenzter Zeit nur begrenzt Fortschritte erzielen zu können, allein die Tatsache, daß Sie Ihre Entschlossenheit nicht aufgeben, alles Menschenmögliche dafür zu tun, versetzt Sie in Hochstimmung. Und genau dies, so wurde mir bewußt, war auch der Quell des inneren Friedens Geshe Wangyals, der Quell der unerschöpflichen Güte meiner Lehrer in Indien und vielleicht auch die Ursache für das Lächeln auf den Lippen des vietnamesischen Mönchs, als ihn die Flammen verzehrten.

Unser Leben wird immer voller Widersprüche bleiben, und es fällt uns schwer, unsere Ideale zu leben. 1990 jedoch, Nena war wieder gesund geworden, Seine Heiligkeit hatte den Friedensnobelpreis erhalten, schien alles möglich zu sein, denn der Kalte Krieg mit seinem sinnlosen Zerstörungswahn näherte sich, allen Vorhersagen zum Trotz, seinem Ende.

Die Gewaltlosigkeit, der Optimismus, die Sorge um das Wohl des einzelnen und das bedingungslose Erbarmen, all diese von alters her in Tibet hochgeschätzten Ideale, markieren einen Wendepunkt für eine allmähliche Revolution im Innern, eine gleichmütige, kaum wahrnehmbare Revolution. Sie begann vor 2500 Jahren mit der Erkenntnis des Buddha, daß es ein Ende des Leidens gibt. Was die tibetischen Menschen mich gelehrt haben, hat mein Leben für immer verändert, und ich bin überzeugt davon, daß ihre Kultur ein inneres Wissen besitzt, das für unsere schwierige Zeit von besonderer Bedeutung ist. Ich möchte meine Leser ein wenig an dieser so lebenswichtigen Hoffnung für die Zukunft teilhaben lassen, so wie mich die Tibeter an ihrer Hoffnung teilhaben ließen.

Einleitung

Es gibt eine Legende, in der erzählt wird, der Buddha habe einst vor 2500 Jahren während einer Lehrrede demonstrativ seine große Zehe auf die Erde gedrückt und habe mit dieser unmißverständlichen Geste seinen Zuhören begreiflich machen wollen, daß unser Universum ein reines Paradies ist. Was wir normalerweise sehen, ist allerdings nicht – wie Voltaires Candide sich selbst zu überzeugen suchte – die beste aller denkbaren Welten. Der Buddha vielmehr lehrte, wenn wir nur das wahre Wesen der Realität verstünden, könnten wir in unserem Planeten auch das geeignete Aktionsforum für eine positive Entwicklung des Menschen sehen.

Ein Reines Land oder Buddha-Paradies ist ein von einem vollkommen erleuchteten Wesen geschaffenes Land, das so beschaffen ist, daß es möglichst vielen Menschen die Chance bietet, sich ebenfalls zu vollkommen erleuchteten Wesen zu entwickeln. Ein solcherart erleuchtetes Wesen nennen wir einen Buddha. Buddha Shākyamuni war nicht nur eine vor 2500 Jahren lebende und lehrende historische Gestalt – er ist darüber hinaus ein Vorbild für das zu voller Blüte gelangte menschliche Potential. Zu dieser umfassenden Entfaltung gelangt man durch innere Neuorientierung, durch Geistesblitze, bei denen die negativen Impulse und Emotionen besiegt werden, so daß wir die Freiheit erlangen, ebenso glücklich, selbstlos und mitfühlend zu werden, wie uns das aufgrund unserer Entwicklung möglich ist. Der Buddha entwickelte eine innere Lehrmethode, wie man zu dieser inneren Neuorientierung gelangt, eine Methode, die in Tibet lebendig geblieben ist, nachdem sie vor tausend Jahren im Ursprungsland Indien beinahe vollständig in Vergessenheit geraten war. Da nach tibetischer Anschauung die wichtigste Aufgabe der Gesellschaft darin besteht, jedes einzelne Mitglied bei seinem Streben nach dieser inneren Neuorientierung zu unterstützen, kann uns Tibet lehren, wohin diese innere Umkehr uns führen könnte. Denn Tibet gewährt uns einen Einblick in die Grundstruktur eines solchen neu zu errichtenden Reinen Landes, auf das der Buddha uns einst mit seiner großen Zehe hinwies.

Der international bekannte Biologe Rupert Sheldrake hat in seiner »morphische Resonanz« genannten Theorie die Hypothese aufgestellt, daß Handlungen, Meinungen und Erkenntnisse einzelner Menschen oder einer Menschengruppe Schwingungen erzeugen. Diese Schwingungen erhöhen die Wahrscheinlichkeit, daß andere, sonst nicht miteinander in Kontakt stehende Menschen, denen diese Gedanken oder Ereignisse eigentlich fremd sind, diese so verstehen, als seien sie ihre eigenen. Wenn ich eine bestimmte Erkenntnis habe, so die Theorie, gelangen die Menschen in meiner Umgebung mit großer Wahrscheinlichkeit zu ähnlichen Erkenntnissen, selbst wenn ich ihnen von meinen nichts mitgeteilt habe. Sheldrakes Ansichten sind umstritten, doch rein intuitiv betrachtet, haben sie etwas für sich. Außerdem gibt es erste experimentelle Ergebnisse, die die Richtigkeit seiner Theorie stützen.

Wegen unserer Neigung, alles empirisch beweisen zu müssen, begegnen wir einer solchen Eventualität mit Skepsis. Denken Sie jedoch an das Phänomen der Radio-, Fernseh- und Mikrowellenübertragung. Dabei werden die Signale in subtilen Energiefeldern in Form von Mustern erzeugt, die dann als Übertragungsmuster ausgesendet werden und sozusagen in der Luft hängen. Niemand kann sie sehen, hören oder spüren, doch wenn ein Empfänger mit den richtigen Komponenten vorhanden ist, können diese groben Muster wieder in Töne und Bilder zurückverwandelt werden, in eine Radiostimme oder ein TV-Bild. Für uns ist das eine Selbstverständlichkeit, wir schalten das Gerät ein und wählen ein Programm, ohne daß wir das für geheimnisvoll oder wunderbar halten.

Unser menschliches Gehirn ist ein erstaunlich komplexes Sende- und Empfangsgerät. Seine Milliarden Neuronen müssen empfänglich für viele Dinge sein, die wir mit unserem Sinnesvermögen nicht wahrnehmen können. Ein komplexes Softwareprogramm sorgt dafür, daß unsere sensorischen Reize übersetzt werden, wir das Wahrgenommene erkennen – jene Bilder, die wir als uns vertraute Gegenstände begreifen –, Gedanken entwickeln, innere Bilder sehen, innere Stimmen vernehmen, tiefe Gefühle entwickeln und dergleichen mehr. Sobald bestimmte Programme in unserem Gehirn routinemäßig ablaufen, können wir diese mittels Sprache, Bild, Gesang, Rhythmik oder sonst noch vielerlei Weise anderen Menschen mitteilen. Warum sollten wir dann also nicht in der Lage sein, die Muster dieser Programme in unserem Gehirn auszusenden, so daß sie »in der Luft hängen« und direkt von den Gehirnen anderer Menschen empfangen werden? Wie oft beispielsweise haben wir schon die Aussage eines Freundes bestätigt und gesagt: »Das wollte ich eben auch gerade sagen?«

Unsere Beziehung zu anderen wird nicht erst durch Sprache und Gesten geknüpft. Jeder einzelne von uns beeinflußt durch die in seinem Gehirn ablaufenden lautlosen Prozesse das Leben der Lebewesen in seiner Umwelt. Sind wir voller warmherziger Gefühle, strahlen wir diese aus, so daß andere Menschen unsere Nähe suchen; bewegen uns schlechte Gedanken, werden wir meist von anderen gemieden. Wollen wir uns für das Gute und Positive einsetzen, müssen wir uns um unseren Geist genauso kümmern wie um das, was wir sagen und wie wir agieren, andernfalls würden unsere negativen geistigen Gewohnheiten sich nachteilig auf die Gemeinschaft aller Lebewesen auswirken. Gelingt uns jedoch während unseres Entwicklungsprozesses zur Erleuchtung die Befreiung des Geistes, der Rede und des Körpers [das sind für den Buddhisten geistige Funktionen, die zusammenwirken müssen, Anm. d. Übers.], befreien wir gleichzeitig auch andere Lebewesen.

Stellen wir uns einmal den Planeten als Wohnsitz von Milliarden menschlicher Wesen vor, von denen ein jedes am Rand eines Quelltopfs innerer Bewußtheit lebte, und im Innern eines jeden gäbe es ein Aktionsforum für Ton-Lichtshows und Impulse; dieses wiederum kommunizierte durch ausgesandte Schwingungen und Muster mit den Foren der anderen Wesen. Wenn nun einer dieser Quelltöpfe wegen eines Geistesblitzes der Erkenntnis oder Herzensfreude überfließen würde – im inneren Energiekreislauf löste sich ein Knoten –, übertrüge sich diese Bewegung, wenn auch sanft, auf alle anderen Quelltöpfe. Wenn eine gelehrte, kulturelle oder zivilisatorische Bewegung auf bestimmte Art und Weise Einfluß auf eine größere Anzahl dieser Quelltöpfe der inneren Bewußtheit nähme, entstünden noch sehr viel stärkere Schwingungen, die alle anderen Quelltöpfe beeinflußten. Verstehen wir nun »morphische Resonanz« als historisch wirksames Prinzip, wäre es doch nicht ausgeschlossen, daß auch eine neue Wahrnehmungs- oder Verhaltensstruktur eines bestimmten Landes oder mehrerer Länder alle Länder im Umfeld möglicheweise tiefgreifend beeinflussen würde.

Die innere Neuorientierung durch die Erleuchtungsbewegung hat seit dem Auftreten des Buddha Shākyamuni vor 2500 Jahren eine sanfte Wellenbewegung im Ozean der Quelltöpfe ausgelöst – in der Welt lebender Wesen. Auf dem Pfad zur Erleuchtung wandelnd, erkennt jedes Individuum, dank seines reichen Quelltopfs innerer Bewußtheit, welch großes Potential in ihm schlummert und wie er mit den Wellenbewegungen anderer Quelltöpfe kommuniziert und welche Unterstützung er von diesen erfährt. Wenn ein Quelltopf innerer Bewußtheit erleuchtet zur Entfaltung gelangt, gibt er den Anstoß zu einer ebensolchen Erfahrung für so viele andere Quelltöpfe, daß dies zu einer Ära spirituellen Wachstums auf unserem Planeten führt. Vergegenwärtigen wir uns doch einmal, wie die Welt im 6. Jahrhundert v. Chr. aussah, als der Quelltopf innerer Bewußtheit des Buddha Shākyamuni überfloß und es zu dessen Erleuchtung kam. Zoroaster hatte einen neuen Glauben in Persien durchgestzt, der Prophet Jesaja und andere begannen mit der Niederschrift der Fünf Bücher Mose des Alten Testaments, Sokrates schickte sich an, junge Athener in Philosophie zu unterrichten, Konfuzius schuf den chinesischen Sittenkodex, Laozi (Lao-tse) sorgte für die spirituelle Befreiung der von diesem Kodex geprägten Chinesen, im Indien der Zeit des Buddha wetteiferten viele Denkschulen miteinander. Der Historiker Arnold Toynbee hat für diese Periode den Begriff Achsenzeitalter geprägt, denn sie war für alle eurasischen Zivilisationen von entscheidender Bedeutung. Seither hat es noch weitere derartige Wellenbewegungen gegeben, die eine gleichzeitig auftretende spirituelle Wachstumsbewegung in Indien, Tibet und auf der ganzen Welt auslösten. In unserer heutigen Zeit der beinahe unbegrenzten Möglichkeiten der Kommunikation und in sehr vielen Ländern auch der fast unbegrenzten Möglichkeiten der Bedürfnisbefriedigung ist die Zeit reif für einen weiteren Schritt auf dem Weg der – nach Ansicht des Buddha – unumgänglichen Entwicklung zur Glückseligkeit.

Die durch den Buddha ins Leben gerufene Erleuchtungsbewegung hatte von Anfang an das Ziel, die in Händen der herrschenden Obrigkeit konzentrierte Macht dem einzelnen Menschen zurückzugeben. Der Buddha hatte erkannt, daß die innere Befreiung – Befreiung von unseren negativen Emotionen und von unserer zwanghaften Ichbezogenheit – die wesentliche Voraussetzung für Güte und gesellschaftliche Freiheit ist. Daher stellt die Erleuchtungsbewegung nicht selten eine kulturelle Gegenbewegung dar. Denken wir an die von den Machthabern der kommunistischen Regierung Chinas gequälten buddhistischen Nonnen und Mönche oder an jenen vietnamesischen Mönch, der sich selbst verbrannte, um die vom Tötungswahn besessenen Regierungen wachzurütteln. Im Rahmen erleuchtungsorientierter Erziehung wird kritische Urteilsfähigkeit geschult, so daß der einzelne lernt, autoritäres Denken zu durchschauen, und sich nicht länger in blindem Gehorsam unterordnet. Die Machthaber in autoritären Regimes fürchten natürlich eine solche innere Unabhängigkeit. Selbst in unserer Zeit waren die ersten westlichen Vorkämpfer des Buddhismus und der von ihm verfochtenen geistigen Unabhängigkeit Nonkonformisten, zu nennen sind hier Henry David Thoreau und die unkonventionellen Schriftsteller Allen Ginsberg und Jack Kerouac.

Es gab aber auch Zeiten, in denen die Erleuchtungsbewegung Teil einer existierenden Kultur war. Viele Könige Indiens und anderer blühender Regionen Asiens hießen sie mit offenen Armen willkommen. Sie wandten sich dem Buddhismus zu auf der Suche nach eigenem geistigen Frieden, aber auch um das harmonische Miteinander der Bürger zu bewahren und eine ethische und erzieherische Grundlage zu schaffen, die Reichtum und positive Entwicklung des Staates garantierte. Nicht selten waren der Aufklärung verpflichtete Prinzipien maßgebend für das geistige Leben des Gemeinwesens, viele aufgeklärte Geistesgelehrte traten auf den Plan, formvollendete Kunstwerke entstanden, farbenprächtige Festspiele wurden abgehalten und andere Feierlichkeiten begangen.

Diese Blüte endete meist, wenn fremde Invasoren das Land besetzten, denn Aufklärungsbewegungen haben zwangsläufig Friedfertigkeit und Selbstentwaffnung bis zur Wehrlosigkeit zur Folge. Die Friedfertigkeit als Begleiterscheinung meditativer Vervollkommnung hat den zweischneidigen Effekt, daß die Gesellschaft zwar glücklicher, reicher, sanftmütiger wird, aber zugleich militärisch schwächer als andere – ein einladendes Ziel für Aggressoren von außen. In den meisten der langlebigeren Staaten, die sich auf das Ziel der Erleuchtung der Bürger orientierten, unterhielt der Herrscher eine Armee zur Verteidigung des Staates und unterstützte gleichzeitig einen Staat im Staate, in dessen Mittelpunkt eine klösterliche Universität stand. In ihr konnten die Studierenden ganz beruhigt auf Waffen verzichten und sich ihrem Ziel widmen, die Erleuchtung zu erfahren. Zwischen diesen beiden Gesellschaftsebenen bestand normalerweise ein spannungsreiches und störungsanfälliges Gleichgewicht.

Einzig Tibet entsprach nicht diesem Muster. Die in Indien beheimatete Erleuchtungstradition wurde im Zuge mehrerer das Land verwüstender Eroberungszüge gegen Ende des ersten Jahrtausends unserer Zeitrechnung vom Subkontinent verdrängt, überquerte den Himalaja-Hauptkamm und erreichte Tibet – so wie sich die tektonische Platte des indischen Subkontinents immer noch unter die eurasische Platte schiebt und das Himalaja-Gebirge und das tibetische Plateau alljährlich weiter in die Höhe hievt. Im tibetischen Hochland fand die spirituelle Kraft eine neue Heimat, fiel auf fruchtbaren Boden und entwickelte sich so blühend, daß wir ihr noch tausend Jahre später als lebendige Tradition begegneten. Nachdem die Erleuchtungsbewegung nach Tibet gelangt war, machte die Entmilitarisierung des Landes rasche Fortschritte. Die militaristisch denkende Herrscherdynastie Tibets, deren Regenten den Buddhismus im 8. Jahrhundert erstmals ins Land geholt hatte, zerfiel nach einigen hundert Jahren und konnte ihre Herrschaft niemals wieder festigen, so daß das Land seit jener Zeit von außen kommenden Angreifern weitgehend schutzlos ausgeliefert war. Es wäre durchaus nicht erstaunlich gewesen, wenn die Völker Chinas, Indiens, Persiens oder Zentralasiens, die zuvor von den tibetischen Streitkräften überfallen und unterdrückt worden waren, nun, da sie keine Gegenwehr mehr befürchten mußten, auf Rache gesonnen hätten. Allein die besonderen geographischen Gegebenheiten Tibets verhinderten, daß dies geschah: Das im Schutz des Himalaja-Gebirges liegende tibetische Hochland war eine beinahe unzugängliche Region, eine Invasionsarmee hätte es sehr schwer gehabt, im harten Klima des höchsten Plateaus der Erde zu überleben.

Um die Jahrtausendwende hatte Tibet ausländischen Invasoren auch wenig verlockende Reichtümer zu bieten. Die

Agrarproduktion war zwar eben ausreichend für die Ernährung einer kleinen, der Größe der Agrarflächen entsprechenden Bevölkerung, es gab aber weniger Anbauperioden, und die Erträge waren nicht mit denen der fruchtbaren Schwemmlandgegenden anderer Regionen zu vergleichen. Es war zu schwierig, in ökonomisch sinnvollem Maß den Abbau der beträchtlichen Bodenschätze des Landes zu betreiben. Den Transport von Wolle, Fleisch, Heilkräutern, Milchprodukten und Salz vom tibetischen Hochplateau besorgten tibetische Händler, die sehr viel besser ausgerüstet waren als eine Invasionsarmee, um diese Produkte anzukaufen und über das gefährliche Gebirge zu transportieren. Bis in unsere Tage verspürte kein Angreifer den Wunsch, Tibet zu erobern, zu kolonialisieren oder in sein Staatsgebiet zu integrieren.

Die Tatsache, daß Tibet so wenig mit materiellen Gütern gesegnet ist, wirkte sich vorteilhaft für seine spirituelle Entwicklung aus. Wenn das Leben vom Menschen keine übergroßen körperlichen Anstrengungen erfordert, führt dies meist zur intensiveren Entwicklung von Barmherzigkeit und zu ausgeprägterem Streben, sich den Dingen jenseits der materiellen Welt zuzuwenden. Auf diese Weise wurde Tibet gleichsam zum Laboratorium für die Erleuchtungsbewegung, in dem die Schaffung der tibetischen Mustergesellschaft angestrebt wurde, die Entwicklung eines wirklich sich offenbarenden Reinen Universums eines Buddha, eines »Buddhaversums«. In einem gesellschaftlichen Buddhaversum sind alle Aktivitäten auf das Ziel der Erleuchtung der einzelnen Bürger dieser Gesellschaft gerichtet; in ihm kommt der jeweiligen Existenz des einzelnen Menschen Bedeutung zu, da diesem ermöglicht wird, sich seiner größtmöglichen Weiterentwicklung zur Erleuchtung zu widmen.

Da sich das tibetische Volk seit mehr als einem Jahrtausend der Erleuchtungsbewegung verschrieben hat, ist Tibet zu einem Musterbeispiel des vom gesamten Volk getragenen Wunsches geworden, eine Gesellschaft, eine Kultur, eine Lebensform zu schaffen, in der der Suche des einzelnen nach

Erleuchtung Vorrang eingeräumt wird vor den gesamtgesellschaftlichen Bedürfnissen. Die Tibeter glaubten nicht daran, daß eine starke Zentralregierung eine Bevölkerungsgruppe dazu bringen könnte, eine bessere Lebensumwelt für sich zu schaffen. Sie erkannten vielmehr, unter dem Einfluß altindischen Gedankenguts, daß die Gesellschaft nur dann verändert werden kann, wenn dem einzelnen Menschen in dieser Gesellschaft bei seiner Entfaltung geholfen wird. Stellen Sie sich eine Kultur vor, in der alles darauf ausgerichtet ist, jedem einzelnen Menschen behilflich zu sein, sich zu einem so guten Menschen wie nur möglich zu entfalten, eine Gesellschaft, in der jeder einzelne vom Wunsch beseelt wird, durch seine der Weisheit entströmende natürliche Barmherzigkeit für den Nächsten selbst die Erleuchtung zu erlangen. Sobald ein einzelner Mensch die Erleuchtung erlangt, führt dies auf natürliche Weise gleichzeitig zu einer Bereicherung für das größere gesellschaftliche Umfeld. Dieser Gedanke liegt der gesellschaftlichen Revolution des Buddha zugrunde. Dies bedeutet keineswegs, daß Tibet vollkommen ist oder je vollkommen gewesen ist, noch heißt dies, daß die ganze Welt nun wie Tibet werden sollte. Ich meine nur: Tibet ist einzigartig, und wir könnten von diesem Land lernen.

Tibet beeinflußte – wie zuvor Indien – die übrige Welt auf eine für uns schwer erkennbare und unfaßbare Weise, da wir Geschichte normalerweise als eine Kette sichtbarer Ereignisse begreifen. Doch wenn wir noch einmal einen Blick auf die globalen geistesgeschichtlichen Strömungen im 14. Jahrhundert werfen, als sich Tibet in eine »Erleuchtungsfabrik« verwandelt hatte, stoßen wir weltweit auf ähnlich geartete Strömungen. Mit dieser gewaltigen Freisetzung menschlicher Energie begann eine bedeutende Renaissance, eine Blütezeit menschlicher Schöpferkraft, die möglicherweise unmerklich auf die Völker der ganzen Welt ausstrahlte. Als in Tibet friedliebende Mönche und Nonnen in sehr hohem Ansehen standen und sich ganz der Gelehrsamkeit, der Meditation und der Kreativität widmen konnten, entwickelte sich auch im Abendland ein neues Denken, das in die Renaissance einmündete. In dieser Zeit verlor die Kirche ihre Allgewalt über den Menschen, der einzelne Mensch rückte wieder in den Vordergrund – geboren wurde der feste Glaube an den Verstand und Unternehmergeist des Menschen.

In Tibet lenkte man die Energien nach innen, um Fortschritte in der Entwicklung eines inneren Universums zu erzielen, spirituelle Fortschritte. Im Gegensatz dazu stehen die Bestrebungen in unserer modernen westlichen Welt, in der die Energien nach außen gelenkt werden, auf die Erzielung materiellen Fortschritts. Das, was wir als individuelle Seele bezeichnen, war im Verständnis der Tibeter ein Bündel flüchtig existierender und vergänglicher Eigenschaften, ganz und gar abhängig von ineinandergreifenden Faktoren der sie umgebenden Umwelt. Daher mußte man dieser »Seele« Aufmerksamkeit schenken, denn diese hatte sich zu entwickeln, sie war es, die mit Fleiß, Mühe und Sorgfalt zu bedenken war.

Gleichzeitig rückte in der Renaissance des Abendlands der Mensch wieder in den Mittelpunkt; von Italien ausgehend, setzte sich das unbedingte Vertrauen in die menschliche Vernunft durch, eine Entwicklung, die später in das Zeitalter der Aufklärung des Abendlands mündete. Diese Phase zeichnete sich aus durch die neu aufgekommene Vorstellung, der aufgeklärte menschliche Genius als Erkenntnisinstanz stehe dem Universum mit seinen Naturkräften in nichts nach. Ausgelöst wurde diese Bewegung durch die Rückbesinnung auf den Glauben an die geistigen Kräfte des Menschen in der Antike. Dieses Selbstbewußtsein setzte, wie in Tibet, Energien für die individuelle Entwicklung frei, führte zu wissenschaftlichen Fortschritten, brachte große Kunstwerke hervor und eröffnete dem einzelnen Menschen im täglichen Leben die Möglichgkeit der persönlichen Energieentfaltung auf einer höheren geistigen Ebene.

In historichen Darstellungen gilt diese Zeit allgemein als die Periode des Aufstiegs des Abendlandes, als die Zeit, in der sich die Besinnung auf die Vernunft und die Hinwendung zur Wissenschaft mit Aggressivität und Wagemut der Europäer paarte, so daß Weltimperien geschaffen wurden und die industrielle Revolution ihren Anfang nehmen konnte. Dieser Aufbruch zu einer – von mir so genannten – äußeren Modernisierung sei, so die allgemeine Bewertung, das Ergebnis von einzig für die europäische Kultur charakteristischen Grundwerten. Das europäische Christentum als treibende Kraft bei den weltumspannenden Eroberungen hätte auf diese Weise seine – für sich selbst in Anspruch genommene – natürliche Überlegenheit über die anderen Weltkulturen demonstriert. Sieht man alles von einer anderen Warte, erweist sich die relative Zurückhaltung der von der Aufklärungsbewegung beeinflußten asiatischen Kulturen – China entschied sich, das von ihm gerade erfundene Schießpulver nicht für Eroberungszwecke einzusetzen – als sehr viel weiser als der abendländische Weg, der schließlich zur Entwicklung von Waffensystemen führte, die in der Lage wären, die gesamte Menschheit auszulöschen.

Im 17. Jahrhundert hatte sich in Tibet mit einem einzigartigen gesellschaftlichen und psychologischen Modell jene moderne Gesellschaftsform ausgebildet, die ich innere oder spirituelle Modernität nenne, das exakte Spiegelbild der äußeren oder weltlichen Modernität, die sich gerade in der abendländischen Aufklärung Bahn gebrochen hatte. Hauptmerkmal beider Spielarten von Fortschrittlichkeit ist die Vereinigung von spirituell-geistigen und sozialen Elementen bei der Überwindung des Nebeneinanders von geistlicher und weltlicher Machtsphäre. Im Abendland gewann das Weltliche die Oberhand über das Geistliche, alles wurde zugunsten des Materialismus entzaubert. Tibet transformierte das Weltliche ins Geistliche, die Dinge jenseits der materiellen Welt wurden bedeutsam, man entdeckte das dynamische Potential des Geistes. In welche Richtung auch immer die Entwicklung verlief, die Vereinigung an sich setzte eine gewaltige Triebkraft für Umwälzungen frei. Das Abendland trug seine äußere industrielle Revolution in die ganze Welt hinaus, eroberte und transformierte unseren Planeten in materieller Hinsicht. Tibet intensivierte seine innere industrielle Umorientierung, errichtete flächendeckend große Klöster für Tausende von Mönchen und Nonnen, in denen die einzelnen lernten, ihre innersten Energien zu beherrschen und danach strebten, ihr Land in ein Buddhaversum zu verwandeln.

Obwohl spirituell hoch entwickelt, waren sich die Tibeter dennoch bewußt, daß sie nicht in Shangri-La lebten, in einem endzeitlichen Utopia oder himmlischen Buddhaversum. Nur zu genau wußte jeder, daß sein Inneres noch immer ein Hort bösen und unaufgeklärten Potentials war, nicht frei von selbstsüchtigen Gedanken, Lust- und Haßgefühlen etwa. Die Tibeter entdeckten in der eigenen Kultur und Gesellschaft große Problembereiche, erkannten die noch immer lauernde Gefahr, die von den unaufgeklärten Gesellschaftsstrukturen der aggressiven Vergangenheit Tibets ausging. Aber generell herrschte in der Gesellschaft eine rauschhafte, positive Aufbruchsstimmung, es gab weniger Intrigen, Gewalttätigkeiten und religiöse Unterdrückung als in jeder anderen Gesellschaft.

Die innere Fortschrittlichkeit Tibets mit seiner auf die Erleuchtung orientierten Gesellschaft konnte sich mehr als dreihundert Jahre entfalten. Während sich Tibet politisch gesehen nach innen orientierte, teilten die großen Imperien in West und Ost die Welt unter sich auf, und einten den größten Teil der Welt auch in kultureller Hinsicht. Als Triebkräfte fungierten die industrielle Produktion und die moderne Waffentechnologie, das neuzeitliche Transport- und Kommunikationswesen.

Doch Technologien und Eroberungs- oder Einigungsmaßnahmen eignen sich denkbar schlecht zur Bewahrung von Harmonie und Förderung der Kreativität im globalen Gesellschaftsrahmen. Die äußere Modernität ist so beschaffen, daß sie offenbar beständig nach einer Expansionsmöglichkeit sucht, nach einer Region, in der die ungezügelten, reflexhaften Emotionen eines gespaltenen Unterbewußtseins gewissermaßen neue Energien tanken können. Die innere Modernität scheint besser unter gesellschaftlich isolierten

Laborbedingungen zu gedeihen, damit sie nicht unter der Last der äußeren Modernität erstickt. Was oberflächlich betrachtet wie ein stetig fortschreitender Prozeß in Richtung einer globalen Modernisierung nach dem Vorbild der Vereinigten Staaten aussieht, ist in Wirklichkeit eine zutiefst instabile Welt mit weitverbreitetem Leid. Unser 20. Jahrhundert hat sich zu einem beinahe endlosen Holocaust ausgewachsen mit Weltkriegen, völkermordenden Regionalkonflikten und dem größten Verlust an Menschenleben, verursacht durch allgewaltige Staatsbürokratien, die ihre eigenen Untertanen planmäßig vernichteten.

Um die Weltkriege in unserem Jahrhundert richtig einordnen zu können, müssen wir das Phänomen der Eroberung unseres Planeten und die industrielle Versklavung seiner Völker betrachten. Als Weltkriege bezeichne ich hier nicht allein die beiden Erster und Zweiter Weltkrieg genannten Kriege, sondern die Gesamtheit des Grauens im Zuge des Niedergangs der Imperien, der Befreiungskriege, der ideologischen Auseinandersetzungen und des Kalten Krieges mit seinen zahlreichen grausamen Stellvertreterkriegen. Betrachten wir die Entwicklung der äußeren Modernität mit den Augen eines Außenstehenden – sei dies ein Mitglied der Erleuchtungsbewegung oder ein Stammesangehöriger, ein Lakota-Krieger etwa oder ein mongolischer Nomade –, so scheint sie nicht gerade ein Triumph menschlicher Genialität zu sein oder ein bewundernswerter Höhepunkt menschlichen Fortschritts. Vielmehr erscheint sie wie eine Invasion dämonischer Kräfte, wie das Wirken eines zornigen Schicksals, durch das einige Stämme oder Nationen Zugang zu einer Vernichtungsmaschinerie erhalten, die droht, die Balance zwischen den Stämmen und zwischen Mensch und Natur in ein extremes und gefährliches Ungleichgewicht zu verwandeln.

Jede Gesellschaft besteht aus einzelnen Menschen, deren kollektives Interesse nur die Summe der jeweiligen Einzelinteressen ist. Das Staatswesen kann noch so viel Land erobern, Ruhm ernten, Reichtum erwerben und es zu einer blühenden Wirtschaft bringen, jeder einzelne Mensch wird dennoch krank, alt und stirbt am Ende. Das Kollektiv kann dem einzelnen nach seinem Tod nicht mehr helfen. Hilfreich bei der weiteren Bewältigung des Daseinskreislaufs ist allein der erleuchtete Geist des einzelnen Menschen – dessen bewußte, innere und feinsinnige Geistesklarheit – und dessen verläßliche Beherrschung der innersten Gefühlsregungen. Da die individuelle Erleuchtung eines jeden einzelnen Menschen das allerwichtigste Anliegen für jedermann ist, wird auch der Erleuchtung eines jeden immerwährend höchste Priorität eingeräumt.

In buddhistischen Schriften werden die himmlischen Reiche als Sphären des klarsten Lichts und der höchsten Glückseligkeit dargestellt. Die dort lebenden Wesen können sich nach Belieben geistig versenken und in einen vollkommenen Zustand der Konzentration und Weisheit versetzen. Doch zur Entwicklung von Barmherzigkeit fehlt ihnen der eigene Leidensdruck und die Erfahrung des Leidens anderer Menschen. Ohne praktisch gelebtes Erbarmen fehlt ihnen der Anreiz, die Entwicklung zur vollkommenen Buddhaschaft zu durchlaufen, den Gipfel der Entwicklung zu erklimmen, den Zustand vollkommener Erlösung zu erreichen. Wir Menschen benötigen immerfort Herausforderungen, nur diese erhalten uns unsere Vitalität. Herumsitzen im Zustand der Glückseligkeit führt zu Stagnation und geistigem Verfall, es sei denn, der betreffende ist bereits erleuchtet. Und deshalb ist es auch sinnvoller, wenn wir in unsere Welt des alltäglichen Leidens hineingeboren werden und nicht in ein Lotusland [gemeint ist ein Paradies, Anm. d. Übers.].

Damit argumentiere ich keineswegs gegen die Schaffung einer dem Buddhaversum vergleichbaren Gesellschaft. Überall in den von Menschen bewohnten Regionen regieren Leiden und Unwissenheit, der Tod ist allgegenwärtig, wie angenehm auch immer das Leben in der betreffenden Gesellschaft zu sein scheint. Selbst wenn es uns gelänge, regional in unserer Gesellschaft den Menschen zu relativem Glück und Frieden zu verhelfen, die Notleidenden überall auf dem Globus bedürften dennoch weiterhin unserer Hilfe. Selbst wenn wir geradezu kosmische Fähigkeiten entwickelten und den gesamten Planeten in einen Ort verwandelten, in dem die meisten Lebewesen mit allergrößter Effizienz die Entwicklung zu Erfüllung und Glückseligkeit durchlaufen könnten, hätten wir doch nach wie vor die Aufgabe, sie bei diesem Prozeß zu unterstützen und auch die Aufgabe, alle anderen Arten lebender Wesen von ihrem Leiden zu erlösen.

Tibet mag uns – im globalen Rahmen betrachtet – als kleines, unbedeutendes Land erscheinen, es hatte jedoch bereits 2500 Jahre revolutionärer Entwicklung zu einer erleuchtungsorientierten Kultur durchlaufen, als die Chinesen 1950 in das Land einfielen. Diese Revolution hatte die Bevölkerung derartig geprägt, daß sie in ihrer Mehrheit entschlossen war, ihr Leben der positiven geistigen Fortentwicklung zu widmen. Tibet ist ein bedeutendes Vorbild für die Welt, und es ist von globaler Bedeutung, daß ihm seine Unabhängigkeit als Region des Friedens und der Spiritualität wieder zurückgegeben wird. Da Tibet eine einzigartige, ganz auf die Erleuchtung ausgerichtete Kultur besitzt, ist es von entscheidender Bedeutung für die Entwicklung des spirituellen und sozialen Gleichgewichts in der Welt.

Seit fast vierzig Jahren sorgt der Vierzehnte Dalai Lama in seinem indischen Exil für die Bewahrung der inneren Fortschrittlichkeit der tibetischen Kultur und führt die Tibeter gleichzeitig schnell und erfolgreich zur Anpassung an die äußere Modernität. Sich auf die Wurzeln der Erleuchtungstradition besinnend, setzt er sich für einen sinnvollen Weg der Gewaltfreiheit ein, indem er eine Gemeinschaft formt, die für innere Fortschrittlichkeit steht in einer Welt äußerer Modernität. Er ist einer der wenigen Führer eines von Völkermord bedrohten Landes, der es beharrlich ablehnt, die Probleme seines Landes gewaltsam zu lösen.

Wir alle wissen, welch großen Einfluß die Gehirnwäsche für die Entwicklung von Haß und Fanatismus spielt, doch wir verkennen die Kraft positiver Erziehung, durch die wir geistige Offenheit, altruistische Barmherzigkeit und glücklich machende Zuwendung systematisch entwickeln könnten. Wir freuen uns darüber, wenn ein Mensch großzügig, friedfertig und liebevoll ist, aber wir halten dies für etwas Außergewöhnliches, für etwas von der normalen Ichbezogenheit Abweichendes. Wir sind uns bewußt, daß die vielen Probleme der Umwelt, der menschlichen Gesellschaften und der Weltgemeinschaft solange nicht gelöst werden können, bis die einzelnen Menschen oder größere gesellschaftliche Gruppen nicht zu einem besseren Verständnis der eigenen Lebenssituation gelangen, freiwillig ihr Verhalten ändern und sich ohne Zwang für richtiges Handeln entscheiden. Solange wir positives Handeln als etwas von der Norm Abweichendes betrachten, mangelt es uns an Hoffnung, denn wir begreifen nicht, warum wohltätiges Handeln für einige Menschen eine berauschende Erfahrung ist oder warum es ihnen Befriedigung verschafft, sich von Dingen zu befreien, an die sie sich zuvor vielleicht klammerten.

Für Seine Heiligkeit, den Dalai Lama, ist menschliche Entschlossenheit viel stärker als Gewehrkugeln. Er führt die Befreiungsbewegung seines Volkes durch Gewaltlosigkeit, und dies trotz der erschwerten Umstände, aus dem Exil eine internationale Bewegung lenken zu müssen und sein revolutionäres Anliegen seinem Volk nicht direkt vermitteln zu können. Sein Volk ist heute im eigenen Land zur Minderheit geworden, die Unterdrücker sind in der Überzahl. Die Chinesen haben die Möglichkeit, nach Belieben internationalen Berichterstattern die Einreise nach Tibet zu verweigern, so daß es extrem schwierig ist, die Befreiungsbewegung durch Information und Aufklärung voranzutreiben.

Unsere gesamte säkularisierte Welt gründet sich auf apokalyptisches Denken: Der Weltuntergang – ausgelöst durch diese oder jene kurzfristige Entwicklung – wird fortwährend angekündigt. Wir leben für den Augenblick, wir streben für uns selbst nach vollkommener Stärke und Energie, wir streben nach Genuß hier und jetzt. Aber leben wir denn in einem Zeitalter des vollkommenen Glücks? Haben wir bereits das Reich Gottes auf Erden geschaffen, oder haben wir uns inzwischen nur deshalb in einem Königreich auf Erden eingerichtet, weil wir unsere Vision von einem Königreich Gottes aufgeben mußten? Wie können wir ein höheres Einssein durch Aufhebung der Dualität von Himmel und Erde erfahren, wenn wir den Versuch unternehmen, uns nur für das eine zu entscheiden, und deswegen gleichzeitig das andere verwerfen? Die innere Revolution des Buddha verhilft uns zu einigen lange übersehenen Einsichten im Zusammenhang mit dieser so zentralen Frage.

Kapitel 1

Erwachen

Historiker betrachten die Mitte des ersten Jahrtausends vor unserer Zeitrechnung als Ära eines alles beherrschenden Militarismus. Es war die Zeit der Trojanischen Kriege im Mittelmeerraum, der Mahābhārata-Fehden in Indien, des Zerfalls der Zhou-Dynastie in China. Überall in Eurasien und Nordafrika kam es zu militärischen Auseinandersetzungen zwischen einzelnen Stadtstaaten, die den Übergang von lokalen Stammesgesellschaften zu regionalen Königreichen markierten. Neue Entwicklungen in der Verarbeitung von Eisen hatten zu einer Blüte des Feldbaus geführt. Dadurch hatten sich die landwirtschaftlichen Erträge vervielfacht, so daß sich die großen Städte stehende Berufsheere leisten konnten. Diese ermöglichten den herrschenden Miltärclanen, das ganze Jahr über ausgedehnte, blutige und völkermordende Vernichtungskriege zu führen, die an die Stelle der früheren gelegentlichen Stammesfehden traten. In den Städten entwickelte sich ein differenziertes Klassensystem – eine tyrannische Oberschicht herrschte über eine Masse ihr entfremdeter Untertanen. Priesterorden verschafften zwar den Militärdynastien ihre Legitimation, bei der Praktizierung ihrer Geheimrituale schlossen sie jedoch die Bevölkerungsmehrheit aus, die sich in ihren religiösen Bedürfnissen allein gelassen fühlte.

Auch wurden die Klassen der Händler und Handwerker zunehmend reicher und mächtiger. Sie waren neuen Ideen gegenüber aufgeschlossen, unterstützten neue Lehrer und engagierten sich für neue religiöse und philosophische Weisheitslehren. Asketen, Heilige und Philosophen reisten von Stadt zu Stadt und stellten mit ihren Lehren die alten Mythen und Überlieferungen in Frage. Sie traten als Vorkämpfer der Vernunftherrschaft auf und unterstrichen die Bedeutung individuellen Strebens. Sie zogen auch den tyrannischen königlichen Ehrenkodex der Gewaltherrschaft in Zweifel, den elitären Anspruch religiöser Dogmen und Rituale ebenso wie die Rechtmäßigkeit gesellschaftlicher Klassenunterschiede. Die Zeit war reif für ein neues, geschärftes Verständnis von Kausalität und Evolution sowie für die Frage nach dem Sinn des Lebens. Es war an der Zeit, eine neue Möglichkeit zu entdecken, wie der Mensch glücklich werden und Erfüllung erlangen könnte. Viele Menschen hofften, es möge ein vollkommen erleuchtetes Wesen erscheinen, ein Buddha, der sie führen würde.

Die traditionellen Mythen über das Leben des Buddha beginnen stets mit seinem Herabsteigen aus einem Himmel in den nächsten. Er erhob sich aus seiner seligen Ruhe, um aus den Gefilden zwischen Formlosigkeit und Formhaftigkeit hinabzusteigen und sich durch magische Geburt als Prinz unter den »Stillzufriedenen Göttern« im lichterfüllten Tushita-Himmel zu reinkarnieren. Während er dort weilte, verbrachte er die meiste Zeit damit, der großen Schar der dort lebenden Wesen die vom Leiden erlösende Wahrheit zu lehren. Er blickte auch auf die Lebewesen der Erde hinunter, um nachzusehen, ob er ihnen helfen könnte. Er beriet sich mit weisen Gelehrten, in welcher Reinkarnation er seine Mission, alle Wesen von ihren Leiden eines unerweckten Daseins zu erlösen, am besten erfüllen könnte. Ein kurzer Augenblick im Tushita-Himmel entspricht vielen Jahren auf der Erde, und so hielt er sich dort bereit, um Zeitpunkt, Volk, Kontinent, Klasse, Familie, Geschlecht so zu wählen, daß er mit seiner Geburt die größtmögliche Wirkung erzielen würde.

Schließlich entschloß er sich, als Sohn eines Fürsten aus dem indischen Geschlecht der Shākyas um 563 vor unserer Zeitrechnung wiedergeboren zu werden.

Buddha war zu der Ansicht gelangt, die sinnvollste gesellschaftliche Schicht für seine Geburt sei ein kriegerisches Fürstengeschlecht. Seine die ganze Welt grundlegend verändernde Erkenntnis von der Nichtigkeit weltlichen Denkens und Handelns könnte er auf diese Weise am eindrucksvollsten vermitteln – denn als Mitglied der obersten Klasse würde er Zugang zu allen Machtpositionen seiner Gesellschaft haben und könnte diesen schließlich entsagen, da sie für das letztendliche Ziel des erfüllten menschlichen Lebens wertlos sind. Die Handlungen des Buddha markierten den Beginn einer ganz besonderen Revolution – einer gleichmütigen Revolution, nicht einer heißblütigen und gewaltsamen –, die sich auch heute noch in Form eines allmählichen Zivilisationsprozesses fortsetzt und die trotz ihrer Langsamkeit unermüdlich fortschreitet und mit Sicherheit schließlich zum Erfolg führen wird.

In allen Darstellungen der Geburt und Jugend des Buddha wird stets in symbolischer Form ein gesellschaftlicher Umbruch angekündigt. Es heißt, seine Mutter, Māyādevī habe ihn unbefleckt empfangen, da sie weder mit seinem Vater noch mit einem anderen Mann verkehrt habe. Das Licht der Welt habe er in einem blühenden Frühlingshain erblickt, wo sich Māyādevī fern des Palasts ihres Gemahls aufgehalten habe. Als das Baby in einen Ahnentempel gebracht wurde, seien die Götterbildnisse, so heißt es, zum Leben erwacht und von ihren Podesten herabgestiegen, um sich ehrfürchtig vor Buddha zu verneigen. Er erhielt den Namen Siddhārta, »der, der sein Ziel erreicht«. Die Weisen prophezeiten, er werde entweder ein Allmächtiger, der die Welt beherrsche, oder ein Vollkommen Erleuchteter, der die Welt belehre. Naturgemäß erhielt der Buddha eine Ausbildung, die ihn zum weltlichen Eroberer befähigen sollte: Sein Vater Suddhodana, Oberhaupt des Fürstengeschlechts, hatte den Ehrgeiz, seinen Sohn zu einem weltlichen Herrscher zu erziehen – ein vollkommen erleuchtetes Wesen hatte dagegen keinerlei Nutzen für ihn.

Siddhārtha war ein hochbegabter Schüler, ein kräftiger Athlet und ein in allen königlichen Künsten bewanderter Prinz, und doch besaß er ein merkwürdig sanftmütiges und feinsinniges Wesen, das seinem Vater nicht gefiel. Er wurde mit einem schönen Mädchen aus adligem Hause verheiratet, mit Yashodharā, der Tochter eines Kriegers, und das junge Paar genoß zehn Jahre die Wonnen höchsten Glücks. In einer Geschichte heißt es, sie hätten sich so stürmisch geliebt, daß sie im Liebesrausch einmal von einem Pavillondach gefallen und sanft in einem Blumenbeet gelandet seien – sie hätten sich davon jedoch überhaupt nicht stören lassen. Schließlich gebar Yashodharā einen liebreizenden Sohn. Nach dem Fürstenkodex der damaligen Zeit war die Geburt eines Enkels das Zeichen, daß der König den Thron für seinen Sohn zu räumen hatte. Dieser herrschte daraufhin als König über sein Land, bis wiederum seinem Sohn ein Sohn geboren wurde. So wurde Siddhārta zum Kronprinzen ausgerufen und das Datum für die Krönungszeremonie festgelegt.

Doch zu jener Zeit war Prinz Siddhārtha von einer tiefen Unzufriedenheit erfüllt und bereit, sich gegen seine gesellschaftliche Inpflichtnahme aufzulehnen. Bei Ausfahrten in die Stadt sah er nacheinander einen Alten, einen Kranken, einen Leichnam und das ihn ergreifende Antlitz eines weisen Asketen. Diese beunruhigenden Eindrücke waren dem Wohlbehüteten stets wohlweislich vorenthalten worden. Nach Hause zurückgekehrt, fragte er seinen Vater, wie er sein Volk vor Alter, Krankheit, Tod und Leiden bewahren könne. Suddhodana antwortete, dies gehöre nicht zu den Aufgaben eines Königs. Herrscher seien vielmehr für Wirtschaft, Gesetzgebung, Außenpolitik, Verteidigung und dergleichen mehr verantwortlich. Niemand könne diese anderen Probleme lösen, man ziehe einfach Priester zu Rate, wenn man Hilfe bei derlei Fragen benötige. Siddhārtha entgegnete, er wolle nicht regieren, solange er keinen Weg gefunden habe, diese Leiden zu beenden. Er bat seinen Vater um die Erlaubnis, sich aus dem weltlichen Leben in die Einsamkeit des Waldes zurückziehen zu dürfen, um die Erleuchtung zu erfahren. Der König schlug diese Bitte aus, postierte Wachen um die Paläste des Prinzen und beraumte einen früheren Krönungstermin an.

Dann kam die große Entsagung: Siddhārta entschied sich, Frau, Kind und Vater zu verlassen, auf sein Reich und seine Regierungsverantwortung zu verzichten, seine bisherige Identität abzulegen und seinen Besitz aufzugeben, um sich auf die Suche nach dem Sinn des Lebens zu machen. Er war bereit, aus der traditionellen Gesellschaftsstruktur auszubrechen, um sich auf den Weg der scheinbar aussichtslosen Erkenntnissuche zu begeben. Siddhartha betrachtete ein letztes Mal seinen in den Armen seiner geliebten Frau schlafenden kleinen Sohn, und sagte schließlichlich beiden in aller Stille Lebewohl. Er mußte sich heimlich aus der Stadt stehlen, denn sein Vater hatte für alle Stadttore dreifache Bewachung angeordnet.

Nachdem Siddhārthas Frau Yashodharā am folgenden Tag seine Flucht bemerkt hatte, hob sie klagend ihren Sohn in die Höhe, wobei sie die Hartherzigkeit Siddhārthas anprangerte, der sie so schmählich verlassen habe; und auch der Vater Suddhodana war zutiefst erschüttert. Er sandte Minister und ranghohe Priester aus, um Siddhārtha in der Wildnis aufzuspüren und zur Rückkehr zu bewegen. Für den König sprachen die Argumente der Vernunft, des Pflichtbewußtseins und des überkommenen Brauchtums; für Siddhārtha sprach nichts außer der vagen Vermutung, ihm seien in früheren Weltzeitaltern Buddhas vorausgegangen, und seine feste Entschlossenheit, das Unmögliche möglich zu machen: Das tatsächliche Wesen von Leben und Tod zu ergründen und einen Weg zur Beendigung des Leidens zu finden, um alsdann anderen Menschen dabei zu helfen, diesen Weg ebenfalls zu beschreiten.

Siddhārtha überquerte den Fluß und begab sich in den Dschungel, sein langes Haar – Kennzeichen seiner Prinzenwürde – kürzte er mit einem Schwertstreich, seinen Schmuck schenkte er seinem Diener. Seine königlichen Kleider tauschte er gegen ein aus Leichentüchern hergestelltes Asketengewand. Nachdem er sich gegen die Lehren einiger von ihm besuchter Ashrams entschieden hatte, begab er sich mit fünf Gefährten für sechs Jahre in ein Leben in der Wildnis. Hier unterzog er sich strengen asketischen Übungen, aß manchmal nicht mehr als nur ein einziges Reiskorn pro Tag. Er magerte völlig ab, eine geradezu besessene Entschlossenheit hatte sich seiner bemächtigt – und doch erreichte er nicht sein Ziel: die Erlösung vom Leiden.

Schließlich gelangte Siddhārtha zu der Einsicht, ein Zuviel an Kasteiung sei genausowenig hilfreich wie ein Zuviel an Wohlleben. In beiden Fällen komme es zu einer übermäßigen Beschäftigung mit dem eigenen Körper und der eigenen Befindlichkeit. Wenn er zum wahren Verständnis der Natur seines ureigenen Wesens gelangen wolle, so seine Erkenntnis, müsse er sich in voller geistiger Klarheit damit auseinandersetzen. Voraussetzung dafür war, daß er sich körperlich relativ gut fühlte. Daher gab er seinen asketischen Lebensstil auf, badete, nahm Nahrung zu sich und setzte sich unter einen mächtigen Feigenbaum in der Nähe der Stadt Bodh-Gayā. Er ließ sich dort eines Tages am späten Nachmittag nieder und sprach: »Hier will ich so lange sitzen und mich nicht von der Stelle rühren, bis meine Aufgabe erfüllt ist; so lange, bis ich vollkommenen erwacht bin; bis alles in mir zu Klarheit und Ruhe gefunden hat und ich erkannt habe, welchen Weg ich zu gehen habe.« In der Legende wird berichtet, die Erde habe daraufhin leicht gebebt, der Wind habe geseufzt, und alle Wesen auf unserem Planeten seien von einem erregten und erwartungsfrohen Schaudern erfaßt worden.

Die Nacht brach herein, und Siddhārta saß noch immer ruhig da und blickte in vollkommener geistiger Klarheit zurück auf Millionen vergangener Leben, auf den unendlichen Daseinskampf aller Lebewesen, die ihm je begegnet waren; visualisierte zahllose Zukunftsszenarien und reflektierte über die Myriaden von Techniken zur Belebung der geeignetsten dieser Szenarien. Kurz bevor Siddhārtha die

Buddhaschaft erlangte, tauchte Māra auf, die Personifizierung des Bösen, und verwickelte ihn in ein Gespräch: »Wie kannst du behaupten, ein vollkommener Buddha zu sein? Was gibt dir das Recht dazu? Bist du nicht allzu hochmütig?« Siddhārtha erzählte dem Bösen von einer seiner zahlreichen beispiellosen Taten der Selbstaufopferung, von seiner herausragenden Kreativität und seiner transzendenten Weisheit – von Taten aus seinen vergangenen Leben, an die er sich erinnerte, und die ihn nun dazu befähigten, ein Buddha zu werden. Māra konterte: »Das ist ja alles schön und gut, wer aber ist Dein Zeuge? Nur Du allein erinnerst Dich daran, wer also sollte Dir glauben?« Daraufhin senkte Buddha mit einer berühmt gewordenen Geste seine rechte Hand, um den Boden von Mutter Erde zu berühren und sagte: »Ich rufe die Erde selbst zu meiner Zeugin auf. Sie hat mich in all jenen Milliarden Leben getragen. Sie hat alles gesehen. Sie wird für mich aussagen.« Die Erde tat sich auf und sechzehn Waldgöttinnen erschienen, die einen Kreis um Siddhārtha bildeten und Geschichten aus seinen früheren Leben zum besten gaben – von seinem großen Heldenmut, seinen großen Leistungen, seinen bewundernswerten Talenten, seinem unermüdlichen Einsatz. Die geschilderten Episoden wurden vor Māras Augen Wirklichkeit. Als ein in der literarischen und dramatischen Kunst Bewanderter war Māra zwar von den Darbietungen in ästhetischer Hinsicht sehr beeindruckt, doch eingedenk seines eigentlichen Vorhabens räumte er alsbald voller Verdruß das Feld, um in seinem Reich auf Rache zu sinnen.

Siddhārtha blieb unter dem Bodhibaum sitzen, um die Suche nach Erkenntnis unvermindert fortzusetzen und gelangte am nächsten Morgen zu jener vollkommenen Einsicht, die ihn von seinen Leiden erlöste. Er erhielt den neuen Namen Shākyamuni, »der Weise aus dem Geschlecht der Shākyas«. Er erkannte, welchen Weg er bei seinem Wirken einzuschlagen hatte, und spürte die Fähigkeit in sich erwachen, andere Wesen zu erlösen. Schweigend verharrte er noch eine Weile in diesem Zustand der neuen glückseligen Weisheit, stand dann auf und verbrachte die nächsten 45 Jahre damit, seine Lehre in allen gesellschaftlichen Schichten der ihm zugänglichen Länder zu verbreiten.

Er setzte eine Revolution in Gang, keine gewaltsame, die alles für die Menschen nur noch schlimmer macht, sondern eine gleichmütige, langsame, überzeugende Revolution, durch die die vollkommene Erlösung des Menschen Wirklichkeit werden kann. In seinen Lehren befaßte er sich unmittelbar und gezielt mit den negativen Kräften. Den Mächtigen begegnete er kraftvoll, den Schwachen voller Sanftmut, den Intelligenten mit Weisheit, den Einfältigen und Gutmütigen mit leidenschaftlicher Herzensgüte. Er gründete eine große und stetig wachsende Gemeinschaft von Menschen, die nach Erleuchtung streben. Im Alter von über achtzig Jahren trennte er sich von seinem irdischen Körper. Er entschloß sich zu diesem Schritt, weil die buddhistische Gemeinschaft sich zu dieser Zeit bereits eine sichere und sogar einflußreiche gesellschaftliche Stellung erobert hatte, derentwegen es hilfreicher war, wenn er sich mit seiner persönlichen Autorität aus ihr zurückzöge. Mit diesem Schritt wollte er unterstreichen, daß die Freiheit der Menschen ihm ein wirkliches Anliegen war.

Überliefert ist folgender Ausspruch des Buddha Shākyamuni, als er die Buddhaschaft erlangte: »Tiefgründig, ruhig, einfach, transparent und ungeschaffen – ich habe ein Elixier der Unsterblichkeit entdeckt, das nichts anderes ist als die Wahrheit!«[2]

Was wollte er damit sagen? Tiefgründig ist die Wahrheit, die in der Absolutheit der Dinge zu finden ist, zu ihr gelangt man durch das vollkommene Durchdringen aller oberflächlichen Realitäten – das Ergebnis der Wahrheitssuche liegt jenseits von Leben und Tod, jenseits von Freud und Leid. Ruhig

[2] Dieses Zitat findet sich in mannigfachen leichten Abwandlungen in unterschiedlichsten Berichten über Buddhas Erleuchtung, z.B. in: *Mahāvastu*, aus dem Chinesischen von J.J. Jones, Pali Text Society, London 1973, Bd. II, S. 3. [Anm. d. Übers.]

ist die für sich allein sprechende Wahrheit, die endgültige, nicht veränderbare Realität, denn ihr ist aller Wandel immanent. Einfach ist die Wahrheit, der man ohne Gemütsbewegung teilhaftig wird. Transparent nennt sich die Wahrheit, in der Erkennender und Erkanntes eins geworden sind, wo alles in Licht und Schönheit getaucht ist, selbst scheinbare Dunkelheit und scheinbares Elend. Ungeschaffen ist die Wahrheit, die nicht erschaffen wurde, sondern schon immer existierte und immer existieren wird. Sie ist die sichere Zuflucht, die wahre Heimstatt, das lang ersehnte Ziel, die höchste Wonne. Sie zu entdecken gleicht dem Trinken des Elixiers der Unsterblichkeit. Jede Faser des Seins erfüllt sie mit Glückseligkeit, Entzücken, Erleichterung und Sicherheit. Diese Wahrheit läßt den Tod zur Wonne und das Leben zur Freiheit ohne Angst werden. Das Lächeln auf den Lippen des Buddha symbolisiert diese Wahrheit.

Was hatte der Buddha damals entdeckt? Welche Bewegung rief er ins Leben? Ziemlich sicher ist, seine Bewegung war keine neue Religion. Ein junger Mann auf der Suche nach der Wahrheit – er wurde später einer der berühmtesten Schüler des Buddha – traf einst einen alten Mönch im indischen Benares auf der Straße, der eine bemerkenswerte Gelassenheit und Zufriedenheit ausstrahlte. Der junge Mann fragte den alten Bettelmönch nach seinem Lehrer und den Lehren, denen er folgte. Der Mönch bekannte, er könne ihm dies nicht erklären und verwies den jungen Wahrheitssucher an den Buddha. Doch da der junge Mann zumindest einen Hinweis erwartete, sprach der Mönch: »OM! Der Vollendete hat erklärt, daß alle Dinge einer Ursache entspringen, welche ihre Ursachen sind, und wie der [Kreislauf] von Ursache und Wirkung zu durchbrechen ist. Das ist seine Lehre, Heil dem großen Asketen!«[3] Diese mantragleiche Aussage enthält den Kerngedanken des Buddhismus. Es ist im wesentlichen eine wissenschaftliche Proklamation der erkennbaren Ursa-

[3] Das ist eine berühmte Formel, die auf Sanskrit gesprochen bzw. gechantet wird, ein Mantra für die Reiniging der Rede. [Anm. d. Übers.]

che und Wirkung in allen Erscheinungen und die Darlegung, wie man die negative Kausalität durchbrechen kann. Hat man jedoch schon jemals davon gehört, daß ein Mensch angesichts der Darlegung von Wirkursachen und deren Aufhebung fromm geworden wäre?

Das Zeitalter des Buddha wird auch als Achsenzeitalter bezeichnet: Damals kam es in den verschiedensten Kulturen zu einem Umbruch im Denken – in unterschiedlichen Ausprägungen. Die große Neuerung dabei war, daß man sich mit der Frage der Kausalität beschäftigte: Sie taucht in den Schriften des Arztes Hippokrates, in denen des Philosophen Platon und des Morallehrers Konfuzius ebenso auf, wie in vielen indischen Werken. In früheren mythologischen und prärationalen kosmologischen Spekulationen hatte man Ereignisse als auf dem Willen der Götter beruhend interpretiert. Wurde man von Krankheit und von sonstigen Schicksalsschlägen heimgesucht oder war von Feinden bedroht, konsultierte man Spezialisten für Magie und Zauberei, die herausfinden sollten, auf welche Weise man den Zorn der Götter erregt hatte. Unter dem Einfluß des damals aufkommenden rationalen Denkens verwies man darauf, daß die Götter keinen Einfluß auf das Leben besäßen, sondern daß es für alles erkennbare Gründe gebe. Sobald man diese klar erkannt habe, könne man durch einen Eingriff in die Kausalitätsprozesse die Situation günstig beeinflussen.

Die Lehre des Buddha über die Kausalität – seine Erkenntnis, alles unterliege Myriaden von Ursachen und Bedingungen – gilt für alle Erfahrungsbereiche: für naturgegebene, naturwissenschaftliche, moralische, emotionale, spirituelle. Diese Evolutionstheorie, Karma genannt, basiert auf dem Gedanken, das Wohlergehen eines Menschen sei die unmittelbare Frucht dessen guter Taten in der Vergangenheit; ebenso sei Unglück das Ergebnis vergangener schlechter Taten. Vereinfachend versteht man dies allzuoft so, als bringe eine gute oder schlechte Handlung unmittelbar die nächste gute oder schlechte Tat hervor, als ob es sich um eine Art Echo handle. Das Ganze ist in Wirklichkeit jedoch sehr viel komplexer, denn die Karma-Lehre beschreibt weder ein Universum, in dem Willkür und Sinnlosigkeit herrschen, noch ein Universum mit deterministischen Zügen, in dem der einzelne den Göttern ausgeliefert ist. Zwischen dem Gesetz des Karma und der Theorie Darwins von der natürlichen Auslese besteht eine Analogie, allerdings mit einem entscheidenden Unterschied: In Darwins Theorie steht die physische Evolution der Arten im Mittelpunkt, in der Karma-Theorie dagegen die physische und spirituelle Entwicklung einzelner Lebewesen, die einen unendlichen, aber kontinuierlichen Entwicklungsprozeß physischer Existenzen durchlaufen. Im Kontext der Theorie Darwins gilt die physische Evolution, das Überleben desjenigen, der der Umwelt am besten angepaßt ist, gleichbedeutend mit dem Überleben des moralisch Verwerflichen. Angenommen dies sei gerechtfertigt, warum haben wir dann so feine, weiche Hände ausgebildet und keine riesigen Klauen? Nach karmischem Gesetz gibt es eine bestimmte Handlungsweise, die sich grundsätzlich fruchtbarer auf die evolutionäre Aufwärtsentwicklung im Daseinskreislauf des jeweiligen Lebewesens auswirkt. Das ist die Barmherzigkeit, und ein Blick auf unsere Hände – sie scheinen eher für sanftmütiges als für gewalttätiges Handeln ausgebildet worden zu sein – sagt alles. Ein Wesen entwickelt über viele Existenzen eine Neigung zu dieser im karmischen Sinn geeigneten Handlungsweise, und ein Leben in Barmherzigkeit bewirkt die Wiedergeburt in einer – im Sinne der Evolution – positiv veränderten Existenzweise.

In der Theorie Darwins von der natürlichen Auslese vollzieht sich die evolutionäre biologische Entwicklung über viele Generationen einer Spezies und überträgt sich auf alle Artgenossen, wobei die überlebensfähigen Merkmale durch genetische Kodierung von einem Individuum auf das andere übergehen. In der karmischen Evolution vollzieht sich die Entwicklung über mehrere Leben im individuellen Daseinskreislauf, indem das betreffende Wesen als Angehöriger verschiedener Arten eine Daseinsform nach der anderen durchläuft. Die erfolgreichen Taten werden, verschlüsselt in einem

»spirituellen Gen«, von einer Existenz auf die nächste übertragen. Gemeint ist das feinstoffliche, innere Muster, das Spuren vergangener Erfahrungen während des Tod-Wiedergeburt-Kreislaufs umrißhaft bewahrt, wenn es sich im Tod von der Körperhülle und dem Gehirn trennt. Es durchläuft eine traumähnliche Übergangsperiode, bevor es sich instinktiv – geleitet von tief verwurzelten Neigungen – für eine neue Verkörperung in einem Mutterleib entscheidet.

Nach karmischem Evolutionsgesetz sind fruchtbare – die Buddhisten nennen sie geeignete – Taten, die zu »höheren« oder guten evolutionären Existenzweisen, etwa zur Wiedergeburt als Mensch führen, Freigebigkeit, tugendhaftes Verhalten, Toleranz, Wagemut, Konzentration und Weisheit. Geiz, Ungerechtigkeit, Haß, Faulheit, Ausschweifung und Unwissenheit sind dagegen ungeeignete Taten, die negative evolutionäre Wandlungen zur Folge haben und zur Wiedergeburt in der niederen Sphäre der Tiere führen. Wer das Leben anderer rettet, erweitert seinen Beziehungsrahmen und stärkt sein Verdienstkonto, indem er die Grundlage für die Erwiderung des guten Willens durch andere legt; außerdem schärft er sein Bewußtsein für das wertvolle Potential des Lebens. Wer dagegen einen anderen Menschen tötet, der mag vielleicht kurzfristig sein Bedürfnis nach Sicherheit, Nahrung und Eigentum befriedigen, engt jedoch durch diesen Mord seinen Beziehungsrahmen ein und schadet sich selbst, indem er sich das Wohlwollen anderer verscherzt; außerdem verstellt er sich den Blick für die Möglichkeiten, die das Leben bietet, wodurch er sich noch weiter in Unwissenheit verstrickt. Nach mehreren Existenzen wird der Akt des Tötens durch Wiedergeburt als tyrannosaurusartiges Wesen vergolten, während Lebensrettung durch Wiedergeburt als Mensch vergolten wird, der Daseinsform, in der man die größtmögliche Chance hat, Buddhaschaft zu erlangen. Kennzeichnend für die Lehre des Buddha ist, daß der einzelne, wenn er das Gesetz der Kausalität richtig begreift, die Möglichkeit hat, eine schlechte Situation zum Guten zu wenden.

Bei der zentralen Lehre des Buddha von den Vier Edlen Wahrheiten – alles Dasein ist Leiden, es gibt eine Ursache für das Leiden, ein Ende des Leidens und einen zur Beendigung des Leidens führenden Weg – handelt es sich im wesentlichen um das Erkennen der Kausalität und das dementsprechend richtige Handeln. Unsere Schmerzen sind unzweifelhaft Leiden. Unsere alltäglichen Vergnügungen sind scheinbar das Gegenteil von Leiden, doch der nach Erleuchtung Strebende weiß, daß sie zu Leiden führen, denn sie sind vergänglich und wecken Begierden in uns: Nach dem Vergnügen sind wir oft unzufriedener als vorher, so als ob wir gar keine Freude gehabt hätten. Schon unsere Existenz an sich ist Leiden, da kein Weg an ihrem Ende vorbeiführt. Unsere Geburt ist Leiden, denn das Kind wird durch die Geburtswege gepreßt und hilflos in die Welt hinausgeschleudert. Babys erblicken schließlich das Licht der Welt schreiend, nicht lachend. Unsere Krankheiten sind Leiden. Unser körperlicher Verfall ist immer mit Leiden verbunden. Unser Tod ist Leiden. Begegnung mit der/dem Ungeliebten ist Leiden, Abschied von dem/der Geliebten ist ebenfalls Leiden.

Es ist vermutlich kein angenehmer Gedanke, daß uns das Leben offenbar nichts als Leiden beschert. Doch das sollte vielleicht Anlaß für uns sein, die Dinge etwas genauer zu betrachten. Es ist keineswegs so, daß wir uns resignierend mit dem Leiden, dem wir doch nicht entrinnen können, abfinden sollen. Wir werden im Gegenteil dazu aufgefordert, angesichts des Elends im Leben alle Anstrengungen zu unternehmen, das Leiden zu vermeiden.

Die zweite Wahrheit folgt unmittelbar aus der ersten und besagt: Unser Leiden hat eine Ursache, und diese liegt in unserem falschen Verständnis der Realität. Dieser Gedanke ist einleuchtend: Jeder von uns hält sich selbst für den Mittelpunkt des Universums, für eine im wesentlichen unabhängige, isolierte Wesenheit, getrennt von allen anderen Personen und Phänomenen. Da wir uns nichtig und entfremdet fühlen, bemühen wir uns um Freunde und Geliebte, streben nach Besitz – all dies soll uns gewissermaßen als Schutz dienen gegen das, was wir als das große »andere« betrachten. Solange wir überzeugt davon sind, wir existierten unabhängig in einer – wie wir meinen – uns feindlich gesonnenen Welt, müssen unsere Wünsche zwangsläufig enttäuscht werden, können wir angesichts dieses überwältigenden Ungleichgewichts nur einen aussichtslosen Kampf führen.

Leicht verletzbar, neigen wir schnell zu Angst- und Haßgefühlen und versuchen, die Dinge zu zerstören, bevor sie uns zerstören. Unsere Handlungen fügen anderen Schaden zu und wegen ihrer negativen Karma-Wirkung letztendlich auch uns selbst. Diese Tatsache verhilft uns vielleicht zu der Erkenntnis, daß unsere Ansicht, wir wären vollkommen isoliert, in sich nichtig ist und nicht den Tatsachen entspricht.

Die dritte der Edlen Wahrheiten ist die von der Beendigung des Leidens oder der Erlösung. Man hat Buddha Shākyamuni vielfach für einen Pessimisten gehalten, da er ständig vom Leiden sprach. Doch Leiden ist nur eine von vier Tatsachen, es ist die Begegnung mit einem Symptom. Das Lächeln des Buddha erklärt sich daraus, daß er die dritte der Edlen Wahrheiten erkannt hatte, die Erlösung vom Leiden. Diese erlangt man, indem man sich zunächst dem Leiden stellt, dann dessen Ursache begreift und sich davon befreit.

Die vierte der Edlen Wahrheiten besagt, daß es einen Achtfachen Pfad gibt, der zur Erlösung vom Leiden führt. Unsere Befreiung können wir jedoch nicht sofort erreichen. Wir können unsere Denkgewohnheiten nicht mit einem Schlag hinter uns lassen, da unsere angeborene Neigung zu Verblendung, Haß und Begierde stark und tief in uns verwurzelt ist. Üben wir uns in moralischem Handeln und meditativer Bewußtheit, so können wir zu einer neuen Betrachtungsweise unserer Geistesgifte und tiefverwurzelten Begierden kommen. Die Entwicklung der Weisheit, die uns in das wahre Wesen aller Dinge eindringen läßt und uns veranlaßt, die Lehren des Achtfachen Pfades in die Praxis umzusetzen, vervollständigt diesen Umdenkungsprozeß. Die Kettenglieder des Achtfachen Pfades sind: Vollkommene Erkenntnis, Vollkommener Entschluß, Vollkommenes Handeln, Vollkommene Rede, Vollkommener Lebenserwerb, Vollkommene Anstrengung, Vollkommene Achtsamkeit, Vollkommene Sammlung. Wir benötigen nicht nur die Hilfe von Lehrern und Freunden, wenn wir diesen Pfad gehen wollen, sondern wir benötigen auch die Rückendeckung der Gesellschaft, die jene Institutionen schafft, die die Entwicklung dieser acht Kettenglieder fördern. In dieser einfachen Struktur der Lebensrichtlinien des Buddha für seine Zeitgenossen läßt sich bereits der Kern der von ihm in Gang gesetzten kulturellen und sozialen Revolution erkennen.

Die Erleuchtungsbewegung läßt sich also nicht in den Kategorien erfassen, die üblicherweise für die Definition von Religion gelten. Eine Religion basiert auf einem Glaubenssystem, das einem bestimmten Muster unterliegt, was rituelle Handlungen, soziale Strukturen und ethische Normen angeht. Der Buddha hingegen trat nachdrücklich für Dogmenfreiheit ein, damit sich die Macht der klaren Einsicht ganz entfalten könne. Er lehrte, gesellschaftliche Strukturen seien nur bedingt von Bedeutung, denn das Recht des einzelnen Menschen auf Freiheit habe unbedingten Vorrang. Und er lehrte, die wissenschaftliche Erkenntnis der Realität führe auf natürliche Weise zu effektivem ethischem Handeln im Sinne der Evolution. Es handelte sich also um eine Erziehungslehre, die nicht nur für den einzelnen Menschen Bedeutung besaß, sondern für ganze Kulturen, Denksysteme und Lebensformen.

Wenn Sie schließlich die Erkenntnis erlangt haben, daß das Leben anfangslos und endlos ist, alsdann an Ihren Trieben und Gewohnheiten arbeiten, Freigebigkeit, Gerechtigkeit, Geduld, Disziplin, Konzentration und Klarsicht in einem Maße schulen, daß Sie zu der Erleuchtung genannten vollkommenen Neuorientierung gelangen könnten, dann scheint diese mit einemmal gar nicht mehr so weit entfernt zu sein. In diesem Prozeß des inneren Umdenkens ist lediglich ein unablässiges Bemühen beinhaltet, das wahre Wesen der Realität zu erkennen, denn zweifellos bewirkt die umfassende

Erkenntnis der Realität an sich bereits eine radikale Wandlung. Viele Jahre unseres Lebens verbringen wir damit, uns mit der Art von Realität vertraut zu machen, wie sie in unseren Schulen gelehrt wird. In unserem Streben nach Erleuchtung gehen wir dagegen einfach über das uns Gelehrte hinaus, indem wir das Vorurteil über Bord werfen, unsere Erkenntnisfähigkeit sei begrenzt.

Wir neigen dazu, Erleuchtung als einen schwer erreichbaren Erkenntniszustand zu verstehen, entweder als ein intellektuell sehr anspruchsvolles Begreifen einer großen Zahl konkreter Fakten, die ein Computer ebensogut erfassen könnte, oder als eine beinahe unergründliche mystische Transzendenzerfahrung, die wir besser den am Rande unserer Gesellschaft Lebenden überlassen sollten. Wir verwechseln Selbstlosigkeit mit einer Art Märtyrertum, halten sie für selbstzerstörerischen religiösen Wahn, der weder unserem Körper noch unserem Geist zuträglich sei. Unsere westliche Individualpsychologie lehrt, es gebe ausschließlich das uns bekannte egozentrierte Selbst. Dadurch wird unsere Unterwerfung unter dessen Bedürfnisse nach Wohlergehen, Ausgeglichenheit und Konsum nur noch verstärkt.

Wir erlangen die Erleuchtung, wenn wir dieses unseren Geist verdunkelnde Mißverständnis durchschauen. Durch Selbstprüfung löst sich das bisher als unantastbar geltende Ich in Nichts auf, und unsere scheinbar festgefügte Welt gerät in Bewegung. In diesem Zustand der Leichtigkeit des transparent gewordenen Selbsts, finden wir zu einer neuartigen Verbundenheit mit der Welt. Die Befreiung von der Verhaftung mit unserem Ich, welches sich im Zentrum des Universums wähnt, führt zur beglückenden Vereinigung mit den frei fließenden Energieströmen des Universums. Jenseits des spannungsgeladenen und konfliktträchtigen Gegeneinanders von »ich« und »du«, »sie« oder »es« steht das befreite »wir«, ein Miteinander in der Sphäre vollkommener Freiheit.

Der Terminus »Erleuchtung« ist eine adäquate Beschreibung für »Buddhaschaft«, denn Erleuchtung ist die geistige Erkenntnisfähigkeit und die spirituelle Erfahrung des vollkommenen Erwachens. Erleuchtung ist nicht allein ein kognitiver Vorgang, sie hat überdies einen emotionalen und moralischen Aspekt, denn das Erfülltsein mit Weisheit führt zu Glückseligkeit, die auf ganz natürliche Weise die reinsten Gefühle freisetzt und Hilfsbereitschaft auslöst.

Erleuchtung wird von Körper und Geist erfahren. Der Geist gelangt unter Umständen sogar in einem einzigen kurzen Augenblick transzendentaler Erfahrung zur Erleuchtung. Die Erleuchtung des Körpers indes vollzieht sich in einem allmählichen Evolutionsprozeß, der sowohl die Erfüllung altruistischer wie auch eigener Interessen des Individuums umfaßt. Erleuchtung ist die Frucht der kontinuierlichen Schulung eines Körpers, der bis in die kleinste Faser tauglich geworden ist, die Erleuchtung auf alle anderen Lebewesen zu übertragen. Im Laufe des langen, viele Existenzen andauernden Evolutionsprozesses eines Menschen werden Geist, Sprache und sogar der Körper selbst zu perfekten Werkzeugen ausgebildet, mittels derer anderen geholfen werden kann. Erleuchtung ist der Gipfel menschlicher Evolution.

Obwohl die Erleuchtung transzendente Erfahrungszustände beinhaltet, besitzen diese für sich allein genommen keinen Wert, wenn sie nicht gleichzeitig zum Quell eines tatkräftigen, alle Lebewesen einbeziehenden Erbarmens werden. Eine nicht in die Praxis umgesetzte Barmherzigkeit verfehlt immer ihren Zweck, da sich wahre Sensibilität erst bei völliger Offenheit für die rauhe Wirklichkeit vollständig entfalten kann. Bedingungslose Barmherzigkeit jedoch vermag all das zu bewirken, was andere Lebewesen glücklich macht.

Es fällt uns schwer, uns in der Rolle eines Buddha zu sehen, da wir uns angewöhnt haben zu glauben, wir könnten uns nur so verhalten, wie wir uns verhalten. Um uns zumindest gedanklich der Möglichkeit einer Erleuchtung zu öffnen, müssen wir uns zunächst der Vorurteile bewußt werden, die es so schwermachen, uns eine solche evolutionäre Leistung überhaupt vorzustellen. Wir meinen, wir hätten die Realität erfaßt, nur weil unsere Sinne wach sind. Selbst wenn wir die

Möglichkeit einer höheren Bewußtheit einräumen, zweifeln wir jedoch sofort an der Erreichbarkeit derselben. Die moderne naturwissenschaftliche Erziehung hat uns unmerklich dahingehend konditioniert, daß wir uns als Kopf- und nicht Gefühlsmenschen begreifen, als stoffliche und nicht als spirituelle oder gar geistige Wesen. Wir sind geprägt von nihilistischem Gedankengut, in dem postuliert wird, der Glaube, wir verfügten über eine eigene Bewußtheit, sei reine Illusion. Und so blockieren wir unmerklich unser spirituelles Wachstum, da wir Bewußtheit lediglich für eine zu nichts führende Wahnidee halten, die mit Aussetzen der Gehirntätigkeit beim Tode ebenfalls stirbt. Daher erscheint uns bereits die Vorbedingung für die vollkommene Erleuchtung – die umfassende evolutionäre Wandlung eines Menschen – nicht möglich zu sein, denn wir sehen das Leben als eine willkürliche Aneinanderreihung von Zufällen, nicht als Kontinuum und betrachten es von einer vollkommen nihilistisch geprägten Warte aus.

Lebewesen durchlaufen nicht nur in zeitlicher Hinsicht als genetisch miteinander verbundene körperliche Wesen eine Entwicklung, sondern auch als bewußte Wesen, sie sind getrieben von dem menschlichen Bestreben, Leiden aus dem Weg zu gehen, und beseelt von dem Wunsch, Glückseligkeit zu erreichen. Unter den unendlich vielfältigen Daseinsformen, in die ein Wesen wiedergeboren werden kann, gilt die menschliche bereits als sehr hoch entwickelt, was das Streben nach Glückseligkeit betrifft. Denn Körper und Geist des Menschen haben die unendlich große Fähigkeit, Glück zu empfinden. Umgekehrt bedeutet dies allerdings auch, daß der Mensch außergewöhnlich empfänglich ist für Schmerzen und Leiden. Diese übergroße Empfänglichkeit für Leiden einerseits läßt Menschen in Angstsituationen so erstaunlich aggressiv werden; unser starkes Glücksempfinden macht uns andererseits so erfinderisch, was die Entwicklung immer exzentrischerer Lustbarkeiten anbelangt.

Ein Buddha gleicht einem Schmetterling, der sich schließlich aus dem Kokon menschlicher Existenz befreit. Ein Buddha ist nicht nur ein vollkommen gewordener Mensch, der zu einem bestimmten historischen Zeitpunkt lebte. Nein, auch Sie und ich werden einmal ein Buddha werden – zumindest aber sollten wir uns auf diesen Weg wagen und abwarten, was passiert. Tatsächlich stehen wir kurz davor, das Leiden endgültig zu besiegen. Denn der hohe Wert, den wir der Freiheit beimessen, erklärt sich aus unserem untrüglichen Gespür dafür, daß die wahre Realität nichts anderes ist als vollkommene Freiheit. Da wir dies erkannt haben, stehen wir bereits an der Schwelle zu unserem höchsten Sein – an der Schwelle zu unserer höchsten Erfüllung.

Kapitel 2

Auf der Suche nach dem Selbst

Lassen Sie uns selbst einmal all die Schritte nachvollziehen, die der Buddha unternahm, als er sich auf seine spirituelle Suche begab, und dort beginnen, wo auch er begann: mit der Realität der eigenen Lebenssituation. Morgens geht die Sonne auf, es regnet, das Wasser fließt, der Wind bläst. Im Sommer verschaffen wir uns Kühlung, im Winter haben wir es warm. Wir leben in Ländern mit einem Höchstmaß an gesellschaftlicher Organisation, wir sind recht gebildet, verfügen über große technologische Möglichkeiten und eine enorme industrielle Produktivität. Unsere Unterhaltungs- und Freizeitmöglichkeiten sind grenzenlos.

Wir, die Bürger der Vereinigten Staaten, leben in einem Land, das als einziges der Welt seinen Bürgern qua Verfassung formell das Recht auf Leben, Freiheit und Streben nach Glück garantiert. Und trotzdem fühlen wir uns denkbar unzufrieden. Wir können dafür unsere individuellen Lebensbedingungen verantwortlich machen – unsere Jobs, unsere Familien –, die Welt um uns herum als Quelle unseres Unglücks ausmachen. Doch dann stellt sich die Frage: Können wir unser Glück überhaupt in diesen Bereichen finden? Nach einem guten Essen leiden wir unter Völlegefühl und fühlen uns unwohl. Da wir an unseren Ehepartner gebunden sind, treibt uns ständig die Sorge um, verlassen zu werden.

Eine gesunde Lebensführung endet unausweichleich immer auch mit dem Tod. Wir jagen Trugbildern nach, doch halten wir sie für real und hoffen, sie mögen uns den Schlüssel zu unserem Glück liefern.

Wollen wir uns verantwortungsvoll mit unserem Leben auseinandersetzen, müssen wir zunächst betrachten, wer wir sind und wie wir die Welt sehen. Jeden Morgen, wenn wir aufwachen, werden wir mit der größten Lüge, deren das menschliche Bewußtsein fähig ist, konfrontiert. Sie lautet: »Das bin ich, ich, ich bin es, ich bin der Mittelpunkt des Universums. Zuerst komme ich. Ich halte alles zusammen.« Unter dem Strich steht: »ich«. Wir sind jedoch nicht nur ichbezogen, nein, das Ganze geht tiefer. Wir halten unser Selbst für das einzig Sichere, das einzige, auf das wir zählen können. Ich bin mir meiner eigenen Gedanken sicher, meiner eigenen Regungen. Ich weiß, ohne zu fragen, was ich will, was ich verabscheue, was ich fürchte. Cogito, ergo sum.

Ich mache mir unablässig Sorgen um mich – wir alle tun das. Bin ich wirklich glücklich? Könnte ich nicht noch mehr haben? Kann ich mich von dieser Sorge befreien? Ist dieses oder jenes gut für mich? Werde ich richtig behandelt? Ich werde von mir selbst vollkommen in Anspruch genommen, ich bin selbstbesessen. Einmal bin ich ganz offensichtlich egoistisch, ein anderes Mal warmherzig und selbstlos. Stets beziehe ich mich jedoch selbst mit ein.

Diese Selbstbezogenheit ist angesichts der Tatsache, daß wir uns ja für das Wichtigste im Universum halten, vollkommen natürlich. Ob dies moralisch verwerflich ist, steht hier nicht zur Debatte. Doch ich bezweifle, daß diese Sichtweise korrekt ist. Wir mögen zwar mit der »Gewißheit« aufwachen, wir seien der Mittelpunkt des Universums, doch sobald wir unseren Fuß nach draußen setzen, treffen wir nicht einen Menschen, der dieser Sichtweise zustimmt. Wenn wir die Möglichkeit hätten, die Gedanken anderer zu hören, schallten uns Chöre entgegen: »Das bist nicht du, denn das bin nämlich ich! Ich bin der Mittelpunkt.« Wir befinden uns daher in ständigem Widerspruch zu anderen, sind allesamt fest im Griff jenes kleinen inneren Diktators, der jeden Menschen glauben machen will, er oder sie sei der Mittelpunkt des Universums.

Und was will dieser Diktator? Jeder möchte natürlich glücklich sein und tut alles für die Erfüllung dieses Wunsches. Aber reicht denn allein der Wunsch nach Glück aus, um wirklich glücklich zu werden? Das hat noch nie geklappt. Wenn ich besessen von dem Wunsch handele, mein Glück zu finden, verfehle ich es mit Sicherheit. Möglicherweise führt der von mir beschrittene Weg in die Irre.

Wenn ich mich darum bemühe, glücklich zu werden, befehle »ich« mir selbst, was ich für »mich« zu tun habe. Wenn ich »mir selbst« gehorche, tue ich dies so selbstverständlich, wie ich dies bei keinem anderen tun würde, da ich davon ausgehe, daß ich ja »ich« bin. Doch ich profitiere offenbar wenig von dem Diktat des »Ichs«. Es scheint, als ob ich für mich handelte, doch in Wirklichkeit erntet ein anderer »Chef« die Früchte meiner Bemühungen. Ich fülle im Schweiße meines Angesichts ein Gefäß, doch es wird niemals voll. Entweder sickert das Wasser aus einem Loch im Boden heraus, oder es wird in ein anderes Gefäß umgeleitet. Vielleicht entspricht dieses »Ich« nicht wirklich dem, der ich wirklich bin. Wie könnte es das wahre Ich sein, wenn es so ein falsches Verständnis von seinem Platz im Universum hat?

Wie nehme ich mein »Ich« wahr? Wie verstehe ich mich selbst? Wenn ich denke: »Ich darf dies nicht zulassen«, oder: »Ich muß das haben«, woher kommen dann diese Gedanken? Wenn mir ein Freund eine Nachricht schickt: »Ich erwarte dich um sieben Uhr in der Pizzeria«, weiß ich genau, wer diese Nachricht geschickt hat und stelle mich entsprechend auf dieses Treffen ein. Wenn meine innere Stimme mir aber sagt: »Geh dort hin«, wer hat dann diese Nachricht geschickt?

Die Antwort erscheint uns vielleicht sonnenklar: »Ich selbst habe mir diese Botschaft zukommen lassen.« Aber stimmt das denn wirklich? Kennen wir den Absender der Botschaft wirklich? Ich suche nach dem Eigentlichen, auf das sich das

»Ich« bezieht. Möglicherweise sage ich »ich« und schlage mir dabei bekräftigend auf die Brust, doch trotzdem würde ich nicht akzeptieren, daß »ich« sich auf meine Brust bezieht.

Bin »ich« mein Name? Wenn jemand meinen Namen ruft, reagiere ich darauf mit meiner ganzen Person. Doch wenn mir jemand meinen Namen wegnimmt, verschwinde ich dann ebenfalls? Weder in meiner körperlichen noch in meiner geistigen Struktur gibt es ein Etikett, auf dem mein Name steht. Es scheint einen Punkt in meiner Kehle zu geben, an dem die beiden Laute für »ich« gebildet werden, doch die Stelle, an der der Laut »ich« schwingt, kann deswegen noch lange nicht als Ursprung meiner gesamten Identität betrachtet werden. Ich bin weder mein Herz, mein Blut, meine Knochen, meine Traurigkeit, mein Zorn, mein Lachen. Ich bin mehr als nur die Summe meiner Einzelteile.

Wir glauben das »Ich« sei unabhängig, statisch, unveränderlich und substantiell, also immer das gute alte »Ich«, zugleich aber so einzigartig, daß es abgesondert von der übrigen Realität existiere. Da seine Wünsche so unabweisbar vorhanden sind, scheint es objektiv und unzweifelhaft real zu sein, außerdem leicht identifizierbar. Es erscheint selbstverständlich, daß mein »Ich« der Kern dessen ist, was mich ausmacht, und dies scheint nicht nur unmittelbar für mich zu gelten, sondern auch, objektiv betrachtet, wahr zu sein. Mein »Ich« scheint meine Gedanken zu kontrollieren, meine Handlungen zu lenken: Wenn ich fälschlicherweise beschuldigt werde, dann beteuert es zu Recht meine Unschuld. Das »Ich« stellt sich selbstbewußt hin: »Das habe ich nicht getan! Nicht ich bin das gewesen!« Dieses »Ich« scheint unablässig besorgt um uns zu sein, doch wenn es in blinder Habgier etwas besitzen will, setzt es sich rücksichtslos über uns hinweg. Besessen, sein Ziel zu erreichen, überschreitet es alle menschlichen Grenzen. Wenn es von sinnlichen Begierden übermannt wird, zwingt es uns, das über alles Geliebte zu verletzen, zu zerstören; oder es zwingt uns, unsere sensiblen und zerbrechlichen Körper ohne Rücksicht auf Leib und Leben Feinden zu opfern. Es kann uns anstiften, etwas zu tun, was wir normalerweise nicht einmal in Gedanken tun würden. Es kann uns sogar in den eigenen Tod treiben. Es wird, wenn wir uns von starken Emotionen gefangennehmen lassen, so übermächtig, daß wir dies nicht einmal erkennen.

Mag es mir auch noch so schwerfallen, mich dem Diktat des »Ichs« zu beugen, wenn dieses »Ich« tatsächlich dasjenige ist, was mich ausmacht, so muß ich ihm einfach gehorchen. So schwer mir dies auch manchmal fällt, ich habe, so meine ich, doch keine Alternative als das zu sein, was »ich« bin, was »ich« mir vorschreibe zu sein. Ich glaube, das sei meine Pflicht, mein Schicksal. Wenn ich jedoch entdecke, daß ich durchaus nicht das bin, was »ich« zu sein scheine, eröffnet sich doch damit die Möglichkeit, daß es da ein wahres Ich gibt, das anders ist, als jenes scheinbar unabhängige »Ich«. Sollte dies der Fall sein, dann müßte ich doch nicht für alle Ewigkeit Gefangener dieses gebieterischen und impulsiven »Ichs« bleiben, das angeblich nur mein Bestes will, mich dennoch ständig in Schwierigkeiten bringt und mir niemals den gewünschten Frieden und das ersehnte Glück bringt.

Aber wie kann ich entscheiden, ob ich nun der bin, für den ich mich normalerweise halte? Wie könnte denn das wahre Ich aussehen? Wie sieht es aus, wie riecht und schmeckt es? Wie könnte ich es erkennen, wenn ich es fände? Um es ausfindig zu machen, muß ich zunächst ausloten, was »ich« sein könnte.

Wir würden niemals eine größere Reise über Land antreten, ohne vorher unser Fahrzeug auf Herz und Nieren geprüft zu haben. Wir würden nicht einfach in ein altes Vehikel steigen, das wir von jemand Unbekanntem bekommen haben und dann ohne Vorbereitung oder Landkarte losfahren. Aber warum lassen wir uns von Vorstellungen gefangennehmen, die wir durch unsere Erziehung übernommen haben? Warum unternehmen wir nicht die geringste Anstrengung, unsere Identität auf Herz und Nieren zu prüfen?

Es ist recht diffizil, unserem »Ich« auf die Spur zu kommen, denn in unserer Gesellschaft gibt es keine Gebrauchsanweisung, die wir dafür zu Rate ziehen könnten. Das »Ich«

scheint eine bekannte Größe zu sein. Sein Ursprung ist dagegen schon weniger bekannt. Ich darf das scheinbar so evidente »Ich« nicht als unumstößliche Realität hinnehmen, sondern muß vielmehr herausfinden, auf wen oder was sich das »Ich« bezieht.

Ich will mich hier nicht in einen akademisch-philosophischen Diskurs verlieren und behaupten, der Mensch sei ein Nichts. Ich stelle nicht in Frage, daß wir »etwas« sind. Ohne Zweifel bin ich »etwas«. Ich bin mir bewußt, daß ich mich im wesentlichen als eine einzigartige, autarke, substantielle Persönlichkeit fühle, die von ihrem »Ich« zum Handeln veranlaßt wird, und die man gemeinhin als »Ich« bezeichnet. Ich kann anhand »meines« Namens, »meines« Geschlechts, »meiner« Rasse, »meines« biologischen Status und anderer unveränderlicher Faktoren identifiziert werden. Außerdem kann ich durch dieses »Ich« in einen bestimmten Existenzzustand versetzt, zu bestimmten Handlungen und Erfahrungen gebracht werden. Ich möchte aber tiefer in die Problematik eintauchen und herausfinden, ob ich *tatsächlich* in der Form existiere, in der ich *glaube* zu existieren. Ich möchte zunächst wissen, wer mich lenkt oder was ich lenke, bevor ich mir Gedanken darüber mache, wo ich hingehe und wie ich dort hinkomme.

Betrachte ich mich sozusagen aus dem Blickwinkel meines inneren Auges und lenke dabei auch nur ein wenig zuviel Aufmerksamkeit auf mich selbst, muß ich verblüfft feststellen, daß mein Selbst entschwindet. Sehe ich zu genau hin, entzieht sich all das meinem Blick, was ich mir im Geiste suggeriere und auf der Suche nach meinem »Ich«-Bezugspunkt durchforste, es rinnt mir geradewegs durch die Finger. Wenn das scheinbar unabhängige »Ich« vom Betrachteten zum Betrachter wird, findet es nur sehr schwer überhaupt etwas. Ich muß daher eine scharfsinnige und zuverlässige Methode entwickeln, mit der ich das »Ich« wahrnehmen kann, um dadurch klarer bewerten zu können, welche Auffassung ich normalerweise davon habe, was »Ich« für mich bedeutet.

Das ist so, als würde man seinen Schlag während des Tennisspielens verbessern oder als achte man darauf, am Schreibtisch immer bequem zu sitzen. Dem Spiel oder der Arbeit gilt dabei die Hauptaufmerksamkeit, man beobachtet sich nur nebenbei oder erinnert sich nur beiläufig daran, den Körper leicht zu drehen oder keinen Rundrücken zu machen. Wenn Sie unablässig an das denken, worauf Sie achten sollen, verlieren Sie den Ball aus den Augen oder beachten gar nicht mehr, was auf dem Bildschirm Ihres Computers erscheint.

Wie erklärt es sich nun, daß ich ohne Widerspruch dem Willen dieses so schwer zu fassenden Irrlichts »Ich« folge? Wie kommt es, daß ich diese so eminent wichtige Frage für mein Sein so endlos lange ungelöst lasse? Ich wache doch auch jeden Morgen auf, stehe auf, um meiner täglichen Arbeit nachzugehen, muß nach bestem Wissen Entscheidungen über das Was, Wie und Wann treffen. Um das Wesen meines »Ichs« zu erfassen, benötige ich ein ebenso großes Maß an klarem Verstand.

Im Zustand der Erregung oder unter dem Einfluß von anderen Gedanken oder Gefühlen, halte ich mein »Ich« für absolut, für eine bewegende, unabweisbare Triebkraft. Will ich mir selbst beweisen, daß ich tatsächlich ein unabhängig existierendes Selbst bin, sollte es mir eigentlich auch gelingen, dieses wesenhafte Selbst zu finden. Wenn das Selbst in der Art und Weise existiert, wie ich mir dies vorstelle, dann dürfte es eigentlich nicht verschwinden, wenn ich es mit Aufmerksamkeit bedenke. Ich frage mich, ob mein Selbst sich mir nur deshalb entzieht, weil ich von anderen Dingen abgelenkt werde. Wenn ich jedoch trotz allergrößter Mühe kein wesenhaftes Selbst ausmachen kann, dann muß ich doch wohl von der Möglichkeit ausgehen, daß die mir vertraute Art des Selbstverständnisses auf einem Irrtum beruht. Um so dringlicher wird es, sich auf die Suche nach dem wahren Selbst zu begeben.

Wir alle behalten anfangs die uns vertraute Art der Selbsteinschätzung klar im Blick, fest entschlossen, bei der

Suche nach unserem Selbst in einem zweckmäßigen und dem gesunden Menschenverstand zugänglichen Rahmen zu bleiben. Dann versuchen wir, uns voll und ganz auf die Suche nach dem »Ich«-Bezugspunkt, auf das wahre Selbst, zu konzentrieren.

Beginnen wir mit der Betrachtung des Körpers. Wir können uns wieder auf die Brust klopfen und sagen: »Ich bin ich«, aber wir bestehen ganz sicher nicht nur aus einer Reihe von Rippen. Wir schauen in den Spiegel und sagen: »Da, das bin ich«, aber dasselbe sagen wir auch, wenn wir alte Schnappschüsse von uns betrachten – das heißt Fotos von einer Person, die früher einmal ganz anders aussah als heute. Wir verkleiden uns, wir tragen gleichsam Masken, und doch sind wir da. Ihre Hand sieht vertraut aus, und sie wäre auch die Ihrige, wenn sie gebrochen wäre und in Gips steckte; sie gehörte auch zu Ihnen, wenn sie erfroren wäre, so daß die Finger amputiert werden mußten. Unsere Körper bleiben also nicht sehr lange die deutlich erkennbare und unumstößliche Grundlage unserer Identität.

Wenden wir uns nun schwerer zugänglichen Dimensionen zu und sezieren uns gewissermaßen geistig. Lassen Sie uns im Geiste eine Reise durch die Anatomie von Herz, Wirbelsäule, Nervensystem und Gehirn antreten – nirgends treffen wir auf einen beständigen »Ich«-Bezugspunkt. Wir können Zellen, Axone und Dendriten durchforschen, Moleküle, DNS und RNS, Atome, subatomare Quantenpartikel, namenlose Kräfte und Energien – und noch immer finden wir nichts Unbewegtes, Statisches, Unabhängiges. Alles, was wir erkennen oder uns auch nur vorstellen können, steht in Beziehung zu etwas anderem.

Jetzt kommen unsere geistigen Faktoren an die Reihe. Beginnen wir mit der Durchforstung unserer Gefühle, Sinneserfahrungen, Freuden, Schmerzen oder Zustände der Empfindungslosigkeit. Wenn »ich« glücklich scheine, könnte ich meinen, ich sei das reine Glück, bin ich unglücklich, ich empfände nichts als Schmerz, bin ich gefühllos, ich sei vielleicht erstarrt. Wenn ich mich nun ganz an meiner anatomischen Struktur orientiere und alle Sinnesorgane untersuche, werde ich nach einer Weile die Hoffnung aufgeben müssen, irgendwo in diesem Bereich ein unveränderliches, unabhängiges »Ich« zu finden.

Anschließend können wir uns Bildern, Wörtern, Symbolen, Ideen, Konzepten und Vorstellungen zuwenden. Dies scheint zunächst vielversprechend zu sein. »Ich« ist schließlich ein Wort. Die Namen »Alice«, »Joe«, »Carol« und »Shākyamuni« sind allesamt Substantive. Wenn ich meinen eigenen Namen »Bob« ausspreche, taucht dann in meinem Kopf ein Bild von mir auf? Ist dies ein kürzlich von meinem Gesicht aufgenommener Schnappschuß? Ein Blatt mit einer genauen Beschreibung von mir? Ein Lebenslauf? Eine Biographie? Ist das Bild ein bevorzugtes Logo? Ein Markenzeichen? Ein Symbol? Keine dieser Möglichkeiten scheint befriedigend zu sein, denn alle sind von mir geschaffen worden beziehungsweise im Fall meines Namens stellvertretend von einer anderen Person. Keine trifft die Essenz des »Ichs«. Die Pronomina »ich« und »meine/r, mir, mich« scheinen sich auf mich zu *beziehen,* »ich selbst« bin ihr *Bezugspunkt,* daher ergibt es keinen Sinn, daß das Wort »ich« *selbst* das *wirkliche* Ich sein sollte, sein eigener Bezugspunkt. Mein Gefühl, es gäbe ein Substanz-Ich, entsteht, indem ich »ich« ausspreche. Wenn ich ständig »ich, ich, ich« wiederhole, verstärkt sich das Gefühl meiner unbestreitbaren Existenz; die Worte schaffen also in gewisser Weise erst einen Bezugspunkt, der jenseits ihrer eigentlichen Bedeutung liegt. Wörter oder Bilder allein können jedoch nicht das *wirkliche* Selbst sein, da sie in ihrer Bedeutung von uns allen abhängen, die wir sie durch konventionellen Gebrauch erst erschaffen.

Begeben wir uns nun tiefer in die Sphären unserer geistigen Regungen, in den Gefühlsbereich. Wenn »ich« liebe oder verliebt bin, dann fühle ich mich außerordentlich gegenwärtig, selbst in Augenblicken, da das Substanz-Ich dahinzuschmelzen droht. Wenn »ich« hasse, lasse ich mich von zerstörerischen Impulsen forttragen. Wenn »ich« von Stolz erfüllt bin, erhebe ich mich über andere. Wenn »ich« von Eifersucht getrieben bin, lasse ich nörgelnd meine Feindseligkeit am anderen aus. Schuld, Angst, Begierde, Verwirrung, ja sogar Entschlossenheit – all diese Energien scheinen sich »meiner« zu bemächtigen oder scheinen meinem »Ich« zu entströmen. Aber wenn ich sie mir anschaue, sie in der Realität oder in der Rückschau betrachte, scheinen sie alle vollkommen in Beziehungen eingebunden zu sein. Wenn ich versuche, sie bis zu ihrem Ausgangspunkt zurückzuverfolgen, erkennt mein Substanz-»Ich«-Gefühl dort zwar die schwer faßbare Existenz des wirklichen »Ichs« oder »Selbsts«, aber ich vermag offenbar nicht, diesem Energiestrang zu seinem von mir erkannten Ursprung zu folgen. Gliche unser Gefühl einem Seil, das an einen Pfosten gebunden ist, könnte ich mich daran bis zum Pfosten entlangtasten und diesen dann ergreifen. Doch unser Gefühl ist nun einmal nicht so beschaffen – sobald ich mich dem gefühlten Ursprungsort des »Ichs« nähere, scheint dieses sich wieder fortzubewegen und zu entschwinden. Tatsächlich existiert auch ein Pfosten nicht unabhängig, sondern vollkommen eingebunden in Beziehungen zu anderen Dingen. Er steckt im Boden, das Seil ist an einer bestimmten Stelle festgebunden, lehnt man sich zu stark gegen ihn, fällt er um, und dergleichen mehr. Daher könnte im Prinzip ein Substanz-»Ich«-Bezugspunkt auch kein wie auch immer gearteter Endpunkt sein. Wie könnten Gedanken und Gefühle mit ihm verbunden sein, wenn er substantiell und unabhängig existierte und zu nichts in Beziehung stünde?

Kommen wir zum Schluß zur Bewußtheit selbst. Das kann sehr anstrengend sein, da wir unser Bewußtsein dazu bringen müssen, nach sich selbst zu suchen, und zwar während es dabei gleichzeitig es selbst ist. Glücklicherweise sind einige Aspekte des Bewußtseins ziemlich greifbar. So sind wir uns etwa bewußt, was wir sehen – ein visuelles Bewußtsein spiegelt offenbar, was unsere Augen vor sich haben. Während unsere Augen von einem Objekt zum anderen wandern, erkennen wir Tisch, Finger, Seite, Wort, blau, Himmel und den Berg in der Ferne. Unser Bewußtsein scheint sich entsprechend der Veränderung seines jeweiligen Inhalts zu wandeln. Manchmal nimmt es nur Licht und Farbe wahr, ohne irgend etwas Konkretes zu erkennen. Für den Erkenntnisvorgang ist ein anderes Bewußtsein notwendig, das einen Gedanken oder ein Erinnerungsbild produziert und dieses dann mit dem von uns Gesehenen zusammenführt. Nun können wir uns auf die Suche nach den anderen Arten des Bewußtseins begeben. und dabei werden wir klar erkennen, was wir normalerweise in den Hintergrund drängen. Unser auditives Bewußtsein wird ununterbrochen gereizt, sei es durch Geräusche von Lastwagen, das Gekrächze von Krähen, die Waschmaschine, Stimmen und manchmal auch durch ein Rauschen im Ohr, das offenbar nicht von außen kommt. Betrachten wir unsere Geruchserfahrung, die uns oftmals überhaupt nicht bewußt ist, es sei denn, wir werden mit Gestank, etwa mit Industrieabgasen, oder angenehmen Gerüchen konfrontiert wie Parfüm. Was den Geschmack angeht, so konzentrieren wir uns normalerweise nur dann darauf, wenn wir gerade essen. Und schließlich unser taktiles Bewußtsein, unseren Körper, der uns beständig mit Informationen versorgt, doch widmen wir ihm nur dann unsere besondere Aufmerksamkeit, wenn wir uns sexuell betätigen.

Lassen Sie uns langsam all diese Arten von Bewußtsein durchgehen und uns deren ungeheure Vielfalt vor Augen halten. Am Ende müssen wir zugeben, daß in ihrem Kern offenbar nichts Einheitliches, Unveränderliches oder Unabhängiges erkennbar ist, und doch spüren wir, daß sich hinter ihnen ein substantielles Selbst verbirgt, am lebhaftesten in unserer Erinnerung sind Regungen wie Liebe und Haß.

Betrachten wir unsere Sinneserfahrungen noch eingehender, wird uns immer bewußter, wie leicht wir in unserer Aufmerksamkeit von einer Sinneserfahrung zur nächsten schwenken. Eben noch atmeten wir einen süßen Duft ein, schon lauschen wir einer uns vertrauten Melodie, und dann wieder nehmen wir die Struktur der ledernen Armlehne unseres Sessels wahr. Diese Fähigkeit, so stellen wir fest, liegt in unserem Gefühl für einen inneren Bereich – eine innere Bühne der Bewußtheit –, in dem wir Bilder unseres Inneren sehen, Videoaufzeichnungen unserer Erinnerung. Wo in uns liegt diese Bühne? Wir glauben vielfach, die Bilder durch unser Gehirn tanzen zu sehen.

Machen Sie einmal folgendes Experiment: Stellen Sie sich eine Münze vor, eine Vierteldollarmünze mit dem Porträt George Washingtons. Wo kommt dieses Bild an? Zunächst wohl in Ihrem Kopf, auf einem irgendwo hinter Ihren Augen liegenden Bildschirm. Da es dort kaum unbeweglich bleibt, lassen Sie es vor Ihrem inneren Auge rotieren, bis Sie es von der Seite sehen, dann drehen Sie die Münze auf die Seite mit dem Adler. Stellen Sie sich vor, die Münze steckte in Ihrem Hals, dann in der Mitte Ihres Oberkörpers vor der Wirbelsäule in Höhe des Sonnengeflechts. Als nächstes visualisieren Sie die Münze an das Ende Ihrer Wirbelsäule und lassen sie durch Ihr Bein zum Knie oder zum Fuß wandern. Wir können diese Vierteldollarmünze, stets flüchtig, nach Belieben an jeder Stelle visualisieren. Auf diese Weise können wir uns vorstellen, der Bewußtheits-Bildschirm im Inneren, die Filmleinwand, könne an jeder von uns gewünschten Stelle in Aktion treten, nicht nur im Kopf.

Wir stellen fest, daß wir auch im Traum einen virtuellen Imaginationsprozeß aktivieren können. Im Traum sehen und hören wir Dinge, und doch sind unsere Augen und Ohren geschlossen und stehen dem wachen Bewußtsein nicht zur Verfügung. Mit welchen Augen habe ich letzte Nacht im Traum den Pariser Eiffelturm gesehen? Es muß also ein subtiler Bewußtseinsbereich existieren, der ohne Anbindung an unsere fünf Sinne und das von deren Tätigkeit abhängende Bewußtsein funktioniert. Um auf den Grund dieses Geheimnisses der Substanz-»Ich«-Vorstellung zu dringen, müssen wir dieses subtilste für uns arbeitende Bewußtsein untersuchen, das »Geist-Bewußtsein«.

Wenn wir es genau betrachten, stellen wir fest, daß diese Art des Bewußtseins den fünf Sinnen unseres Bewußtseins im Wachzustand entspricht. Für gewöhnlich ist es koordiniert mit den fünf Arten der Sinneserfahrung; es achtet auf Sinnesobjekte, reagiert auf sie und selektiert sie. Etwas mühevoller ist es für uns zu erkennen, daß das Geist-Bewußtsein auch im Bereich der reinen Imagination funktionieren kann, indem es ein Bild nach dem anderen aufruft und dann vor seinem inneren Auge Revue passieren läßt. Es kann auch auf innere Stimmen hören: Wenn Sie mit sich Zwiesprache halten, hören Sie Ihre innere Stimme. Sie können sogar, wenn Sie wollen, sehen, wie sich Wörter auf einem inneren Bildschirm bewegen, während Sie gleichzeitig hören, wie die Stimme diese ausspricht.

Wenn es also tatsächlich ein wesenhaftes »Ich« gäbe, wenn dies mein wahres »Ich« wäre, dann müßte es der allerletzte Anlaufpunkt für alle meine Eindrücke sein, meine tatsächliche Erkenntnisinstanz, mein Zentralrechner sozusagen. Ich versuche, mich darauf zu konzentrieren, aber mir wird leicht schwindelig, sobald ich damit beginne, auch nur einen Hauch meiner eigenen Bewußtheit zu erhaschen. Ich versuche, mich von meinem inneren Bildschirm und meinem inneren Sprecher abzuwenden und mich meinem inneren Beobachter zuzuwenden, dem der sieht und hört. Will ich mich jedoch meinem Zentrum der Bewußtheit zuwenden, muß ich dieser befehlen, sich um ihre eigene Achse zu drehen; das ist geradewegs so, als wirbelte ich meinen Körper wie bei einem Derwisch-Tanz umher – mich blitzschnell drehend versuche ich, meine Nasenspitze zu sehen, doch schon sausen meine Augen an der Stelle vorüber, an der meine Nase sich gerade eben noch befand. Ich suche nach dem kleinen Homunkulus in mir, der mich steuert.

Und schon löst sich dieses kleine Homunkulus-Trugbild in Nichts auf. Angenommen, es gäbe wirklich in einem Kämmerchen einen anderen, aus dem Fenster schauenden Miniaturkörper meines Ichs, angenommen dieser hätte Augen, einen inneren Beobachter, eine Identität, bestünde aus Abhängigkeiten, Wahrnehmungen, Gedanken, Sinnesfaktoren, so müßte dieser wiederum unweigerlich in seinem Kämmerlein einen weiteren kleinen Homunkulus besitzen, der aus seinem Fensterchen auf einen inneren Bildschirm schaute und ebenfalls Informanten für seine innere Anlaufstelle haben müßte. Dieses Bild ließe sich bis in unendlich kleine Dimensionen weiterspinnen, bis es schließlich, durch einen beständig kleiner werdenden mikroskopischen Tunnel unsichtbar geworden, entschwindet.

Intensivieren wir die Suche nach unserer eigenen Bewußtheit, kreisen wir ständig um eine imaginäre Achse und bemühen uns, immer näher an diese selbst heranzukommen, an die Grenzen der inneren Augen und Ohren, Bildschirme und Sprecher zu stoßen. Die imaginäre Achse, die wir mit unserer Bewußtheit umkreisen, entschwindet, sobald wir uns ihr nähern wollen, und dies erzeugt in uns einen leichten, unter Umständen beängstigenden inneren Schwindel, der sich sogar zu Übelkeit auswachsen kann. Wer hier durchhalten will, muß sich außergewöhnlich anstrengen. Die innere Stimme, die mal brüllt, dann wieder verzagt und ängstlich klingt, dringt in uns aufzuhören. Haben wir uns sorgfältig auf diesen Augenblick vorbereitet, könnte diese Stimme uns auch beruhigen, wir hätten uns keine Sorgen zu machen. Wenn das Selbst aus einem wesenhaften Kern besteht, ist es absolut und unabhängig und kann durch unsere Suche nicht zerstört werden – wir sind nur benommen wegen des ungewöhnlich anstrengenden Versuchs, es so zu sehen, wie es wirklich ist. Wir beginnen, die Illusion dessen, was wir für unsere unabhängige und dauerhafte Substanz halten, zu durchschauen und kommen nahe an den Punkt, an dem wir erkennen, was wir wirklich sind.

Die Benommenheit kündigt an, daß es uns gelungen ist, in einem ersten kurzen Augenblick Zeuge der Auflösung des Selbsts in seiner Wesenhaftigkeit zu werden. Sobald wir erkennen, daß die Benommenheit selbst ebenfalls nicht festgefügt und dauerhaft ist, fällt sie von uns ab und wir haben das Gefühl, uns selbst aufzulösen, wir werden zur Leerheit, die sich in Leerheit verflüchtigt. Wir mögen uns selbst beruhigen, daß Leerheit per definitionem nun einmal nicht wesenhaft ist, gleichzeitig ist sie jedoch nicht Nichts und daher auch nicht imstande, unsere Bewußtheit zu verhindern. Selbst eine Leere ist etwas, deshalb ist jedwedes Gefühl, ins Nichts zu fallen, nichts anders als unser eigenes Konstrukt dessen. In dem Moment, da wir uns nicht länger dem Gefühl der Auflösung hingeben oder uns gegen die Auflösung sträuben, verliert die Leerheit ihren beängstigenden Charakter, und wir fühlen uns in ihr wie in einen angenehmen Schwebezustand. Wir verlieren das Gefühl der Begrenzung, der Spannungszustand löst sich, uns umfängt ein weites, himmlisches Gefühl einer grenzenlosen, alles umfassenden Realität, einer Realität, die sanft und unaufdringlich mit allen anderen Wesen und Dingen verbunden zu sein scheint. Das ist das wahre Selbst, ein unerschöpflicher Quell des Friedens und des Glücks; es umfängt alles, alle Wünsche gehen in Erfüllung, alle anderen Wesen sind mit einbezogen, ohne daß wir selbst vergessen würden. Dies ist die Essenz dessen, was der Buddha während seiner eigenen Meditation gewahr wurde.

Es ist jene Erfahrung, nach der wir immer gesucht haben, die vollkommene Befreiung von der Unsicherheit bezüglich der Natur unseres Selbsts, die vollkommene Befreiung von dem gewohnten Gefühl der Isolation und die Befreiung aus dem Gefängnis des eigenen Ichs. In enger Verbundenheit mit dem gesamten Universum, das gleichsam als zum eigenen Körper gehörig empfunden wird, gelingt es, alle Ängste hinter sich zu lassen; freudig und geradezu überwältigt von der Seligkeit dieser Befreiung, läßt man sich tragen vom Gefühl des vollständigen Einswerdens mit der wahren, der absoluten Realität.

Diese Erfahrung läßt sich kaum in Worte fassen, und trotzdem sind Worte wichtig, denn sie können uns helfen, unsere uns so selbstverständlich gewordene Isolation zu überwinden. Jedes konventionelle Zeit-Bewußtsein löst sich in diesem Erkenntnis-Horizont auf, und daher gibt es keinen klar definierbaren »Moment« unseres Eintauchens in diese absolute Realität. (Wir können an unsere tiefverwurzelten eskapistischen Neigungen immer dann erinnert werden, wenn uns ein Schauder der Enttäuschung erfaßt, *nicht* in einer imaginären letzten Realität aufgegangen zu sein.) Da der Moment unseres Eintauchens in seiner Dauer nicht zu bestimmen ist, könnten wir auch sagen, daß er unserem sofortigen Wiederauftauchen nicht im Wege stünde. Die Aufeinanderfolge von augenblicklichem Eintauchen und Wiederauftauchen – unsere grenzenlose Transparenz – schenkt uns nun eine neue lebendige Einsicht und einen klaren Blick für das unendliche miteinander verwobene Netzwerk der Phänomene und Wesen. Es erscheint paradox, daß wir uns nun der Essenz jedes einzelnen Phänomens so klar bewußt werden, nachdem wir uns so entschieden von der Illusion gelöst haben, es existiere ein absolutes und unabhängiges Ich. Die uns vertraute Einbildung von Wesenhaftigkeit ist transparent geworden, und hinter den als objektiv betrachteten Phänomenen verbirgt sich nicht länger irgendeine scheinbar wesenhafte Unabhängigkeit, noch ist diese ein Zeichen, daß eine wie auch immer geartete wesenhafte und unabhängige Subjektivität der Phänomene existierte. Alles erscheint wie im Traum und illusorisch, und doch scheinen die Phänomene allesamt in einer Weise gegenwärtig zu sein, als seien sie nicht mehr getrennt von ihrem Zustand der Auflösung. Unsere Vorstellung von Wesenhaftigkeit hat sich wonnevoll aufgelöst und ist doch schöpferisch gegenwärtig; unsere Ich-Vorstellung ist gleichzeitig eins geworden mit anderen Wesen.

Dies ist kein mystischer oder geheimnisvoller Zustand, denn er läßt sich mit dem gesunden Menschenverstand nachvollziehen. Wenn wir ein Auto hinter uns im Rückspiegel sehen, scheint es tatsächlich geradewegs auf uns zuzufahren, es sieht aus, als ob das Lenkrad rechts wäre und das Auto uns rechts überholen würde. Automatisch korrigiert unser Gehirn, daß rechts und links im Spiegel vertauscht sind, wir fahren weiter geradeaus und lassen das Auto links überholen. Daran ist nichts besonders geheimnisvoll. Wenn ich also mein »Ich« für unabhängig, für notwendigerweise wesenhaft halte, befasse ich mich mit seinen Befehlen, lenke seine Impulse, partizipiere an seinen Gedanken, während mein auf Erfahrung beruhendes Wissen, daß das Ich nicht wesenhaft ist, mich veranlaßt, Korrekturen vorzunehmen und auf die Befehle so zu reagieren, wie es angesichts der relativen Ereignisse im unendlichen Netzwerk der Abhängigkeiten angemessen ist.

Ich befinde mich nun ganz und gar nicht in einem Zustand mystischen Entrücktseins, im Gegenteil, ich habe mich in der Realität eingefunden, habe mich von dem normalen Zustand der Entfremdung befreit, in der alle Phänomene so erschienen, als seien sie ausgegrenzt von der unerforschlichen Tiefe des Absoluten. Endlich bin ich immun gegen jegliche Versuchung, einen außergewöhnlichen Zustand der Auflösung, des absoluten Nichts oder absoluten Seins, zu mystifizieren und ihn zur eigentlichen Sinnfrage meines Lebens zu erheben. Ich weiß nun, daß diese absoluten Seinsmomente vollkommen eins sind mit den bedingten Momenten, und sie rücken nun erstmals in all ihrer transparenten Klarheit in den Mittelpunkt meines Interesses.

Aus der Weisheit, die die wirkliche Befreiung von der Illusion einer wie auch immer gearteten Wesenhaftigkeit des Ichs mit sich bringt, entspringt unendliche Barmherzigkeit für alles Lebende – einschließlich des eigenen Selbsts. Die Sorge um das größtmögliche Heil aller Wesen der bedingten Welt, ihr Glück und ihre Erlösung vom Leiden wird für mich zur alles bestimmenden, absoluten Sorge, denn diese Wesen existieren ja ganz und gar in Abhängigkeit von mir.

Diese erste Übung, Yoga genannt, ist ein erster Schritt auf dem Weg der inneren Umkehr, die uns von unserer beständig Leiden verursachenden Selbstbezogenheit befreien, uns allmählich zur einsichtigen Offenheit führen und von unserem Ich befreien soll, das sich paradoxerweise dabei selbst verwirklicht: Ich werde zunehmend glücklicher, wenn ich mich nicht andauernd um mein Selbst sorge. Dieser Lernprozeß ist lang und kann nur schrittweise bewältigt werden, obwohl es wirksame Methoden gibt, den Prozeß zu beschleunigen, sobald man den ersten Schritt getan hat.

Millionen von Menschen sind schon erwacht und haben das wahre Wesen ihres Seins erkannt; in den unterschiedlichsten Kulturen wurden sie »Erleuchtete« genannt. Sie betrachteten das Universum nicht nur in der Weise, wie wir heutigen Menschen das aufgrund unserer Erziehung tun – als unendlichen, finsteren, eiskalten luftleeren Raum, durchzogen nur von wenig sternenreichen Spiralarmen des galaktischen Systems und mit Planeten ausgestattet, die von einer blaugrünen, aus Sauerstoff und Kohlenstoff bestehenden Hülle umgeben sind. Nur auf einem dieser Planeten soll – so meinen wir – bewußtes Leben, so wie wir es kennen, möglich sein. Diese unsere Sichtweise ist geradezu unglaublich wahnwitzig, abstrus und beziehungslos. Kein Wunder, daß wir uns so eigenartig fühlen. Wir glauben, unser Leben falle so gänzlich aus dem Rahmen, sei so zerbrechlich, so bedeutungslos.

Der wahrhaft Lebende weiß um eine Unendlichkeit der Universen, um einen anfanglosen, grenzenlosen Ozean des Lebens, der Energie, der Wonnen und Güte; ist sich seines Selbsts in einem absoluten Zustand des Friedens, der Sicherheit, der Freiheit und des Glücks bewußt. Diese Wesen betrachten uns trotz unseres Strebens, unabhängig zu bleiben, als vollkommen eingebunden in diesen Ozean der Freude, in dem nichts unbeachtet bleibt, niemand ausgeschlossen wird. Sie fühlen sich vollkommen eins mit uns, so wie wir sind. Und sie erleiden unsere individuellen Gefühle der Verblendung, der Einsamkeit und des Schreckens. Sie erkennen genau, wie wir uns von unserem eigenen tieferen Gefühl des Einsseins mit dem Ozean der grenzenlosen Güte gelöst haben. Sie nennen diese uns vertraute falsche Sicht unsere »Geistesarmut« und unsere »Unwissenheit«.

Wir schauen durch das Hubble-Teleskop, wir haben Weltraumspaziergänge gemacht, wir wissen, daß es dort oben dunkel und kalt ist. Wissenschaftler haben statistische Berechnungen angestellt, nach denen es auch auf anderen Planeten Leben geben muß, doch bis jetzt haben wir noch keinen entdeckt, auf dem Leben tatsächlich möglich ist. Sind diese »erleuchteten« Menschen einer psychotischen Täuschung erlegen, halluzinieren sie Licht in der Dunkelheit, Wärme in der Kälte, Leben im unbelebten Stein? Vielleicht. Aber wenn

Sie die beim Militär für den Nahkampf verwendeten neuesten Infrarot-Nachtsicht-Brillen aufsetzen, können Sie Dinge in der mit bloßem Auge stockfinster erscheinenden Dunkelheit erkennen. Mit Solarzellen kann im eisigen Weltall Wärme aus Lichtstrahlen gewonnen werden. Radiowellen können in der Stille des Alls Empfangsgeräte aktivieren. Der Weltraum und seine Atome sind Energien, Kräfte – gravitierend, elektromagnetisch, teils schwach, teils stark. Könnte es nicht sein, daß erleuchtete Menschen die Fähigkeit besitzen, etwas auf der äußert feinstofflichen Ebene der Quantenenergie zu erkennen? Könnte es nicht möglich sein, daß sie diese starke Energie unmittelbar als Lebensenergie erfahren? Könnte es nicht sein, daß sie sich wirklich mit dem unendlichen Weltraum als einer Art lebender Körperhülle identifizieren? Unser finsteres Universum erscheint ihnen möglicherweise wie ein Ozean des Lichts. Unsere festen Körper sehen sie möglicherweise als lichtdurchflutete, dreidimensionale Gefüge des unendlichen Weltraums. Wie können wir jetzt immer noch darauf bestehen, unsere gewohnte Sinneswahrnehmung, die den äußeren Weltraum als kalt, finster und unbelebt betrachtet, sei die einzig denkbare Realität des Universums?

Religiöse Menschen in West und Ost neigten schon immer dazu, alles als von einer geheimnisvollen Lebenskraft erfüllt zu sehen. Dunkelheit, Schmerz und Tod werden in den meisten religiösen Systemen durch ein strahlendes, Güte verströmendes Licht überwunden. Was Juden, Christen, Moslems und Hindus »Gott« nennen oder manchmal auch »Gottheit«, ist eine reale Kraft, die dem unendlichen, ozeangleichen Körper lebender Glückseligkeit ähnlich ist, den bedeutende Buddhisten durch Meditieren erzeugen können. Wenn ein gläubiger Mensch angesichts schlimmster Erfahrungen oder scheinbarer Realität unerschütterlich an seinem Glauben festhält, strebt sie oder er danach, sich in den Zustand zu versetzen, in dem es ein innerstes Wissen um die unendliche Lebensenergie gibt. Erleuchtete Menschen sehen sich als Teil der Grenzenlosigkeit. Sie fühlen sich eins mit allen göttlichen und anderen fühlenden Wesen. Sie glauben, wir alle hätten das Potential, uns der eigenen Freiheit und des eigenen Glücks vollkommenen bewußt zu werden. Vertraut man auf eine derartige Möglichkeit, befindet man sich in einer guten Ausgangsposition für den Weg zur Erlösung, und dies ermutigt uns weiterzugehen. Doch wir alle können jenseits des Glaubens auf eine Ebene gelangen, die uns unmittelbare Erfahrung und vollkommene Einsicht in unser wahres Wesen offenbart.

Die Frage, ob die Erleuchtung für uns ein erreichbares Ziel darstellt, ist von elementarer Bedeutung für unser Leben. Gelingt es uns selbst, diese vollkommene Erleuchtung zu erlangen, verändert sich unverzüglich unsere Lebenseinstellung und unser Standort im Universum. Offen für diese Möglichkeit zu sein heißt, unabhängig von der Religionszugehörigkeit, ein spirituell Suchender zu sein. Erleuchtung wird nicht als Angelegenheit religiösen Glaubens betrachtet. Sie ist vielmehr ein evolutionäres Ziel, das wir anstreben, so wie wir möglicherweise versuchen, Präsident der Vereinigten Staaten zu werden, ein Konzertgeiger oder ein bedeutender Dichter. Haben wir erst einmal erkannt, daß wir das biologische Potential besitzen, uns zu Wesen vollkommener Erkenntnis zu entwickeln, können wir beginnen, uns als Buddhas zu sehen, als erwachte oder erleuchtete Wesen.

»Buddha« ist kein Name einer bestimmten Person, Buddha ist ein Titel, ein Zustand, den wir erreichen können. Das Wort heißt »erwacht«, »erblüht«, »erleuchtet«. Gemeint ist das Erblühen allen denkbaren Glücks und aller denkbaren positiven Kräfte. Erleuchtet sein heißt per definitionem, zu einer sich vollkommen entfaltenden Lebensform gefunden zu haben. Dies bringt vollkommene Freiheit mit sich – eine so umfassende Freiheit, daß sie nicht einmal in Beziehungen verlorengehen kann. Sie bedeutet vollkommene Sicherheit, Wissen um die Realität, Vollkommenheit und ewige Glückseligkeit – sie ist das Ziel der Suche nach dem Glück.

Dieser evolutionäre Weg, an dessen Ende die Buddhaschaft steht, hat enorme Auswirkungen auf den einzelnen selbst, auf die Gesellschaft, in der man lebt, und strahlt auf die gesamte Welt aus. Diese Auswirkungen sind nicht zu beschreiben mit den üblichen Kategorien wie persönliche und gesellschaftliche Entwicklung, denn sie führen zu einer Wandlung der gesellschaftlichen Grundlagen an sich. Eine Gesellschaft Erleuchteter wird zwangsläufig zu einer erleuchteten Gesellschaft.

Kapitel 3

Die gleichmütige Revolution

Patrick Henrys Ausruf: »Gebt mir die Freiheit oder schickt mich in den Tod!« war eine politische Aussage. Wir müssen sie wissenschaftlich und spirituell verstehen, müssen mit Freiheit das verbinden, was wir uns am sehnlichsten wünschen. Wir müssen Freiheit zur Realität werden lassen, und zwar was unser Leben, unsere Entwicklung angeht; wir dürfen nicht nur ein Ideal in ihr sehen. Nur dann können wir wirklich begreifen, was wir mit dem Ausspruch »gebt mir die Freiheit« meinen. Sind wir niemals in den Genuß wirklicher Freiheit gekommen, bleibt die Äußerung »schickt mich in den Tod« eine leere Worthülse, etwas leicht Dahingesagtes. Wenn man uns mit dem Tod bedroht, tauschen wir nur allzu gern die Sicherheit der Knechtschaft dagegen ein. In unseren heutigen aufgeklärten politischen Systemen bemüht man sich, uns das Leben zu erleichtern, uns Freiheiten zu geben und uns bei der Suche nach unserem Glück zu unterstützen. Wenn wir politisch gesehen zwar frei sind, jedoch nicht befreit von unserer Unzufriedenheit, wieviel Freiheit besitzen wir dann überhaupt? Wenn wir uns bemühen, die Bedeutung von Leben, Freiheit und Glück für das Streben nach aufgeklärtem Denken zu verstehen, werden wir zu wirklich aktiven Teilhabern eines politischen Systems, das sich ebendiesen Zielen verschrieben hat.

Buddha hatte sich die Schaffung einer vollkommen neuartigen Gesellschaftsform zum Ziel gesetzt, einer Gesellschaft, in der man davon ausging, jeder Bürger habe das Potential, erleuchtet zu werden. Buddha maß der individuellen Freiheit allergrößte Bedeutung bei, denn die höchste gesellschaftliche Aufgabe eines Staates besteht darin, dem Individuum die Möglichkeit der Entwicklung zu geben. In dem Maße, wie sich die einzelnen Menschen entwickeln und der Buddhaschaft nähern, entwickelt sich auch die Gesellschaft zu einem Buddhaland. Dieser Prozeß entfaltet sich nun bereits seit dem 5. vorchristlichen Jahrhundert, und wir sehen die Saat, die der Buddha einst auslegte, heute aufgehen.

»Politik« ist, wie die Ethymologie des griechischen Wortes *polis* (Stadt) andeutet, ein allgemeiner Terminus, der nicht das gesamte Spektrum menschlichen Zusammenwirkens beschreibt, sondern speziell das Zusammenwirken von Gleichgesinnten, für die das Interesse an politischer Selbstverwaltung im Mittelpunkt steht. Wirken im politischen Sinn machte sich in unserem Weltzeitalter erstmals bemerkbar, als die rastlosen militanten Stämme Eurasiens die Annehmlichkeiten eines seßhaften Lebens in fruchtbaren Flußtälern kennenlernten. Man erwirtschaftete einen landwirtschaftlichen Überschuß, gewöhnte sich an das Leben in befestigten Städten und erkannte, daß auf rationalen Normen beruhende Wechselbeziehungen zwischen den einzelnen Stämmen geknüpft werden konnten. Die Menschen erkannten, daß Kontakte auch dann möglich waren, wenn man kein gemeinsames Ritualgefüge besaß, eine andere Sprache sprach und keinen gemeinsamen Ahnherrn hatte.

Politisches Denken entstand in jenem aufgeklärten Umfeld, das auch das Wirken von Lehrern wie Sokrates und Buddha begünstigte. Zu einer solchen Entwicklung kam es parallel in Griechenland, Ägypten, Mesopotamien, Persien, China und Indien. Sokrates hatte eine Reihe von Kollegen und Wegbereitern in den griechischen Stadtstaaten. Konfuzius reiste fast sein ganzes Leben zwischen den chinesischen Stadtstaaten der späten Zhou-Dynastie umher. In Indien zog

Buddha Shākyamuni zwischen den Stadtstaaten im Ganges-Tal und den Kleinstaaten im Norden umher, begleitet von Scharen von Asketen, Weisen, befreiten Bauern und gebildeten Frauen. Indien war auch das Land, in dem der für politisches Handeln notwendige Freiraum zwischen Krieg auf der einen und Ritual auf der anderen Seite besonders groß war – im Lauf der nächsten 1500 Jahre erlebten dort liberale Lehrstätten eine kontinuierliche Blütezeit. Insgesamt betrachtet konnte sich aufgeklärtes Denken jedoch nur im Frühstadium jener historischen Epochen durchsetzen, die von längeren Territorialstreitigkeiten zwischen einzelnen Stadtstaaten gekennzeichnet waren. Diese Perioden der Feindseligkeit eskalierten später zu den bis heute andauernden Konflikten zwischen Staaten, Weltreichen und Supermächten.

Der Buddha kehrte der Welt seiner Zeit mit all ihren Konflikten den Rücken, entsagte allen herrschaftlichen Privilegien und begann ein Leben als Bettelmönch. Er begab sich in ein spirituelles Reich, ließ seine familiäre und nationale Identität hinter sich. Er begab sich in die Hauslosigkeit, kümmerte sich nicht länger um Reichtum und Besitz. Er ließ alle Vorurteile hinter sich, befreite sich von seiner geistigen Prägung und jeglicher Form dogmatischen Denkens. Er wurde selbstlos, es verlangte ihn nicht mehr nach persönlicher Anerkennung. Er gab sich sogar einem streng asketischen Leben hin, indem er sich von der Begierde nach Luft, Essen, Wasser und anderen wertvollen Lebensquellen befreite. So schlüpfte er aus allen wohlbekannten Rollen und schuf gleichzeitig eine neue: die eines Menschen, der *in* der Welt lebt, aber nicht *von* der Welt, der sich und damit auch andere in Beziehung bringt zur transzendenten oder absoluten Wirklichkeit, in der die Bedürfnisse der relativen oder konventionellen Wirklichkeit unter dem Aspekt der Transzendenz gesehen werden.

Bedingungsloser Individualismus, bei dem das individuelle Bedürfnis, sich zur Vollkommenheit zu entwickeln, höchste Priorität besitzt, ist der Schlüssel für die niemals versiegende Offenheit, die für eine wahre politische Gesellschaft notwendig ist. Wirtschaftlicher Überfluß ist die Voraussetzung für die Entfaltung des Individuums, und Indien war in der antiken Weltgemeinschaft mit dem größten Reichtum gesegnet. Notwendig ist auch ein gewisses Maß an Bildung, die förderlich für die Entwicklung kritischen Denkens ist sowie ein gesellschaftliches Organisationsgefüge, in dem Nonkonformismus gedeihen kann. Diese Bedingungen waren zur Zeit des Buddha gegeben, und durch seine Lehrtätigkeit wurde der herrschende Zeitgeist zusätzlich ganz behutsam unterstützt.

Siddhārtha entsagte seinem Thron, um zu einem klareren Verständnis der Realität zu gelangen, und damit der Gesellschaft besser dienen zu können. Nachdem er zur allumfassenden Bewußtheit gelangt war, die er »Erwachen« oder »Erleuchtung« nannte, entschwebte er nicht auf einer Wolke der Glückseligkeit in eine jenseitige Sphäre. Er erhob sich und begann einen lebenslangen sozialen Feldzug, eröffnete den Menschen aller Länder die Möglichkeit, ihr Leben in moralischer, emotionaler und gedanklicher Hinsicht zu verbessern und dadurch gleichzeitig eine bessere Welt für kommende Generationen zu schaffen. Durch die Einrichtung von Lehrstätten wurde er zum Begründer einer Politik der Aufklärung im kulturellen und sozialen Bereich.

Die Aufklärung des 17. und 18. Jahrhunderts im Abendland hatte ebenfalls unübersehbare gesellschaftliche Auswirkungen. Der Glaube an die Vernunft und die Verurteilung überkommenen Gedankenguts beflügelte revolutionäre Bewegungen, die sich Freiheit, Gleichheit und Brüderlichkeit auf ihre Fahnen geschrieben hatten – die Ideale der Demokratie. Derartige revolutionäre Bewegungen hatte es in der abendländischen Geschichte, die zwar geprägt war von selbstherrlichen Monarchen und Despoten, noch nicht gegeben. Die Aufklärungsbewegung des Buddha dagegen, besaß eine gesellschaftliche Tragweite, die für uns nicht so leicht erkennbar ist. Mit seiner Bewegung hob der Buddha keine Religion aus der Taufe – vielmehr begründete er ein neuartiges Erziehungssystem, eine gesellschaftliche und kulturelle Revolution, die es sorgfältig vermied, die bereits bestehenden Regierungsinstitutionen zu übernehmen.

Eine Revolution, die Weltanschauung und Verhalten vieler Menschen verändert und dadurch gleichzeitig langsam eine ganze Gesellschaft umformt, kann als »gleichmütige« Revolution bezeichnet werden. Sie erzieht die Menschen zu kritischem Denken, veranlaßt sie, sich in jene nonkonformistischen Bereiche vorzuwagen, die schon immer Ausgangspunkt für Veränderungen gewesen sind. Wenn erst einmal ein Umdenkungsprozeß angestoßen worden ist, werden die Menschen ganz natürlich und gleichmütig darauf hinwirken, die Gesellschaft zu verändern und schließlich auch das gesamte Gemeinwesen. Buddha Shākyamuni stellte das Politikverständnis um und erbrachte den Beweis, daß man eine gesunde Gesellschaft am besten aufbaut, wenn man sie von unten verändert – durch die Entwicklung des individuellen Potentials –, und nicht versucht, von oben Einfluß zu nehmen.

Die tiefgreifende Erkenntnis des Buddha, daß es keine dauerhafte Identität eines Menschen oder eines Phänomens gibt, zerstörte gleichsam das Fundament der fest verankerten gesellschaftlichen Bedingungen. Wenn wir erkennen, daß den im konventionellen Sinn verschiedenen Identitäten – Priestern, Kriegern, Kaufleuten, Arbeitern, Ausgestoßenen, Männern, Frauen, Einheimischen, Ausländern, Weißen, Schwarzen – kein dauerhaftes Selbst zugrunde liegt, tritt deren Nichtabsolutheit ganz offen zutage, und diese Erkenntnis vermindert deutlich unsere Neigung zu Hartherzigkeit und Fanatismus. Das von seinen Fesseln erlöste Selbst erlangt die geistige Freiheit, seine oder ihre wahre Identität zu entwickeln, nachdem es die ihm gesellschaftlich auferlegte Rolle durchschaut hat.

Als der Buddha lebte, wurde das Gesetz der karmischen Evolution zu einer wichtigen Stütze des Individualismus. Nach diesem Gesetz entstehen alle Phänomene aus Myriaden von Ursachen und Bedingungen, und alles Geschehen hat weitere Auswirkungen auf die einzelnen Menschen. Die einzige Möglichkeit, diesen Kreislauf zu durchbrechen, besteht darin, die schlechten Wirkungen zu vermeiden und sich nur um die guten zu bemühen. Der geniale Buddha transformierte diese rein wissenschaftliche Philosophie in eine empirische Philosophie auf der Grundlage evolutionärer Wirkungen, die der einzelne durch seine Taten erzielt. Das karmische Gesetz wurde so zur Basis für die grundlegenden Gebote moralischen Handelns, der »Zehn Gebote« der Buddhisten: nicht töten, nicht stehlen, nicht sexuell ausschweifend sein, nicht lügen, nicht verleumden, nicht schmähen, nicht schwatzen, nicht begehren, nicht hassen, nicht falschen Ansichten anhängen. Positiv ausgedrückt, bedeutet dies: Leben retten, Gaben verteilen, sich sexuell wohl verhalten, die Wahrheit sagen, versöhnlich, freundlich und wohlwollend reden, unparteiisch sein, bedingungslos lieben und die richtigen Ansichten vertreten. Die moralischen Alternativen – ob sich jemand für Geben oder Stehlen, Wahrheit oder Lüge, Liebe oder Haß entschied – galten als entscheidende Wege entweder zum evolutionären Fortschritt oder zum Rückschritt.

Von diesen neuen Erkenntnissen ließ sich der Buddha in seinem politischen Handeln leiten. Er brüskierte seine Zeitgenossen, indem er sich mit Schülern aus allen Gesellschaftsschichten umgab, mit Frauen und Männern, Mönchen und Laien, ganz gleich, welcher Kaste sie angehörten. Er lehrte die Menschen, nicht im traditionellen Obrigkeitsdenken zu verharren, sondern ihren kritischen Menschenverstand zu nutzen, um der tatsächlichen Realität auf die Spur zu kommen. Er institutionalisierte das Mönchstum für seine Gemeinschaft. Er überzeugte alle Gesellschaftsmitglieder davon, daß jeder einzelne ohne Rücksicht auf Klassen- oder Geschlechtszugehörigkeit in die Lage versetzt werden müßte, nach seiner individuellen Befreiung zu streben, ohne eingebunden zu sein in Familie, Dorf, Stamm oder Nation. Der Buddha schuf auf diese Weise für seine Schüler und Nachfolger jenen unschätzbaren gesellschaftlichen Freiraum, in dem diese kontinuierlich nach ihrer Selbstvervollkommnung streben konnten. All dies bewirkte einen bedeutsamen gesellschaftlichen Umbruch.

Die Tragweite dieser historisch gesehen neuen Form des Mönchstums darf nicht unterschätzt werden. Mit dem Kodex dieses neuen Mönchsordens sorgte Buddha Shākyamuni dafür, daß sich die Gemeinschaft seiner Bettelmönche nicht in einen neuen Priesterorden verwandelte: Er untersagte ihnen bei Zeremonien anläßlich von Geburt, Heirat oder Tod in jedweder Form zu amtieren, Geld anzutasten, Besitz zu haben oder dergleichen mehr, oder anderweitig gesellschaftlich tätig zu werden. Sie sollten ihre Existenz in keinster Weise rechtfertigen müssen. Und doch sollten sie in der Nähe von Dörfern und Städten leben, sollten jeden Morgen auf den Straßen um Essen betteln und dabei den Menschen ihre Einsichten mitteilen. Die tagtäglich um eine kostenlose Mahlzeit bettelnde Mönchsgemeinschaft sollte der Gesellschaft unmißverständlich vor Augen führen, ihre eigentliche Daseinsberechtigung liege im Dienst am einzelnen Menschen, damit dieser den nötigen Freiraum bekomme, sich von seiner oder ihrer Unwissenheit zu befreien.

Revolutionär wirkte der Buddha in dem Sinne, als er lehrte, an die Stelle des Kollektivismus habe der Individualismus als Gesellschaftsethos zu treten, transzendentale Befreiung und nicht weltlicher Erfolg sei als höchstes Gut anzusehen, und das Wettbewerbsdenken egozentrischer Persönlichkeiten sei durch kooperatives Miteinander ungewöhnlicher Individuen abzulösen. Er machte es sich zur Aufgabe, Gewalt in Gewaltlosigkeit zu verwandeln, Habgier in Großzügigkeit, Selbstsucht in Sensibilität, Hinterlist in Ehrlichkeit, und Unwissenheit in geistige Klarheit. Für seinen Erfolg benötigte er ein weitverzweigtes Netz von Lehrinstitutionen, für deren Tätigkeit langfristig Gelder zur Verfügung stehen mußten, und das in der Lage war, sich über Staatsgrenzen auszudehnen, ohne von den dortigen gesellschaftlichen und religiösen Obrigkeiten als Bedrohung angesehen zu werden. Seine Mönchs- und Nonnenorden waren so organisiert, daß diese Voraussetzungen erfüllt waren.

Während Buddha Shākyamuni seine Mönchsbewegung zur Umformung der Gesellschaft ins Leben rief, entzauberte er gleichzeitig das Königtum, denn nun hieß es, an die Stelle der Allmacht habe die Großzügigkeit als höchste königliche Tugend zu treten. Er motivierte die Klasse der Händler – die die individuelle Tugend der Großzügigkeit nutzten und eine die Welt verändernde kommerzielle Entwicklung in Gang setzten –, an die Stelle der Kriegerkaste als wichtigsten Pfeiler für die gesellschaftliche Versorgung zu treten. Auf diese Weise begann sich das Augenmerk von der Kriegführung auf den Handel zu verlagern – ein bis heute noch nicht vollständig abgeschlossener Wandlungsprozeß. Der Buddha steckte in seinen Lehren eindeutig die Grenzen königlicher Macht ab, indem er unterstrich, auch ein König sei nach karmischem Gesetz für seine Taten verantwortlich. Die Herrscher seiner Zeit beeindruckten ihn kaum, doch hielt er sich auch nicht von ihnen fern, sondern betätigte sich ebenso als ihr Berater und Lehrer wie anderen gegenüber auch.

Die Erfahrung der Selbstlosigkeit als Befreiung von einer anderen Wesen entfremdeten Ich-Sucht ist eine Wandlung im tiefsten Innern des Menschen. Sie ist die Abkehr von der schmerz- und angsterfüllten Ich-Zentriertheit und die Hinwendung zu einer freudigen und liebevollen Verbundenheit mit anderen Wesen. Diese innere Erfahrung ist der unverzichtbare Angelpunkt der gleichmütigen Revolution, die der Buddha ins Leben rief und die seit nunmehr 2500 Jahren allmählich die menschliche Gesellschaft verändert.

Zunächst wählte Buddha Shākyamuni unter den zahlreichen Möglichkeiten des Vorgehens eine bestimmte Strategie aus. Die nächstliegende wäre gewesen, auf seinen Thron zurückzukehren und sein Land nach aufgeklärten Herrschaftsprinzipien zu regieren. Wäre Buddha Shākyamuni ein weltlicher Herrscher geworden, hätte er, zumindest auf dem gesamten indischen Subkontinent, ein goldenes Zeitalter der Prosperität, Harmonie, universellen Bildung und Freiheit einläuten können. Doch war er unserer Welt als ein Buddha nicht mehr von Nutzen? Die Strategie des Buddha beruhte auf pädagogischer Notwendigkeit. Hätte sich der Buddha für die Unterweisung der Menschen von seinem Thron aus entschieden, hätten seine Untertanen sich den aufgeklärten Prinzipien der Gewaltlosigkeit und anderen Normen nur aus Angst vor Buddhas Autorität als Herrscher unterworfen. Sie hätten sich nur um grundlegende gesellschaftliche Tugenden gekümmert. Die höheren jedoch, die für die positive karmische Evolution unerläßlichen geistigen und spirituellen Tugenden – Großzügigkeit, Liebe, Toleranz und Weisheit – können nicht allein durch Gesetzestreue verinnerlicht werden. Wer das wahre Wesen der Realität erkennen will, muß sich freiwillig der mühsamen inneren Anstrengung unterziehen, die Realität zu erforschen und seine gewohnheitsmäßige, von Vorurteilen geprägte Unwissenheit überwinden. Eine Erziehung zu aufgeklärtem Denken kann den Menschen nicht über autoritäre Befehle wie »Öffne deinen Geist!«, »Entscheide dich für die Selbstlosigkeit!« vermittelt werden.

Das innere Selbst muß einen Freiraum erhalten, damit das Individuum lernt, seinen ausgetretenen Pfad zu verlassen und sich selbst in einem neuen Licht zu sehen. Erziehung zur Aufklärung muß den Menschen ohne Zwang anleiten, sich selbst zu entwickeln. Seine Selbstsucht zu erkennen, sein Herz in grenzenloser Liebe anderen zu öffnen, Toleranz zu lernen – diese Weisheit hat ihren Ursprung im Innern des Menschen. Angenommen, der Buddha wäre auf seinen Thron zurückgekehrt, um seine Lehre von dort unter sein Volk zu bringen, dann wäre seine neue Wahrheitslehre zunächst lokal mit dem Shākya-Volk identifiziert worden, dann geographisch mit dem indischen Reich und in historischen Quellen mit dem Zeitalter des Shākya-Geschlechts. Sie hätte zweifellos einen starken Einfluß ausgeübt. Doch als Wahrheit, die ihren Ursprung tief im Herzen der Menschen hat, hätte sie niemals ihren Siegeszug unter den Menschen aller späteren historischen Epochen antreten können.

Der Buddha war kein Religionsstifter – ihm erschien kein allmächtiger Gott, der ihn beauftragte, die Menschen wachzurütteln. Auch hatte er erkannt, daß er die Menschen der Freiheit nicht näherbringen würde, wenn er sie zu einem neuen Glauben bekehrte. Der Buddha war auch insoweit kein revolutionärer Rebell, als er die Herrscher seiner Zeit nicht mit Haß verfolgte. Er erkannte, daß es nicht damit getan war, die Menschen zu einem anderen Glauben zu führen oder schlicht die Machthaber auszutauschen. Nein, er erkannte vielmehr, daß es zu einem Umdenken kommen mußte, was die kulturell bedingte Haltung gegenüber Realität, Macht, Leben und Tod betraf. Seine Lehre war weder die eines Propheten noch die eines Revolutionärs; am zutreffendsten könnte man ihn als Lehrer bezeichnen, als Erzieher, der für die Einsicht der Menschen wirkt und für ihr Handeln zum Heil des anderen. Manchmal wird er auch *Jina* genannt, »der Erobernde«, da er sein Selbst durch die Erkenntnis der Wahrheit eroberte und auf diese Weise die Fähigkeit erlangte, andere Menschen ebenfalls zur Eroberung ihres Selbsts zu veranlassen.

Die monastische Sozialbewegung, die während des Achsenzeitalters in Indien entstand, erfaßte ganz Asien und veränderte das Gesicht der Länder, Kulturen und politischen Systeme ganzer Völker, sie beeinflußte aber auch zahllose Menschen individuell. Vermutlich drang ihr Einfluß auch bis nach Westasien, Nordafrika und Europa, und prägte die Institutionen des aramäischen und ägyptischen Christentums, aber auch den Manichäismus.

Die buddhistischen Klöster waren so organisiert, daß sie in einem andersgearteten sozialen Umfeld zur Verfügung stehen konnten, sobald die Saat eines zukünftigen weltweiten Buddhalandes aufginge, von dessen Entstehen der Buddha überzeugt war. Das Mönchstum war das Herzstück der von Buddha sogenannten »Juwelen-Gemeinschaft«[4)], einer besonders behüteten Gruppe innerhalb der Gesellschaft. Diese unterstützte den einzelnen dabei, einen hohen Standard in

[4)] Das ist der Sangha, wörtlich Menge, Schar, bestehend aus Mönchen, Nonnen und Laien. Der Sangha bildet, neben dem Buddha und dem Dharma, die dritte der Drei Kostbarkeiten. [Anm. d. Übers.]

seiner ethischen, religiösen und intellektuellen Lebensführung zu erreichen, die darauf ausgerichtet war, die individuelle und gesellschaftliche Erfüllung zu transzendieren. Weit verbreitet in der indischen Gesellschaft waren damals die Einsiedeleien der Asketen und die städtischen Tempel mit ihrer Priesterschaft. Zwischen diesen beiden Polen siedelte der Buddha nach und nach seine Lehrinstitutionen an, in Außenbezirken errichtete Klöster, die eher ein Anhängsel der bestehenden sozialen Gemeinschaft waren, im Grunde aber noch zu ihr gehörten.

Die Grenze zwischen seiner Gemeinschaft und der normalen Gesellschaft wurde so eindeutig gezogen, daß der einzelne zunächst gewissermaßen einen Identitätswandel vollziehen mußte, vergleichbar einem psychischen Tod mit anschließender Wiedergeburt. Die Mönche und Nonnen mußten Volk, Kaste und Familie den Rücken kehren, Namen, Besitz und Beruf aufgeben, sich von Kleidung, Schmuck und Haartracht trennen, ja sogar der Sexualität entsagen. Es war notwendig, diese Abgrenzung so streng zu vollziehen, damit das monastische Herzstück der neuen Gemeinschaft abgeschirmt von den kräftezehrenden Verpflichtungen des übrigen gesellschaftlichen Umfelds gedeihen konnte.

Innerhalb der neugeschaffenen Gemeinschaft der Nonnen und Mönche konnte der einzelne eine andersartige Form der Beziehung zu anderen pflegen – eine Beziehung, die nicht geprägt war von Gewalt, Ausbeutung und rauhem Wettbewerbsdenken. Da jeder nach transzendentaler Befreiung strebte, kam den Belangen des Individuums eine ungewohnt hohe Bedeutung zu; die Mitglieder der Gemeinschaft entwickelten eine ungeahnte Sensibilität für andere, was einen Wert an sich darstellte, und auf nie gekannte Weise lernte man Freiheit, persönlichen Fortschritt und Weisheit zu schätzen. Die Klosterinsassen setzten die psychologischen Methoden des Buddha zur Selbstvervollkommnung in die Praxis um, um sich selbst von schädigenden negativen Emotionen zu befreien und des Glücks positiver Emotionen teilhaftig zu werden. Alle Insassen, auch Frauen und Angehörige niederer

Kasten, konnten die tiefgründigen philosophischen Lehren des Buddha studieren. Sie lernten, die althergebrachten kulturellen Werte mit kritischem Blick zu durchschauen, und verschafften sich den befreienden und verändernden Einblick in die Natur des Selbsts und der Realität. Auf diese Weise wurde die neue Gemeinschaft zum ethischen Experimentierfeld für die Gesellschaft eines zukünftigen Buddhalandes, zu einer spirituellen Heimstatt und zu einem meditativen Refugium, zu einer philosophischen Lehrstätte, zu einem wissenschaftlichen Labor und zu einem kulturellen Zentrum.

Der klösterlichen Gemeinschaft kam neben ihrer Hauptaufgabe auch noch eine nicht unbedeutende soziale Integrationsrolle zu, und dies war möglicherweise entscheidend für ihre schnelle und erfolgreiche Ausbreitung über den gesamten Norden Indiens. Offen für Frauen, Angehörige unterer Kasten und freigelassene Leibeigene, wurde sie nicht nur zu einem bedeutenden Instrument sozialer Mobilität, sondern auch zu einem Faktor gesellschaftlichen Zusammenhalts. Möglicherweise war dies der Grund, daß die aufstrebende Klasse der Händler in der indischen Gesellschaft – einige ihrer Mitglieder kamen aus den untersten Schichten der traditionellen Hierarchie und aus der Kaste der Unberührbaren – ihre Bedürfnisse und Hoffnungen durch die mönchische Gemeinschaft erfüllt sah und daher zu deren wichtigsten und glühendsten Anhängern zählte.

Diese neue Institution fungierte im wesentlichen als Fundament, als Grundlage für die Vision des Buddha von einer aufgeklärten Gesellschaft, die sich im Verlauf der Geschichte allmählich über unseren gesamten Planeten ausbreiten sollte. Sie wurde zu einem Quell der Güte, indem sie zielstrebig das Böse eindämmte, zu einem Refugium der Friedfertigkeit, da es in ihr um spirituelle Konzentration und Verinnerlichung positiver Gefühle ging, und zu einem Zentrum der Lehre, der Gelehrsamkeit und des Wissens durch unablässiges Erforschen der wahren Natur der Realität. In der monastischen Ordnung wurde festgelegt, daß die Erleuchtung als Lebensziel des Individuums Vorrang hat vor den Überlebens- und Produktionszielen der Gemeinschaft.

Als Führer der gleichmütigen Revolution sandte der Buddha seine Mönche und Nonnen in Scharen aus, um sein Gedankengut in alle Länder zu tragen. Nach zwei Jahrhunderten kam es zur Vereinigung der Staaten Nordindiens in einem Königreich, und in einem zeitgleich ablaufenden, sich unmerklich und nur im Innern vollziehenden Prozeß, hatte die Gemeinschaft des Buddha mit ihren Klosterschulen ein weitläufiges institutionelles Netz gewoben, das schlicht als »die Gemeinschaft« bezeichnet wurde.

Der Buddha vollbrachte das gesellschaftliche Wunder, daß die Könige seiner Zeit die Etablierung dieser weitverzweigten Institution akzeptierten, die keine materiellen Ziele verfolgte. Damals rangen die Regenten der sechzehn wichtigsten Staaten Nordindiens miteinander um die Vorherrschaft, doch unterstützten die meisten von ihnen die Gemeinschaft. Im Zeitalter des Buddha wurde kein anderer der großen Reformer – Sokrates, Konfuzius, Jesaja oder Zoroaster – von Herrschern bei der Gründung einer einflußreichen Schule unterstützt, ganz zu schweigen von einer international tätigen Gemeinschaft. Damit war die Geburtsstunde für einen in der Praxis gelebten kompromißlosen Individualismus in der indischen Zivilisation angebrochen.

Eine rege und blühende Klosterkultur zieht normalerweise junge potentielle Soldaten scharenweise an, da diese sich lieber um ihr Seelenheil kümmern, anstatt ihr Leben für den Staat hinzugeben. Deshalb könnte man eigentlich annehmen, die herrschende Adelsklasse hätte sich gegen die Klöster ausgesprochen, weil diese für sie eine Bedrohung waren. Obwohl der einzelne buddhistische Mönch allem persönlichen Besitz entsagt, ist es frommen Buddhisten stets ein Bedürfnis gewesen, den Klöstern Ländereien und Reichtümer zu übereignen, so daß schon nach kurzer Zeit die Steuereinnahmen der riesigen klösterlichen Latifundien an der königlichen Schatulle vorbeifließen. Darüber hinaus steht ein nicht unbedeutendes Potential an Arbeitskräften der Gesellschaft wegen

»jenseitigen« Strebens nicht zur Verfügung, so daß die Zahl der Bauern, Handwerker und anderer Angehöriger des produzierenden Gewerbes beständig abnimmt.

Diese, aus Sicht der Herrscher, unbestreitbaren Nachteile des Mönchswesens waren offenbar nicht von ausschlaggebender Bedeutung – anders läßt sich die bemerkenswerte Blüte der buddhistischen Klöster in Indien zur Zeit des Buddha nicht erklären. Es gab offenbar einen Überschuß an rekrutierbaren Soldaten, an Ländereien und Reichtümern, und dieser bot wohl eine Art Sicherheitsgarantie, was die auf individuelle Befreiung gerichteten Energien anbelangte, denn diese Bindung der Kräfte barg für den Staat vielleicht weniger Gefahren als ein Heer unbeschäftigter und unzufriedener Menschen. Finanziell unterstützt wurde dieses Wagnis der Könige höchstwahrscheinlich von der Schicht der Kaufleute, die offen für das buddhistische Gedankengut war. Letztlich maßen die Könige wohl auch selbst der monastischen Bewegung deswegen eine besondere Bedeutung bei, weil sie hofften, als wohltätige und segensreiche Herrscher in die Geschichte einzugehen, wenn sie diese unterstützten.

Jene Herrscher, die den Buddhisten wohlgesonnen waren, sahen sich keineswegs gezwungen, all ihre weltlichen Ambitionen aufzugeben. Im Gegenteil, sie betrachteten die Gemeinschaft und ihre charismatischen Lehrer sozusagen als Aktivposten ihrer Herrschaft, denn im Austausch für die königliche Unterstützung konnten sie mit dem diesseitigen Segen der Gemeinschaft rechnen. König Ajātashatru von Magadha, einst ein Gegner des Buddha Shākyamuni, sandte kurz vor dessen Tod seinen Minister zu ihm mit der Bitte um Rat bezüglich seiner Invasionspläne in einen Nachbarstaat, und so triumphierte das Magadha-Reich, deren Könige die Gemeinschaft am stärksten unterstützt hatten, schließlich auch über die anderen Republiken.

Das Militärwesen und das Mönchstum haben insofern etwas gemein, als man sie als direktes Gegensatzpaar betrachten muß. Buddha Shākyamuni hatte selbst eine Erziehung in allen Disziplinen genossen, die ihn auf seine Herrscheraufgaben vorbereiten sollte; er hatte sogar gelernt, eine Armee zu rekrutieren und diese im Feld zu befehligen. Er entschied sich jedoch für die Führung einer friedfertigen Armee, die einen Feldzug gegen die Welt der Unwissenheit und Angst führte. Seine Armee war in kultureller und spiritueller Hinsicht fast überall in Asien erfolgreich, bis sie während der arabischen Eroberungen Indiens gegen Ende des ersten Jahrtausends in den Untergrund gezwungen wurde. Welches Schicksal ihr anschließend widerfuhr, ist – insbesondere angesichts der Verpflichtung der Buddhisten, auf Gewalt mit Gewaltlosigkeit zu reagieren – eine nicht leicht zu beantwortende Frage. Die Gemeinschaft reagierte oftmals auf ungewöhnliche Weise, wenn sie verfolgt wurde.

Den außergewöhnlichen Siegeszug der Mönchsbewegung, der schließlich ganz Eurasien erfaßte, kann man als fortschreitende Eroberung der Welt durch Wahrheit bezeichnen. Der Buddha entwarf mit seinem irdischen Leben, mit seinen Lehren und den von ihm geschaffenen Insitutionen einen Plan zur Durchdringung aller menschlichen Gesellschaftsformen, wobei jenes Denken vermittelt werden sollte, welches das Herzstück jeder Kultur ist: Gelassenheit, Selbstbeherrschung, Einsicht und Güte. Bereits zu Lebzeiten des Buddha konnten sich viele Menschen selbst befreien, da dessen Lehren und mit ihnen die Gemeinschaft in Indien weite Verbreitung fanden, obwohl kein religiöser Feldzug geführt oder ein Evangelium verkündet wurde.

Seit jener Zeit ist unsere menschliche Gemeinschaft immer stärker geworden, und dies, obwohl sie immer wieder durch zerstörerische Gewalt an den Rand ihres Untergangs getrieben wurde. Es zeigt sich deutlicher denn je, daß die Überwindung des Selbst durch Selbsttranszendierung und die Überwindung der Gewalt durch Gewaltlosigkeit nicht nur unrealistische Idealvorstellungen sind, sondern unerläßlich für das Leben selbst. Wenn unser Planet überlebt – und die Buddhas früherer Weltzeitalter waren fest davon überzeugt –, dann wird der Triumph der Zivilisation, erobert durch Wahrheit, vollkommen sein, dann werden die Menschen schließlich ihren Haß und ihren Hang zur Gewalttätigkeit gezügelt haben, so daß sich das Buddhaland für alle sichtbar offenbart.

Kapitel 4

Eine königliche Revolution

In den zwei Jahrhunderten nach dem Tod des Buddha Shākyamuni eroberten die Nachfahren des diesem wohlgesonnenen Königs Bimbisāra von Magadha nach und nach die fünfzehn anderen Stadtstaaten Nordindiens und errichteten ein vereintes Königreich. Dieses wurde kurze Zeit später von der Armee Alexanders des Großen bedroht, konnte die Gefahr einer Eroberung jedoch abwenden. Doch schon bald darauf änderten sich die Machtverhältnisse von innen heraus, da das Reich von Candragupta erobert wurde, dem Begründer der Maurya-Dynastie, vormals General in Diensten des letzten Magadha-Königs.

Dessen Enkel Ashoka kam um 262 v. Chr. auf den Thron der Maurya-Dynastie und herrschte über ganz Nordindien. Eine seiner ersten Unternehmungen war die Eroberung des benachbarten Königreichs Kalinga. Als er nach dem Sieg über das Schlachtfeld heimwärts ritt, erkannte er tief bewegt, welches Blutbad er da angerichtet hatte. Er hörte Witwen weinen und sah Kinder hilflos zwischen Gefallenen herumlaufen. Ihn begannen Zweifel zu plagen, ob die Eroberung eines Volkes überhaupt gerechtfertigt sei, wenn die negativen ethischen und emotionalen Folgen von Zerstörung und Unterdrückung den Nutzen überwogen, über ein zugrunde gerichtetes Volk zu herrschen. Er bereute seine gewaltsame und blutige Eroberung im Zeichen des Schwertes zutiefst, und als er sich erinnerte, daß es vor langer Zeit bereits jemanden gegeben hatte, der sich gegen Gewalt ausgesprochen hatte, gelangte er zur Erkenntnis, daß es ein höheres, sein eigenes übersteigendes Bewußtsein geben müsse und eine über seinen Herrscherwillen hinausreichende Realität. Ashoka wandte sich den Lehrern des Buddha zu, und zur Erinnerung an seinen Sinneswandel ließ er im ganzen Reich hohe Säulen errichten und Edikte in Felswände meißeln. Diese Edikte sind bemerkenswerte Zeugnisse seiner Prinzipien, seiner Politik, aber auch der Wünsche, die ihn persönlich bewegten, und der Ziele, die er für sein Volk erreichen wollte. Sein berühmtes 13. Felsedikt gibt uns Gelegenheit zu einer ganz persönlichen Begegnung mit Ashoka und gestattet uns einen Einblick in die Gedankenwelt dieser außergewöhnlichen Herrscherpersönlichkeit.

> Acht Jahre nach seiner Königsweihe eroberte der Göttergeliebte, der König Piyadassi [i. e. Ashoka, Anm. d. Übers.], Kalinga. Einhundertfünfzigtausend Menschen wurden deportiert, hunderttausend wurden getötet und viele Male mehr starben. Nachdem Kalinga annektiert worden war, war der Göttergleiche sehr ernsthaft vom Dhamma [i. e. Dharma, Lehre des Buddha, Anm. d. Übers.] eingenommen, liebte den Dhamma und lehrte den Dhamma. Wegen der Eroberung von Kalinga fühlt der Göttergeliebte Reue, denn wenn ein noch nicht erobertes Land erobert wird, ist das Morden, der Tod und die Deportation der Menschen außerordentlich betrüblich für den Göttergeliebten und lastet schwer auf seiner Seele. [5]

Ashoka konnte sich zu seinem Irrweg bekennen, Reue empfinden, einen neuen Weg einschlagen und öffentlich seine

[5] Übersetzt nach: Fischer *Weltgeschichte*, Indien, hg. Ainslee T. Embree und Friedrich Wilhelm, Frankfurt 1967, S. 86. Der Autor zitiert nach: Nikam and McKeown, *The Edicts of Asoka*, Chicago University Press, Chicago, 1974.

Fehlleistung eingestehen – dies trifft man nur allzu selten bei Menschen in Machtpositionen, insbesondere bei einem Potentaten auf der Höhe seiner Macht, den noch dazu niemand zur Umkehr gedrängt hatte. Nach seinem Reuebekenntnis verkündete er seine neuen Werte und unterstrich, Ziel des menschlichen Lebens sei die Befreiung durch Erkennen der Wahrheit, erreichbar durch das aufrichtige Bekenntnis zu jeder Art von Glauben. Er verfügte, daß weder Brahmanen noch Buddhisten bekämpft werden dürften, und bekannte sich voll und ganz zur gleichmütigen buddhistischen Revolution, die Liebe und Gewaltlosigkeit an die Stelle von Haß und Krieg setzte. Unter seiner Herrschaft wurde die kulturelle Gegenbewegung der Buddhisten offiziell als eine erzieherische und religiöse Institution anerkannt, die ganz im Sinne staatlicher Zielsetzung wirkte. Die Großmachtpolitik Ashokas wandelte sich zu einer von Güte getragenen Politik der Eroberung im Zeichen des Dharma.

> Für Ashoka, den Herrscher, ist die Eroberung durch Wahrheit die wichtigste aller Eroberungen. Ihm gelang dieses in seinem Lande und unter den Menschen jenseits der Grenzen seines Reiches, selbst in der 3000 Meilen entfernten Region unter der Herrschaft Antiochos II. Theos von Syrien [261–246 v. Chr.], ja selbst in den Herrschaftsgebieten westlich von Antiochos' Reich, wo die vier Könige Ptolemaios II. Philadelphos [285–247 v. Chr.], Antigonos Gonatas von Makedonien [278–239 v. Chr.], Magas von Kyrene [300–258 v. Chr.] und Alexander von Epeiros [272–258 v. Chr.] herrschten, dann nach Süden ... bis nach Sri Lanka. Auch hier, unter der Oberhoheit des Königs ... richten die Menschen sich überall nach seinen Weisungen. Selbst die Bewohner der Länder, wohin die Abgesandten König Ashokas nicht gelangten, vernahmen die Wahrheit, sie hörten von den Edikten und Anweisungen Seiner Majestät im Namen der Wahrheit, und auch sie verhalten sich der Wahrheit entsprechend, und sie werden es auch in Zukunft so halten.

Die von oben angeordnete spirituelle Revolution führte Ashoka wie einen Eroberungsfeldzug, ließ jedoch deutlich werden, daß sich sein jetziger Feldzug zur Wahrheitseroberung fundamental von seinen früheren blutigen, mit dem Schwert ausgefochtenen Kriegszügen unterschied. »Wahrheits-Eroberung« war für Ashoka insbesondere der Rückgriff auf die von Buddha Shākyamuni ins Leben gerufene Lehre: »Wahrheit«(Dharma) bezieht sich auf die Lehre des Buddha, deren Kern die Durchsetzung der Freiheit ist und der zu dieser Befreiung führende Weg. Als »Eroberung« bezeichnete er die Entsendung von Heerscharen unter Führung einiger unbewaffneter Mönche, um die aufgeklärten Lehren in allen Reichen des asiatischen Kontinents zu verbreiten.

Die gleichmütige Revolution des Buddha wirkte im Rahmen eines andersartigen sozialen Gefüges, einer Wissen vermittelnden Gemeinschaft innerhalb der bestehenden, jedoch sich deutlich von dieser abgrenzenden Gesellschaft. In dieser »Gesellschaft in der Gesellschaft« hatte der einzelne die Möglichkeit, sein Leben voll und ganz auf das Ziel der eigenen Erleuchtung auszurichten und diese dann an andere Menschen weiterzuvermitteln. »Dharma« war vor der Zeit des Buddha ein Terminus für »Religion« – das bindende Dogma für Glauben und Moral, ethische Verpflichtung und Gesetzesnorm –, die Grundlage staatlicher Ordnung. Außerordentlich revolutionär war es also, daß der Buddha diesen Begriff neu definierte als die Wahrheit, die die Menschen von all diesen Dogmen befreit. Seine Revolution war eine gleichmütige Revolution, es wurde kein hitziger Krieg ausgefochten, denn er sorgte dafür, daß eine neue Sphäre der Freiheit neben der gesellschaftlichen Sphäre der Verpflichtungen geschaffen wurde. Dadurch wurde der bestehende Sittenkodex nicht gewaltsam verändert, sondern unaufdringlich und versöhnlich, indem Lehren verbreitet wurden, die fest in der klösterlichen Praxis verankert waren.

Als Ashoka einige Jahrhunderte später seinen Feldzug begann, hatte die gleichmütige Revolution bereits einen recht langen Weg hinter sich. Wegen der zwei Bedeutungen des

Begriffs Dharma – einerseits ein Begriff für die althergebrachte religiöse Ordnung, andererseits für die neue Freiheitslehre –, wirkten die Edikte in ihrer Mehrdeutigkeit auf besondere Weise fruchtbar. Ashoka unterstützte die gleichmütige Revolution, indem er sich in seinem politischen Handeln und mit seiner Autorität als König nachdrücklich für die Wahrheit einsetzte. Doch er führte keinen religiösen Feldzug im Namen jener Revolution. Er ließ viele Denkmäler errichten, baute Lehrstätten aus, setzte eine moderatere Gesetzgebung durch, erweiterte das staatliche Wohlfahrtssystem und sorgte dafür, daß sich das Ideal aufgeklärten Denkens in allen Lebensbereichen seiner Untertanen bemerkbar machte. Auf diese Weise wurde die gleichmütige Revolution in den Dienst der Staatsethik gestellt, mit durchaus zweischneidigen Ergebnissen. Diese Neuerungen hatten zwar sowohl materiell als auch kulturell einen tiefgreifenden Einfluß auf die Strukturen der indischen Kultur, und durch die Förderung der Revolution brachte Ashoka die evolutionäre Entwicklung seines Volkes enorm voran, doch eben dadurch provozierte er auch den Widerstand einiger Interessengruppen innerhalb der indischen Gesellschaftselite, anderer traditioneller religiöser Gruppierungen und sogar der Mitglieder seiner eigenen Familie. Es läßt sich nicht leugnen, daß Ashoka mit seinen idealistischen Vorstellungen die Lebensdauer seines Imperiums verkürzte. Er selbst war jedoch fest davon überzeugt, daß seine Eroberung durch Wahrheit allemal moralischer war als seine einstige Politik der Gewalt.

> Wo immer Eroberung durch Wahrheit gelingt, stellt sich Zufriedenheit ein. Die Zufriedenheit wird tief verankert durch Wahrheits-Eroberung. Doch die Zufriedenheit selbst besitzt nur geringe Bedeutung. Für König Ashoka ist letztendlich nur das Ergebnis seines Handelns für das Leben zukünftiger Generationen von Belang. Dieses Edikt über die Wahrheit habe ich in Stein meißeln lassen in der Hoffnung, meine mir möglicherweise auf dem Thron folgenden Kinder und Urenkel möchten sich nicht zu dem

Glauben verleiten lassen, neue Eroberungen besäßen irgendeinen Wert. Wenn sie überhaupt etwas erobern, mögen sie es sich angelegen sein lassen, maßvoll zu handeln und milde Strafen zu verhängen. Mögen sie die Wahrheits-Eroberung als die einzig wahre Eroberung betrachten. Dies ist wertvoll, jetzt und immerdar. Möge ihre Freude die Freude an der Wahrheit sein. Denn nur dies allein ist wertvoll, jetzt und immerdar.

Zwar bewirkte Ashoka einen Wandel in der Gesellschaft, trotzdem gelang es ihm persönlich nicht, sein Verhalten so zu ändern, daß es dem buddhistischen Ideal entsprochen hätte. Er war immer noch jähzornig, konnte gelegentlich heftig reagieren und genoß seine Autorität als Herrscher in einem Maß, das keinen Zweifel daran aufkommen ließ, daß die Rolle eines Mönchs nicht gut zu ihm gepaßt hätte. Doch engagierte er sich mit all seinem streitbaren Geist und seinem imperialen Hang zu Ruhm und Größe für die Aufgabe, den Dharma zu fördern. Ihm lagen aufgeklärtes Denken und die überlieferten Grundsätze des Buddha mehr am Herzen als jedem Herrscher zuvor oder nach ihm in der Geschichte.

Ashokas Sinneswandel ist ein Beispiel dafür, daß Macht nicht notwendigerweise korrumpieren muß, sondern auch zur persönlichen Entwicklung führen kann. Der König hatte besessen sein ehrgeiziges Ziel verfolgt, die Völker in seinem Umkreis zu beherrschen, doch sobald er seinen ehrgeizigen Plan umgesetzt hatte, erkannte er, wie hohl und leer sein weltlicher Sieg doch war. Einige zeitgenössische Historiker bezweifeln, daß Ashoka diesen Sinneswandel tatsächlich durchmachte. Sie behaupten, dieser zynische und skrupellose Herrscher habe sich nur pietätvoll gegeben, um sich selbst zu verherrlichen und etwaigen Rivalen den Wind aus den Segeln zu nehmen. Wer so argumentiert, geht von einem Politikverständnis aus, das letztlich nur Staatsraison kennt, in dem überhaupt kein Raum für Ethik und spirituelle Ideale ist, das strikt von utilitaristischen Erwägungen getragen wird. Jedwede Form wohlwollender Machtausübung ist *a priori* als eine die schöne Theorie störende Tatsache suspekt. Buddhisten sehen jedoch in Ashokas Bekehrung allein die Frucht einer positiven Entwicklung, ein Aufkeimen von Menschlichkeit im Herzen eines früheren Haudegens.

Wenn man sich vor Augen hält, daß beide Ansichten jeweils nur zum Teil richtig sind und in keiner die ganze Wahrheit steckt, löst sich dieser Widerspruch auf. Ashoka kann in dem Sinne als wirklich bekehrt angesehen werden, als er die faktische Überlegenheit von Moral und aufgeklärter Politik erkannt hatte. Es traf sich also gut, daß seine Bekehrung im Interesse des Staates lag, denn ein Großreich auf der Höhe seiner Macht läßt sich besser unter Kontrolle halten durch ein innere Werte berücksichtigendes und friedfertiges Ethos der Selbstbeschränkung als durch kostspielige, potentiell aufrührerische, militaristische Polizeitruppen. Das *Arthashāstra*, ein Werk der altindischen Staatslehre, das inhumaner, spitzfindiger und pragmatischer ist als alles, was sich Machiavelli je hätte erträumen können, wurde verfaßt von einem Minister zur Zeit der Regierung von Ashokas Großvater, dem Bezwinger Alexanders des Großen. In diesem Werk wird die zur damaligen Zeit vorherrschende indische Staatstheorie dargelegt, eine allein von Utilitarismus, Unmoral und Rücksichtslosigkeit getragene Politik mit dem Ziel, Macht und Reichtum zu erwerben. Dieses Werk befaßt sich ausführlich mit dem Problem der Reintegration der Soldatenelite in die zivile Gesellschaft nach Beendigung eines Feldzugs. Wenn man nicht angemessen für ihren Lebensunterhalt sorgt, so heißt es, erheben sie sich möglicherweise gegen den Herrscher. In dem Werk wird eine detailliert ausgearbeitete Lösung für das Problem präsentiert: Die Gefährlichsten unter ihnen siedle man in den entferntesten Regionen an, man entsende Inspektoren, um Verschwörungen durch die Einführung einer Zwietracht säenden Kastenordnung zuvorzukommen und man unterstütze die pensionierten Krieger dabei, ihre Energien in neue Bahnen zu lenken.

Das *Arthashāstra* enthält jedoch keinerlei Anleitung, wie ein Soldat dahingehend umerzogen werden könnte, daß er innere ethische Werte wie Loyalität und Friedfertigkeit in sich entwickelt. Ashoka mußte sich daher an den Erkenntnissen des Buddhismus und anderer asketischer Traditionen Indiens, des Jainismus etwa, orientieren. Er mußte eine Ethik für Friedenszeiten schaffen, um seine Herrschaft zu festigen und sein Reich zur Blüte zu führen, nachdem er es durch ein kriegerisches Ethos geschaffen hatte. Unter allen indischen Traditionen der damaligen Zeit verfügte der Buddhismus über die stärkste institutionelle Basis mit einem Netzwerk von Klöstern für die buddhistische Gemeinschaft, er besaß eine populäre Literatur und eine gut entwickelte Lehrtradition, die darauf ausgerichtet war, Laien, aber auch Mönche und Nonnen zu schulen. Der Buddhismus eröffnete einen Mittelweg zwischen der streng utilitaristisch orientierten Staatstheorie und dem traditionellen religiösen Denken der Brahmanen, daher lag es nahe, daß sich Ashoka für die buddhistische Glaubensgemeinschaft entschied.

Seine Sozialphilosophie entlehnte Ashoka höchstwahrscheinlich dem Buddhismus, und dank seiner einzigartigen persönlichen Machtfülle und seines Prestiges konnte er diese auch umsetzen und verteidigen. Obwohl unter seinen unmittelbaren Nachfolgern eine Gegenbewegung die Oberhand gewann, entfaltete Ashokas Wirken eine Dynamik, die in Indien in den unterschiedlichsten Bereichen ihre Spuren hinterließ. Dazu gehören die den Reisenden Schatten spendenden Bäume an den Straßenrändern im ganzen Land und die Errichtung von Stupas als Symbole der Erleuchtung an fast jeder wichtigen Straßenkreuzung. Auch setzte sich ein gesellschaftliches Denken durch, das geprägt war von Toleranz und dem Eintreten für Gewaltlosigkeit. Das indische Gemeinwesen war eine Festung der Geborgenheit, es hatte landauf, landab unangefochten den Ruf, eine Schule für Sanftmut, Konzentration auf den kritischen Geist und dessen ungehinderter Entfaltung zu sein, eine Heimstatt nonkonformistischen Denkens, eine egalitäre demokratische Gesellschaft, wo Entscheidungen durch Konsens getroffen wurden, ein Hort geistigen und spirituellen Friedens. Es ist gewiß kein Zufall, daß Mahātmā Gandhi, der Vater der Gewaltlosigkeit unseres Zeitalters, Inder war. Bezeichnend ist, daß er die Löwensäule Ashokas, gekrönt vom Rad des Dharma, zum Flaggenmotiv des neuen unabhängigen Indiens wählte. Die von Ashoka institutionalisierte innere Revolution im Sinne des Buddha bildet heute die politische Basis jener inneren Anpassungsfähigkeit und gesellschaftlichen Reife, die es ermöglicht, daß Indien immer noch – trotz all seiner Probleme – als bevölkerungsstärkste Demokratie der Welt funktioniert.

Analysieren wir die Edikte Ashokas, lassen sich daraus fünf damals wie heute gültige zentrale Prinzipien aufgeklärter Politik ableiten: 1. Transzendentaler Individualismus, 2. Gewaltlosigkeit, 3. erzieherischer Evolutionismus, 4. sozialer Altruismus und 5. universale Volksherrschaft.

1. Transzendentaler Individualismus

Ashoka unterstrich in einem seiner Edikte, wie wichtig für ihn der einzelne Mensch war.

> Glücklich wird der Mensch – sei es in diesem oder im nächsten Leben – allein durch tief empfundene Liebe zur Wahrheit, intensive Selbsterforschung, ausgeprägten Gehorsam, starke Angst vor der Sünde und tief empfundene Begeisterung. Und doch sind durch meine Edikte die Achtung vor der Wahrheit und die Liebe zur Wahrheit noch stetig gewachsen, und dies wird auch in Zukunft so sein. Alle meine Beamten – die der oberen, niederen und mittleren Ränge – handeln im Einklang mit den Leitlinien meiner Edikte, und dank ihres Vorbilds und Einflusses gemahnen sie die Wankelmütigen an ihre Pflicht. Die Beamten an der Peripherie meines Reiches verschaffen meinen Weisungen in der selben Weise Geltung. Denn sie handeln nach folgenden Prinzipien: Regieren im Sinne der Wahrheit, Mehren des Glücks und Schutz der Menschen im Sinne der Wahrheit.

Für den Buddha existierte kein unveränderlicher Kern im Menschen, der unabhängig, dauerhaft und unteilbar ist. Er erlangte die Erleuchtung, weil er die Illusion zerstörte, es gäbe eine statische, individuelle Wesenhaftigkeit als Kern des Selbsts. Er erkannte sich als ein Wesen, das einem ständigen Prozeß geistiger und physischer Wandlung unterworfen ist, ganz und gar verwoben mit allen Ebenen der ihn umgebenden Welt. Doch entscheidend ist, daß durch diese Erkenntnis die Wichtigkeit des in Abhängigkeit existierenden Individuums keineswegs geschmälert, sondern vielmehr gesteigert wird.

Wären die Menschen tatsächlich übersinnliche Individuen, unveränderliche, von allen Lebensprozessen vollkommen unabhängige Wesenheiten, dann wären sie notwendigerweise isoliert von diesen Prozessen. Sie hätten keinerlei Einfluß auf sie. Sie wären gleichsam eingefroren in Zeit und Raum, unfähig zu funktionieren und stünden beziehungslos zu allen Phänomenen außerhalb ihres isolierten Selbsts. Die Anerkennung der Tatsache, daß der einzelne für sein Schicksal verantwortlich ist und vollkommene Befreiung und Erleuchtung erlangen kann, ist das Kennzeichen aufgeklärten sozialen Denkens. Aufgeklärte staatliche Institutionen haben das Ziel, dem einzelnen mehr Möglichkeiten einzuräumen, über die eigenen Lebensziele und -vorstellungen zu entscheiden. Er soll in die Lage versetzt werden, der Verpflichtung gegenüber seinem eigenen Leben höchste Priorität beizumessen, und dies vorrangig vor den zahlreichen Verpflichtungen gegenüber dem Menschen, als da sind: das soziale Gefüge der Familie, die Berufskollegen, die Clanmitglieder, die Nation, die religiöse Gemeinschaft und so fort.

In der Praxis, so könnte man meinen, läuft dies darauf hinaus, daß jeder Mensch nur sein oder ihr Eigeninteresse verfolgt, und dies würde dann in Anarchie münden. Das ist jedoch nicht der Fall, denn die Vorstellung von einem absoluten Selbstinteresse erwächst einzig aus dem Irrglauben, es gäbe so etwas wie ein absolutes Selbst. Das der Aufklärung verpflichtete Erziehungssystem hat sehr wohl vermocht, diese gedanklichen Auswüchse bei einer großen Zahl von Menschen in vielen Gesellschaften zu eliminieren. Und bei den wirklich schwierigen Fällen, den Intellektuellen und den Soldaten, greift das System der fortschrittlichen Erziehung der Klöster, so daß die Neigung, nur das absolute Eigeninteresse zu verfolgen, auf das Ziel der endgültigen Befreiung und des höchsten Glücks umgelenkt wird. Die Entdeckung der Selbstlosigkeit dient letztendlich auch dem Eigeninteresse, da sie das Problem des Leidens und der Unzufriedenheit des einzelnen Menschen löst. Das Leiden wird dabei nicht durch Maßnahmen beendet, die der einzelne aus Eigeninteresse ergreift, sondern durch die Befreiung von der falschen Einschätzung des Selbsts. Auf diese Weise wirken die Aufklärung und die ihr verpflichteten Institutionen als Gegenmittel gegen übertriebenes Eigeninteresse, das jede Form sozialer Organisation zerstört. Mit diesem aufgeklärten Heilverfahren wird nicht angestrebt, wie das in kollektivistischen Denksystemen üblich ist, das Eigeninteresse eines jeden lediglich zu unterdrücken oder in andere Bahnen zu lenken – Ergebnis wäre das autoritäre Staatswesen. Mit ihm wird vielmehr der Existenz des Eigeninteresses bei Unaufgeklärten Rechnung getragen, sodann eine Form der Aufklärungsarbeit geleistet, die ganz auf die unterschiedlichen Fähigkeiten des einzelnen abgestimmt ist, die sich das Glück des einzelnen zum höchsten Ziel gesetzt hat und die auf diese Weise die nunmehr befreiten und zufriedenen Menschen dazu bringt, aus freien Stücken aufgeklärt zu handeln.

Der Terminus »transzendentaler Individualismus« beschreibt ein staatspolitisches Prinzip, in welchem das Glück des Individuums Vorrang besitzt vor den Bedürfnissen des Kollektivs, was Sicherheit, Produktivität, öffentliche Ordnung und rituelle Zeremonien angeht. Die Hoffnung auf höchste Erfüllung verleiht dem Leben des Individuums seine Bedeutung und seinen Wert. Nur die Selbsterkenntnis des einzelnen Menschen – zu der dieser durch kontinuierliches Bemühen im Lauf seines Erziehungsprozesses gelangt und die erfüllt ist von schöpferischer Entfaltung der Einsicht während des individuellen Befreiungsprozesses – vermag die Freude des inneren Friedens zu schenken. Und sobald sich diese Erkenntnis durchgesetzt hat, muß das Kollektiv als Leitlinie des Handelns anerkennen, daß es kein kollektives Interesse gibt, das so wichtig wäre wie das individuelle Interesse an Befreiung und Glückseligkeit. Anders ausgedrückt: Die Anerkennung des höchsten Wertes für das Kollektiv in der Gesellschaft äußert sich in der Sorge um das Individuum und dessen höchste Erfüllung. Die beste Gesellschaft ist diejenige, die ihren einzelnen Mitgliedern die besten Möglichkeiten bietet, ihr höchstes Glück als Individuen zu erlangen. Die höchste Pflicht des einzelnen besteht darin, für seine oder ihre Befreiung oder sein oder ihr Glück selbst zu sorgen. Die höchste Pflicht des einzelnen Menschen gegenüber seinen Nächsten besteht darin, diesen zu helfen, letztendliche Befreiung und höchstes Glück zu erlangen.

2. *Gewaltlosigkeit*

In seinem 4. Felsedikt verkündet Ashoka das Prinzip der Gewaltlosigkeit, die zweite Leitlinie für ein aufgeklärtes Gemeinwesen:

> Jahrhundertelang nahm in der Vergangenheit das Töten von Tieren immer mehr zu, auch die Grausamkeit gegenüber Lebewesen, die Dreistigkeit gegenüber Verwandten und die Respektlosigkeit gegenüber Priestern und Asketen. Jetzt, da Kaiser Ashoka der Wahrheit Geltung verschafft, ertönen die Kriegstrommeln als Künder der Wahrheit, um die Menschen zur Prozession der Götterwagen und der Elefanten zu rufen, zu Feuerwerk und anderen erhabenen Kundgebungen. Wie niemals zuvor in früheren Jahrhunderten trug die Verkündung der Wahrheit durch Kaiser Ashoka Früchte, Tiere werden nicht mehr geschlachtet, die Grausamkeit gegenüber Lebewesen hat ein Ende genommen, Wohlwollen in menschlichen und

familiären Beziehungen, Respekt gegenüber Priestern und Asketen sowie Gehorsam gegenüber Mutter, Vater und Älteren ...

Gewaltlosigkeit folgt unmittelbar aus der Wertschätzung der einzelnen Menschen. Hat sich die Gesellschaft einmal der Entfaltung ihrer Individuen verschrieben, wird deren Leben zum wertvollsten Gut dieser Gesellschaft. Diesen das Leben zu nehmen oder es kollektiven Bedürfnissen wie Landeroberung, Erwerb von Reichtum, Macht oder Ruhm zu opfern wäre ein gravierender Verstoß gegen diese neu definierten gesellschaftlichen Ziele.

Nach der Evolutionstheorie des Buddha sind zwar alle fühlenden Wesen mit einem Geist-Bewußtsein ausgestattet und werden letztendlich erleuchtet, doch in der menschlichen Existenzweise hat man den Gipfelpunkt der evolutionären Entwicklung zu Sanftmut, Toleranz, Gerechtigkeit, Einsicht, Konzentration und Hingabe erklommen. Eine Wiedergeburt als Mensch ist somit ein großer Vorteil, den man sich durch intensive Bemühungen und lange Leiden während einer unendlich großen Zahl von Leben in unterschiedlichsten anderen Existenzweisen erworben hat. Sollte ein Individuum aus diesem Leben scheiden, ohne die größte aller Chancen zur Befreiung bekommen zu haben, wäre das eine Tragödie, die ihn oder sie während potentieller Billionen oder mehr Leben begleiten würde. Ein menschliches Wesen töten, wenn es noch unaufgeklärt ist, heißt daher, ihn oder sie zu Trillionen weiteren Toden zu verurteilen. Darüber hinaus wird der Mörder oder die Mörderin infolge der Anhäufung negativen Karmas wegen des begangenen Mordes in der Zukunft viele Male sein oder ihr Leben einbüßen. Wer das Leben eines erleuchteten Menschen verkürzt, verwehrt dadurch auch einer Vielzahl von anderen Menschen den Zugang zu den sie befreienden Lehren.

Es wäre unklug, sein Leben aus Leichtsinn oder Märtyrertum wegzuwerfen, während man sich auf dem Pfad zur Erleuchtung befindet. Du stirbst, bevor du die Möglichkeit erhalten hast, dein Herz transzendentaler Erkenntnis wahrhaftig zu öffnen, und du läßt zu, daß dein Feind sich selbst schadet und seine zukünftige Evolution beeinträchtigt, indem er dich tötet.

Das Credo der Gewaltlosigkeit zwingt die Menschen manchmal zu unmoralischen Methoden zu greifen. Es gibt eine Geschichte aus einem der früheren Leben des Buddha, in der diese Art des Handelns dargestellt wird: Er fuhr zusammen mit fünfhundert anderen Menschen auf einem Schiff und entdeckte, daß einer unter ihnen war, der alle anderen ermorden wollte. Der zukünftige Buddha tötete daraufhin den potentiellen Mörder; er hinderte diesen an einem Gewaltakt und rettete auf diese Weise das Leben der anderen. Als jemand, der unmittelbar vor der Buddhaschaft stand, besaß er eine übernatürliche Gabe der Erkenntnisfähigkeit, und ihm war klar, daß dieser Gewaltakt langfristig gesehen für die evolutionäre Entwicklung mehr wert war als die Ausschaltung des potentiellen Mörders.

Auf seinem Weg zur vollkommenen Gewaltlosigkeit muß der einzelne seinen unwillkürlichen Drang unterbinden, Gewalt mit Gewalt zu beantworten. Das erste der buddhistischen »Gebote« lautet nicht nur nicht zu töten, sondern auch, Leben *zu erhalten*. Die Fähigkeit, Gewalt liebend zu erdulden, entsteht allein aus der erleuchteten Erkenntnis, daß unser Selbst vollständig mit dem anderen verwoben ist, aus dem intuitiven Wissen um das transzendente Glück im Kern unseres Lebens, im Herzen des Lebens, in den zentralen subatomaren Energieteilchen in jedem unserer Herzen. Es ist ein Bewußtseinszustand, der uns die Angst vor dem Tod verlieren läßt oder, anders ausgedrückt, der bewirkt, daß wir mehr Angst davor haben zu hassen als zu sterben, und fähig werden zu sterben und dabei trotzdem glücklich bleiben.

Gewaltlosigkeit Menschen gegenüber kann so lange in einer Gesellschaft nicht fest Fuß fassen, als Grausamkeit und Gewalt anderen Lebewesen gegenüber praktiziert wird. Mit aufgeklärter Bewußtheit sieht man in den Tieren nur Menschen, die in eine niedere Existenzform abgeglitten sind, was jedem Menschen intuitiv bewußt ist. Auch Tiere haben sich mit großer Anstrengung aus Daseinsformen unter der ihrigen hochentwickelt. Sie stehen der menschlichen Daseinsform ziemlich nahe, und man muß sie ermutigen und sanft behandeln, damit sie ihre Höherentwicklung beschleunigen.

In seinem 5. Felsedikt beschreibt Ashoka in einer langen Liste die verschiedenen unter seinem Schutz stehenden Tiere und verbietet die Jagd als Sport. Und in seinem 1. Felsedikt berichtet er von seinem persönlichen Kampf, seine Sucht nach Fleischgerichten zu überwinden: »Früher wurden täglich viele Hunderttausende von Lebewesen geschlachtet, um in der Küche seiner Majestät zum Curry verarbeitet zu werden. Jetzt, da dieser Erlaß zur Wahrheit in die Felswand gemeißelt worden ist, werden täglich nur noch drei Lebewesen getötet, zwei Pfauen und ein Hirsch, und was den Hirsch betrifft, geschieht dies nicht regelmäßig. In Zukunft sollen nicht einmal diese drei Tiere geschlachtet werden ...«

Dieses ehrliche Eingeständnis menschlicher Schwäche gibt uns Einblick in die Gedankenwelt dieses Mannes. Es gibt kaum Zweifel daran, daß man zur Zeit des Buddha in Indien konsequent versuchte, den Anbau von Getreide für die übermäßige Rinderzucht zu unterbinden und statt dessen das Korn direkt als Nahrung für den Menschen zu verwenden. Die indoarische Nomadenkultur der Fleischesser hatte sich ohnehin schon lange zuvor an die Gegebenheiten auf dem Subkontinent anpassen müssen. Im Buddhismus war vegetarische Ernährung zwar niemals strikt vorgeschrieben, wie dies etwa im Jainismus der Fall ist, doch sie wurde durch das Prinzip der Gewaltlosigkeit gefördert, das sich auch gegen das Schlachten von Tieren zu Nahrungszwecken wendet. Ashokas Edikte zu diesem Thema sind einzigartig in ihrer historischen Bedeutung – zum erstenmal setzte sich jemand kraft seiner höchsten Autorität für die Förderung einer vegetarischen Lebensweise ein. Obwohl in Indien nicht ausschließlich praktiziert, ist vegetarische Ernährung dort heute verbreiteter als in jedem anderen Land der Welt.

Macht man sich den Gedanken der Vorrangstellung des Individuums zu eigen, hält man den Schlüssel zu gewaltlosem Handeln in bedrohlichen Situationen in der Hand. Ashoka schaffte es nicht, einseitig das Prinzip der Gewaltlosigkeit und der Abrüstung zu praktizieren. Er unterhielt weiterhin eine Armee, drohte den Stämmen jenseits seiner Grenzen im Fall eines Übergriffs mit Vergeltung und bestrafte Gesetzesbrecher mit großer Härte. Eine Welt, in der Massenvernichtung nur durch das Prinzip gegenseitiger Abschreckung verhindert wird, wie wir dies im 20. Jahrhundert erleben, muß als Antithese einer Welt des wahren Friedens betrachtet werden – obwohl diese Abschreckung vielleicht zu gemeinsamer und umfassender Abrüstung führen könnte. Wahrhaft – im Sinne von Gewaltlosigkeit – zivilisierte Gesellschaften, das Indien in der Spätzeit des ersten Jahrtausends, das Judentum im Exil, das heutige Tibet und die heutige Mongolei etwa, sind von aggressiven Nachbarn erobert oder zerstört worden, und haben das Leben von Millionen von Menschen zu beklagen. Einseitige Abrüstung führt dazu, daß man alten und neuen Feinden schutzlos ausgeliefert ist. Nur die transzendente Einsicht in das Wesen der Wahrheit vermag einer ganzen Nation oder einem Individuum zu helfen, dem Prinzip der Gewaltlosigkeit nicht abzuschwören.

3. Erzieherischer Evolutionismus

Wenn sich eine Gesellschaft der Entdeckung der Wahrheit verschrieben hat und der Verbreitung aufgeklärten Handelns, muß sie sich notwendigerweise besonders um die Erziehung kümmern und diese zu einer ihrer wichtigsten politischen Aufgaben machen. Ashoka unterstützte nicht nur die religiösen Orden als Lehrinstitutionen, sondern erhob außerdem die Erziehung zur Staatsangelegenheit.

> Meine mit der Verbreitung der Wahrheit betrauten Beamten dienen auf vielfältige Weise dem Wohl der Asketen und Hausväter, und sie sind ermächtigt, sich um jede Art

von Lehre zu kümmern. Ich habe einige von ihnen abgestellt, sich der Angelegenheiten der [buddhistischen] Gemeinschaft anzunehmen, andere wiederum sollen Sorge für die Asketen der Brahmanen und Ajivika tragen, unter den Jainas wirken oder den Angehörigen anderer Glaubensgemeinschaften. So sind verschiedene Beamte eigens damit beauftragt, sich um die Angelegenheiten der unterschiedlichen religiösen Gruppen zu kümmern, meine Beamten zur Verbreitung der Wahrheit sind jedoch mit allen Gruppen befaßt.

Erziehung ist ein wichtiges Instrument für die Wahrheitseroberung, gleichzeitig ist sie aber auch die wichtigste Überlebensstrategie, über die der Mensch verfügt. Sie fördert aufgeklärtes Denken, Sensibilität und Energien, und führt dadurch zur Entwicklung einer starken Gesellschaft. Im Rahmen einer auf Aufklärung abzielenden Politik gilt es als selbstverständlich, daß das eigentliche Ziel menschlichen Lebens die Erziehung ist und somit nicht dem Erreichen eines anderen Lebensziels dient. Erziehung ist die Voraussetzung für die Beschleunigung des Evolutionsprozesses, der das Individuum zu einer Wiedergeburt als Mensch führt und sicherstellt, daß er oder sie den Quantensprung der Bewußtheit schafft, das heißt sich aus der unwillkürlichen Verstrickung in Selbstzentriertheit löst und die Freiheit erlangt, sich in selbstloser Abhängigkeit zu sehen. Institutionen entstehen demzufolge mit dem Ziel, eine möglichst große Zahl von Menschen mit unterschiedlichen Fähigkeiten in den verschiedensten Situationen bei diesem Lernprozeß zu unterstützen. Erziehung findet nicht nur theoretisch statt, sondern sie arbeitet mit Hilfe der Sprache, der Literatur und der Kunst, bedient sich der Verbreitung durch populäre Lieder und Geschichten, und, in heutiger Zeit, der Massenmedien. Auch religiöse Institutionen sind mit Erziehung befaßt, allerdings gleiten sie nur allzuoft in Indoktrination ab; statt höhere Fähigkeiten im Menschen zu wecken, versuchen sie, ihn in ein Korsett aus Verhaltens- und Glaubensmustern zu pressen.

> Die Menschen können zu Fortschritten bei der Verinnerlichung des Dharma nur auf zweierlei Weise gebracht werden, indem sie ethische Leitlinien befolgen oder meditieren. Vergleicht man beide Möglichkeiten, ergibt sich, daß ethische Leitlinien nur von geringer Wirkkraft sind, Meditation hingegen hat eine große Bedeutung. Zu den von mir aufgestellten ethischen Leitlinien gehören Regeln, nach denen bestimmte Tiere unantastbar sind und vieles andere mehr. Auch wenn man es unterläßt, Lebewesen Leid zuzufügen oder sie zu töten, sind es nach wie vor die Meditationsübungen, von denen die Menschen bei der Verinnerlichung des Dharma am meisten profitiert haben.

Ashoka betrachtete stets das Lehren – die Erziehung – als die wertvollste aller Gaben für das Volk. Es ist verdienstvoll, für Nahrung und Wohlstand der Menschen zu sorgen, aber sie werden die Nahrung verzehren und am Ende immer mehr benötigen. Es ist verdienstvoll, den Menschen Sicherheit zu geben – sie werden eine Zeitlang sicher sein, dann aber schließlich noch mehr Schutz benötigen. Am reichsten sind die Menschen, wenn man sie in die Lage versetzt, für ihren eigenen Wohlstand zu sorgen. Am sichersten sind die Menschen, wenn sie lernen, sich selbst zu schützen. Am glücklichsten wird jeder einzelne, wenn er lernt, klarzusehen. Wenn man ihm eine Erziehung angedeihen läßt, die dazu führt, daß er sich selbst und seine Welt versteht, dann ist das das Geschenk der Wahrheit, des Dharma, und das nennt man wahre Erziehung.

4. Sozialer Altruismus

Als sozialen Altruismus bezeichnet man die Leitlinie, die für den einzelnen Menschen und für die Gemeinschaft gilt und beinhaltet, daß die anderen Menschen ebenso wichtig, wenn nicht wichtiger als die eigene Person sind, und daß das Glück jedes einzelnen Menschen das kollektive Wohl ausmacht. Im Denken wahrhaft selbstloser Herrscher darf es nichts Wichtigeres als die Untertanen geben, und die Herrscher müssen deren Wohl allem anderen überordnen. Sie müssen ihre Aufgabe darin sehen, die Energien der gesamten Gesellschaft zum Wohl jedes einzelnen Menschen wirken zu lassen, und zwar ohne Ausnahme. Eine solche Einstellung ist unter Umständen schwierig für Herrscher, die sich selbst als die wichtigste Person im Reich betrachten und Randgruppen gern links liegen lassen.

Bevor Ashoka auf den Thron kam, war die indische Staatstheorie geprägt von einer Art Gottkönigtum. Der König besaß das uneingeschränkte Recht, Strafen zu verhängen, er war Oberkommandierender der Streitkräfte und konnte den Befehl geben, mißliebige Ortschaften oder Provinzen vollständig dem Erdboden gleichzumachen. Unter Ashoka wurde der Herrscher zum Vater seiner Untertanen. Jedermann verdiente das gleiche Maß an Aufmerksamkeit, Zuwendung und Mitgefühl. Die zum Prinzip erhobene Barmherzigkeit bewirkte auch, daß mildere Strafen bei Verbrechen verhängt wurden. Dem Leben des einzelnen wurde höchste Wertschätzung zuteil, denn jeder Mensch besaß die Chance, Erlösung und Erleuchtung zu erlangen. Und, wie bereits beschrieben, was dem einzelnen zum Wohle gereicht, kann sich zum höchsten Wohl für jedermann auswirken.

Ashoka reiste durch sein Reich, verteilte Spenden und beauftragte auch seine Frauen und Minister, es ihm gleichzutun. Er ließ Bäume entlang der Straßen pflanzen, Rasthäuser und Herbergen für Arme und Kranke errichten, förderte das Heilwesen und ließ sogar Ärzte und Heilkräuter aus dem fernen Griechenland kommen. Er kümmerte sich um Sträflinge und deren Familien, entsandte Sonderbeauftragte, um Fälle richterlicher Willkür und Korruption aufzudecken, und er schenkte wiederholt Gefangenen zu besonderen Anlässen die Freiheit. Die Quellen berichten, daß er von seinen kriegslüsternen Vorgängern ein strenges Verwaltungssystem geerbt und selbst keinen großen Erfolg mit der Einrichtung eines staatlichen Wohlfahrtssystems gehabt hätte. Deshalb ist es um so erstaunlicher, daß er ein Prinzip durchsetzte, das die

Gesellschaft als Kollektiv für das Wohl des einzelnen verantwortlich macht, denn damit schuf er die Grundlage, von der ausgehend, jeder auf seine oder ihre Erfüllung hinarbeiten konnte.

5. *Universale Volksherrschaft*

Universale Volksherrschaft ist das fünfte der in Edikten verkündeten Regierungsprinzipien Ashokas. Sie ist als institutionalisierte Regierungsform, in der sich die zuvor erwähnten vier Prinzipien am besten verwirklichen lassen, auch deren logische Folge. Da das Wohl eines jeden Menschen gleichzeitig auch das höchste Wohl des Kollektivs ist und da die Evolution dieser Individuen vorrangig ist und das Kollektiv dafür die Verantwortung trägt, kann die tatsächliche Verwirklichung dieses individuellen Wohls nur mit einer dezentralisierten, anpassungsfähigen Exekutive gelingen, welche die Lebensbedingungen des einzelnen kennt und dementsprechend unterstützt. Für Ashoka als höchstem Repräsentanten dieser Exekutive innerhalb seines monarchischen Systems war diese Verantwortung im Grunde genommen zu gewaltig, obwohl er unverzagt versuchte, mit Hilfe seiner Beamten zahllose monarchische Exekutivorgane zu schaffen. Theoretisch hätte Ashoka sicher erfolgreicher sein können, wenn er in einer tatsächlichen Demokratie hätte wirken können. Bei seinem Versuch, ein Riesenreich von oben zu revolutionieren, scheint Ashoka bis an die Grenzen seiner Leistungsfähigkeit gegangen zu sein. In seinem 6. und 8. Felsedikt gibt er uns Einblick in seine eigene Lebensweise.

> In der Vergangenheit wurden nicht zu jeder Tageszeit Staatsgeschäfte abgewickelt oder Eingaben gemacht. Ich habe daher Vorsorge getroffen, daß meine Beamten jederzeit und überall Zugang zu mir erhalten, um mir über die Angelegenheiten meines Volkes zu berichten – egal, ob ich esse, mich im Harem oder in meinen persönlichen Gemächern aufhalte, mich um die Rinderherden küm-

mere, spazierengehe oder religiöse Exerzitien mache. Ich nehme mich nun überall der Probleme meines Volkes an. Und wenn eine von mir mündlich übermittelte Schenkung oder Proklamation oder aber eine von mir an meine hohen Beamten delegierte wichtige Angelegenheit im Rat Debatten auslöst oder strittig ist, muß mir dies sofort, zu jeder Zeit und überall, berichtet werden. Dies sind meine Befehle. Ich gebe mich niemals voll und ganz mit meiner Arbeit oder meiner Wachsamkeit zufrieden, was die staatlichen Angelegenheiten betrifft. Ich betrachte es als meine höchste Pflicht, das Wohl des Volkes zu mehren, und die Ausübung dieser Pflicht ist Grundlage meiner Arbeit und unermüdlichen Anteilnahme. Es gibt nichts Wichtigeres für mich als das Wohlergehen meines Volkes. Mit meinem Wirken leiste ich einen Beitrag zur Erfüllung der mir auferlegten Verpflichtung gegenüber allen Lebewesen, sie in dieser Welt glücklich werden zu lassen und ihnen zu helfen, in der nächsten einen himmlischen Zustand zu erreichen ... Für König Ashoka besitzt Ruhm und Ansehen keinen hohen Wert, er möchte nur, daß das Volk jetzt und in Zukunft von seinem Wirken im Sinne der Wahrheit erfährt und es [selbst] im Einklang mit diesem Dharma lebt ... Für dieses Ziel strebt er nach Ruhm und Anerkennung ...

Ashoka bestimmte zwar maßgeblich die Leitlinien der Politik, doch seine Provinzgouverneure besaßen ein beträchtliches Maß an Autonomie – eine in damaliger Zeit gefährliche Politik, denn die Gouverneure konnten allzu leicht der Versuchung erliegen, die Zentralregierung zu stürzen, wann immer sich ihnen Gelegenheit dazu bot. Er baute auf die Wohlfahrts- und Erziehungsmaßnahmen seiner dem Dharma verpflichteten Minister, die das Vertrauen der Bevölkerung in ihren Herrscher so stärken sollten, daß sie damit gleichzeitig dessen Stellung sichern sollten. Man hat Ashoka wegen dieser lockeren Handhabung seiner Administration stark angegriffen; möglicherweise war dies auch der Grund dafür, daß sein Reich wenige Generationen nach seinem Tod zerfiel. Ashoka hatte gehofft, seine Kinder und Enkel würden sich nach seinen Edikten richten. Tragischerweise erfüllte sich dieser Wunsch zunächst nicht, denn sein Sohn machte Ashokas behutsame Politik rückgängig, nur um sich von seinem Vater abzugrenzen. Er begann mit der unnachgiebigen Verfolgung der buddhistischen Gemeinschaft, Aufruhr und Gewalt herrschten im Reich, und die Dynastie nahm ein vorzeitiges Ende. In Ashokas lockerer Regierungsführung spiegelt sich möglicherweise seine ganz persönliche Einsicht, daß es einer so reichen, ethnisch vielfältigen und bevölkerungsstarken Gesellschaft schadet, wenn man sie strenger Kontrolle unterwirft. Sein Erfolg sollte nicht in erster Linie daran gemessen werden, wie lange das von ihm geführte, reformierte Reich bestand; man sollte vielmehr den großen Anspruch seiner Zielsetzungen betrachten und sich fragen, inwieweit es ihm gelungen ist, diese Leitlinien durchzusetzen; man sollte auch den zivilisatorischen Einfluß Ashokas auf die zahlreichen Völker in seinem Reich sehen und das, was er für dessen Ausdehnung auf ganz Asien geleistet hat.

Ashokas energische und weitreichende Reformierung und Umgestaltung der Gesellschaft kann uns heute als eindrucksvolles Vorbild dienen, betrachten wir doch zumeist jene diesem aufgeklärten Gedankengut verpflichtete Bewegung als unpolitisch und unsozial. Wir glauben, eine solche Bewegung könne auf die mit gesellschaftlicher Organisation und politischer Kontrolle befaßten Institutionen keinen Einfluß nehmen. Wir vertrauen nicht darauf, daß durch derartige Bewegungen überhaupt Leitlinien entwickelt werden können, mit denen sich gesellschaftliche Anliegen durchsetzen ließen oder die organisatorisch effektiv seien. Wir gehen davon aus, daß sich Gewalt auf natürliche Weise durch Gegengewalt ausgleicht, lehnen uns zurück in der Hoffnung, daß diese Balance sich nicht allzu zerstörerisch auf die Machtlosen auswirken möge.

Thomas Jefferson, Benjamin Franklin und andere Staatsmänner der Vereingten Staaten lehrten die junge US-Demokratie das Ideal aufgeklärter Staatsführung – das Ideal einer Regierung des Volkes, getragen durch das Volk und zum Vorteil des Volkes. Sie wollten mit ihrer Regierungsführung sicherstellen, daß jedes Individuum sein Auskommen habe, Freiheit besitze und nach seinem Glück streben könne.

Dieses bedeutende politische Experiment läuft nun seit mehr als zweihundert Jahren in den USA. Eine der wesentlichen Voraussetzungen dafür war die Übertragung der protestantischen Ethik auf weltliche Bereiche. Diese Entwicklung begann ihrerseits, als das Mönchswesen zurückgedrängt wurde und es zu einer Trennung von weltlich-gesellschaftlichem Bereich und sakraler Sphäre kam, in der man nach spiritueller Wahrheit suchte. Die europäische Aufklärung, die ihren Höhepunkt in den militanten Umwälzungen des 17. und 18. Jahrhunderts erreichte und den Untergang der traditionellen aristokratischen Lebensweise herbeiführte, war die historische Folge dieses Umbruchs. Dieser ereignete sich aufgrund folgender Entwicklungen: Abkehr von der durch das christliche Mönchswesen getragenen langsamen und gleichmütigen Revolution und Hinwendung zu protestantischer Ethik, industrieller Revolution und zu weltlichen Massengesellschaften. Dieser Umschwung läßt sich historisch mit der Regierungszeit Ashokas im antiken Indien vergleichen, als die gleichmütige, von buddhistischen Mönchen getragene Revolution zu einer vom Herrscher selbst angestoßenen Revolution von oben führte. Allerdings muß man auf folgende bedeutende Unterschiede hinweisen: Grundlage für die gesellschaftliche Veränderung in der protestantischen Befreiungsbewegung des Abendlandes war, daß das Mönchswesen zerschlagen und der zivilisierende Einfluß der gleichmütigen Revolution zurückgedrängt wurde, so daß man in einer militanten Revolution den einzig gangbaren Weg sah. In Indien traten dagegen die der gleichmütigen Revolution verpflichteten Institutionen gesellschaftlich in den Vordergrund; gestützt von der Regierung, konnten sie beinahe unbegrenzt expandieren. Diese unterschiedlichen Prozesse lösten in der Folge Reaktionen gegen die genannten Umbruchsbewegungen aus. In Indien machten Ashokas Nachfolger dessen Revolution von oben nach unten wieder rückgängig, gingen gegen die klösterlichen Einrichtungen vor und kehrten zu einer militanten Lebensform zurück. In Europa verliefen die Revolutionen der auf die Aufklärung folgenden Ära besonders blutig und mündeten in diktatorische Regime in Frankreich und später in Deutschland, führten zur gewaltsamen Eroberung und Ausbeutung eines großen Teils der außereuropäischen Welt und schließlich zu den Weltkriegen des 20. Jahrhunderts, als sich überholtes Gedankengut mit dem verheerenden Waffenarsenal der modernen Technik verbündete.

In Indien erblühte dennoch – trotz der Gewaltherrschaft vor und nach der Regierungszeit Ashokas – eine bedeutende Kultur. Diese hatte ihre Grundlage in der dem Individuum entgegengebrachten transzendenten Wertschätzung, in Gewaltlosigkeit, Erziehung, in gesellschaftlich getragener Selbstlosigkeit und in universaler Volksherrschaft. Diese Kultur strahlte auch auf einen großen Teil Asiens aus und führte dazu, daß die Werte aufgeklärter Politik im folgenden Jahrtausend hochgeschätzt und bestmöglich umgesetzt wurden. Diese Prinzipien haben bis heute nichts von ihrer einstigen großen Überzeugungskraft eingebüßt.

Kapitel 5

Das Wesen der Erleuchtung

Am Ende seiner Regierungszeit – so wird in den Quellen berichtet – sei Ashoka geradezu besessen von der Idee gewesen, das ganze Reich der Mönchsgemeinschaft zu überantworten. Seine Minister sollen ihn eingesperrt haben aus Angst vor dem Zorn seiner Erben, wenn der alternde König sein Vorhaben in die Tat umsetzen würde. Ashoka schrieb daher – so heißt es – sein Schenkungsvorhaben auf eine getrocknete Mangohaut und benutzte als Tinte sein Blut, anschließend soll er das Dokument einem vorbeikommenden Mönch durch das Fenster zugeworfen haben. Der Mönch habe es zu seinem Abt getragen, die Würdenträger der Gemeinschaft hätten das Reich in ritueller Form vom Herrscher in Empfang genommen – um ihm eine Freude zu machen und um ihm das Verdienst der Schenkung zugute kommen zu lassen. Dann sollen sie die Minister des Hofes zu sich gebeten, sie über das Geschehen informiert und anschließend das gesamte indische Reich gegen eine nette, aber doch relativ bescheidene Schenkungssumme an die Herrscherdynastie zurückgegeben haben.

Diese Legende beschreibt, welche Wirkung das Lebenswerk Ashokas auf die Nachwelt hatte. Einigen Menschen schien sein Eintreten für die aufgeklärte politische Neuorientierung zu weit zu gehen, es kam schließlich zu einer staatlichen Verfolgung der Institutionen des Buddhismus. Man kann zwar einen Mönch ermorden, eine Universität schließen, ein Monument zerstören, doch eine neuartige Wahrnehmungsfähigkeit, eine neue Sprache, ein veränderter Lebensstil der Menschen lassen sich nicht so leicht wieder rückgängig machen. In nur wenigen Jahrhunderten nach dem Tod des Buddha hatte die gleichmütige Revolution bereits die erste Stufe der gesellschaftlichen Umformung erfolgreich erklommen.

Indische Theaterstücke und Romane, aber auch Berichte zeitgenössischer chinesischer Pilger bezeugen, welch große Wandlungen Indien in den Jahrhunderten nach Ashokas Tod durchlief. Militaristisches Denken trat sehr stark in den Hintergrund, Frauen wurden zunehmend respektiert und erfreuten sich größerer Freiheiten, allgemein herrschte relativer Wohlstand, die Händlerklasse hatte großen Einfluß, die Todesstrafe war so gut wie unbekannt, buddhistische Lehrer wurden allgemein verehrt, und ihre Lehren fanden eine weite Verbreitung.

Sobald eine gleichmütige Revolution in einem Land begonnen hat, wird sich diese kulturelle Gegenströmung des aufgeklärten Denkens allmählich immer mehr durchsetzen und zur gesellschaftlichen Hauptströmung, zur anerkannten Norm werden. Unumgänglich wird nun, eine umfassende Sozialethik zu schaffen und der gesamten Gesellschaft ein Lebensziel zu vermitteln, während gleichzeitig die Bereiche der individuellen Weiterentwicklung und persönlichen Befreiung nicht vernachlässigt werden dürfen. Mit der Aufklärungsbewegung waren Methoden aufgezeigt worden, wie die Menschen sich nach und nach selbst befreien könnten gemäß dem Ideal des vollkommen gewordenen Einzelmenschen. Als diese Bewegung sich dann aber immer mehr zu einem Modell universaler Befreiung wandelte – jedermann konnte nun Befreiung und Glück erlangen –, entstand das Idealbild des Messias oder Bodhisattvas in Gestalt eines Mannes oder einer Frau, der oder die nach individueller Befreiung strebt, um allen Lebewesen bei ihrer Befreiung zu helfen. Nach diesem Umbruch in der Entwicklung des Buddhismus wurde die gleichmütige Revolution zu einem gleichmütigen Evolutionsprozeß für die Schaffung einer Welt, in der zahllose Buddhas leben.

Der einzelne kann sich, befreit vom Druck seiner weltlichen Verpflichtungen, in klösterlicher Zurückgezogenheit seiner Bildung annehmen und seine Entwicklung voll und ganz seinen Neigungen und Fähigkeiten entsprechend vorantreiben. Aber wenn er diese Fähigkeiten entwickelt hat, wozu dient dann seine Befreiung? Wie sollen die solcherart gebildeten Menschen ihre erlangte Freiheit einsetzen? Welche Aufgaben sollen sie dann übernehmen? In der modernen Menschenrechtsbewegung wird traditionell nicht nach dem Problem der individuellen Verantwortung gefragt: Im Mittelpunkt steht hier die Frage, wie man Regierungen davon abhalten kann, ihre Unterdrückungsmaschinerie gegen Menschen zu richten. Der einzig erfolgversprechende Weg, langfristig die Menschenrechte sicherzustellen, ist die Entwicklung ethischer Werte, die den einzelnen Menschen in jenen Gesellschaften, in denen die Menschenrechte mit Füßen getreten werden, innerlich motivieren, sich für die Einhaltung der Rechte des anderen verantwortlich zu fühlen. Ein solches inneres Wertesystem ist die Triebfeder einer aufgeklärten Politik.

In den beiden Jahrhunderten vor und nach Christi Geburt begann sich in der Aufklärungsbewegung Indiens diese neue Richtung der Erlösung aller Lebewesen mit Macht durchzusetzen.[6] Man entdeckte und kommentierte einen ganz neuen Schriftenkanon, in welchem der Buddha weit über seine bis dahin bekannten Lehren der persönlichen Enthaltsamkeit und individuellen Befreiung von der bestehenden gesellschaftlichen Ordnung und der von ihr geprägten Persönlichkeitsstrukturen hinausging. In diesen Lehrschriften war festgehalten, was der Buddha angeblich im privaten Kreis der

[6] Der Autor meint hier die Lehre des Mahāyāna, des sogenannten »Großen Fahrzeugs«. [Anm. d. Übers.]

Götterversammlung, der außerirdischen Bodhisattvas und seiner bedeutenden Anhänger aus dem buddhistischen Klerus oder aus der Laiengemeinschaft gelehrt hatte. In den älteren Schriften[7] werden hauptsächlich Beschreibungen der menschlichen Situation für die Gemeinschaft geliefert. Im »Großen Fahrzeug« erweitert sich das Spektrum – der Buddha legt seine profunde metaphysische Erkenntnis der vollkommenen Erlösung dar, die für ihn auf dem Einswerden mit der absoluten Wahrheit beruhte, die für ihn durchströmt wurde von der grenzenlosen Kraft der Liebe. Er öffnete die Augen aller für die Existenz der grenzenlos erleuchteten Buddhas, für die unerschöpfliche Liebe und die göttlichen Kräfte der engelgleichen Bodhisattvas, jener Wesen, die sich in vielfältiger Gestalt im gesamten Universum manifestieren, um als Wohltäter und Lehrer aller Wesen zu wirken. Er führte ein in seine tiefste innerste Einsicht über den Entschluß der Bodhisattvas, die Erleuchtung mit der Absicht zu erlangen, alle Lebewesen zu erlösen, und er legte dar, welch unvorstellbar positive Auswirkungen für das Leben zu erwarten sind, wenn jemand seine essentielle Energie ganz darauf richtet, allen Menschen zum Heil zu dienen. Das mit der Erleuchtung erlangte Bewußtsein der Verbundenheit erweitert sich unendlich und mündet konsequenterweise in ein universelles Verantwortungsbewußtsein, in das Gefühl jedes einzelnen Menschen, er oder sie könne zur Umgestaltung des gesamten Universums beitragen und damit zur Erlösung aller Lebewesen von ihren Leiden.

In diesem neuen Großen Fahrzeug wird der Buddha gezeigt, wie er sich ganz auf die Umgestaltung des gesamten Universums konzentriert, auf die vervollkommnete Entwicklung eines Buddha-Paradieses. Auf ein derart erleuchtetes Reich hatte er seinen Schüler mit seiner großen Zehe hingewiesen und damit angedeutet, daß unsere Welt die besten Voraussetzungen dafür bietet, in einen solchen paradiesi-

[7] Gemeint ist das Schrifttum des Hīnayāna, des »Kleinen Fahrzeugs«. [Anm. d. Übers.]

schen Zustand zu gelangen. Der einzelne Mensch hat die Aufgabe, nicht nur nach seiner persönlichen Erlösung vom Leiden zu streben, sondern auch nach der Erlösung und Vervollkommnung seiner gesamten Umgebung. Die unabweisbare Verbundenheit des einzelnen mit allen anderen Lebewesen führt zur Bewußtwerdung, sobald man den Entschluß gefaßt hat, den Pfad der Erleuchtung zu beschreiten. Das Streben nach Erlösung und nach glückseliger Erleuchtung hat also gleichzeitig die individuelle Erleuchtung und die anderer zum Ziel. Der einzelne gelobt, seine Erleuchtung zusammen mit all diesen Lebewesen zu erlangen – egal, wie lange dies auch dauern mag –, um ein Buddha in einem Buddha-Paradies zu werden. Wir nennen ein weibliches oder männliches Wesen, das diese heroische Pflicht auf sich nimmt, einen Bodhisattva oder Erleuchtungshelden, Erleuchtungsheldin. Dieses bewundernswerte Ziel, tätige Hilfe bei der Wandlung der Menschenwelt zu leisten, wird als neuer Geist, neues Bewußtsein, als leuchtender Mittelpunkt des Seins bezeichnet, aufwärtsstrebend in einen Horizont grenzenlosen Potentials. Der Buddha hinterließ uns nicht nur die Erkenntnis von der Nichtexistenz einer unwandelbaren Indentität, sondern überlieferte auch, wie sich der einzelne zunächst zu einem Bodhisattva entwickeln kann, alsdann zu einem Buddha und schließlich, wie die Welt in ein Buddhaland transformiert werden kann. Auch bei diesem Prozeß beginnt die Wandlung im einzelnen Menschen selbst und mit dessen Fähigkeit, sich von seinem Verhaftetsein und seiner Ich-Identität zu lösen.

Die Tatsache, daß die Menschen Hilfe benötigen, um die Art von Nächstenliebe zu entwickeln, die sich nicht allein auf gute Taten beschränkt, sondern auch den Wunsch beinhaltet, sich für die Beendigung des Leidens anderer einzusetzen, stellt sich als das größte Hindernis bei der Durchsetzung einer Politik der Aufklärung dar. Solange in unserer Kultur jene Menschen das Sagen haben, die von äußeren Reizen abhängig sind, um damit ihr nach wie vor als substantiell betrachtetes Selbst zufriedenzustellen, können wir keine erleuchtete Gesellschaft werden. Wir wissen bereits, daß wir so lange leiden, wie wir Gefangene unserer negativen Gedanken und Gefühle bleiben, und solange unser eigenes Leiden für uns im Mittelpunkt steht, verpassen wir die größte Chance unseres Lebens, glücklich zu werden. Unter allen Leiden verursachenden Geistesgiften ist unsere Begierde besonders schwer zu überwinden. Freudig empfundene Nächstenliebe kann als Gegengift zu dieser Art Leiden wirken.

Wir sind sehr stark von unseren weltlichen Annehmlichkeiten abhängig. An erster Stelle sind die Dinge zu nennen, die normalerweise Sucht erzeugen. Wenn Sie einmal nikotin- oder alkoholabhängig waren, wissen Sie, was Sucht bedeutet. Wir können auch abhängig von rezeptpflichtigen Medikamenten, von Sex, Beruhigungsmitteln, Mode und Abenteuern sein.

Die Abhängigkeit von Autos zerrt besonders stark an uns. Die Kosten des Nachkaufs einzelner Ersatzteile, die wir benötigen, um das Auto funktionstüchtig zu erhalten, übersteigen oftmals bei weitem den Anschaffungspreis. Die Ausgaben für Benzin, Öl und Versicherung, die Straßenbenutzungsgebühren, die Arztkosten für die bei Unfällen Verletzten – die Gesamtkosten unserer Abhängigkeit von der Motorisierung belaufen sich auf viele Milliarden.

Kleidung, elektronische Geräte, Unterhaltung – alle unsere Sinne kämpfen ständig mit dem Verlangen, immer neue Geräte anschaffen zu wollen, mit denen wir uns einklicken in immer größer werdende Netzwerke und Verbrauchermärkte.

Nicht zu übersehen ist, daß wir in unserer nie zu befriedigenden Sucht nach äußeren Reizen verschwenderisch konsumieren und doch niemals Befriedigung finden. Sind wir denn jemals durch die Anschaffung eines Autos auf Dauer glücklich geworden? Durch ein neues Kleidungsstück? Durch einen neuen Liebhaber? Die Freude vergeht so schnell, wie der ursprüngliche Wunsch nach etwas, so daß wir uns zwangsläufig immer weiter auf Äußerlichkeiten konzentrieren. Diesen Kreislauf können wir nur durchbrechen, wenn wir die Ursache unserer Unzufriedenheit sehen und erkennen, daß wir auf diese Weise niemals Befriedigung finden können. Sobald wir aufhören, für diesen nimmersatten inneren Chef zu arbeiten, können wir uns befreit an etwas erfreuen, ohne Verlustangst und Gier nach immer mehr – mit anderen Worten: ohne Abhängigkeit. Dann erleben wir wahre Freude. Dies ist der innere Aspekt der gleichmütigen Revolution.

Wir können allmählich Gelassenheit entwickeln, was die von uns heiß begehrten Wunschobjekte anbelangt, unsere Liebesbeziehungen und unseren Besitz; wir sollen natürlich nicht alles aufgeben, doch wir müssen in uns einen dauerhaften Frieden und eine dauerhafte Zufriedenheit pflegen. Das heißt also nicht, daß wir plötzlich keinen dieser Wünsche mehr haben dürfen. Wir haben es vielmehr in der Hand, die *Qualität* dieser Wünsche zu verändern, *sie* sollen *uns* in unserer schöpferischen Erkenntnis zu Diensten sein, nicht umgekehrt. Tatsächlich haben wir eine größere Chance, unsere Wünsche erfüllt zu sehen, wenn wir ihnen gelassener begegnen.

Zufriedenheit ist ein kostbares Gut, wertvoller als der Besitz unbezahlbarer Reichtümer. Sie ist wohl das, wonach wir in Wahrheit suchen, wenn wir versuchen, unsere Wünsche zu befriedigen. Und wir alle wissen auch, was Zufriedenheit ist. Rufen Sie sich doch einmal einen solchen Augenblick der Zufriedenheit und Abgeklärtheit in Erinnerung: Sie gerieten in einen Verkehrsstau oder Sie hatten einen Wasserrohrbruch in der Küche. Rein äußerlich betrachtet, waren dies mißliche Situationen, doch innerlich konnten sie Ihnen nichts anhaben. Oder denken Sie an eine umgekehrte Situation: Sie konnten sich auf einer an einem angenehmen Ort stattfindenden Party mit Ihnen sympathischen Leuten nur deshalb nicht amüsieren, weil Sie permanent an den Streit denken mußten, den Sie zuvor mit der/dem Geliebten hatten.

Was beweisen diese Erfahrungen? Sie zeigen, daß die äußeren Umstände nicht dafür verantwortlich sind, ob wir glücklich oder traurig sind. Sie tangieren uns zwar, doch die Art unseres Erlebens wird hauptsächlich davon beeinflußt, wie unsere eigentliche innere Befindlichkeit, unser subjektiver Zustand ist. Gute oder schlechte Gefühle können uns nicht von anderen Menschen aufgezwungen werden, auch wenn sie die Fähigkeit besitzen, in uns Freude oder Ärger hervorzurufen. Wir haben die Wahl, uns von angenehmen Handlungsweisen anderer nicht beeinflussen zu lassen, und wir können uns über jeglichen Ärger hinwegsetzen. Wenn wir lernen, die für unsere Stimmungen verantwortlichen Energien zu erkennen und zu steuern, können wir sicherstellen, daß wir immer guter Stimmung sind, was auch geschieht.

Theoretische Schulung und praktisches Training der Zufriedenheit – die Meditation – sind ein allmählicher Prozeß der Bindung an dieses Gefühl, ein Richtungswechsel, der zu kleinen, aber merklichen Ergebnissen führt und unser Wohlbehagen steigert. Bei der Meditation hören wir auf, unsere Gedanken ständig um unsere alltägliche Unzufriedenheit und Enttäuschung kreisen zu lassen. Wenn Sie ruhig sitzen und aufmerksam in sich hineinhören, können Sie die innere Stimme hören, mit der Ihre Gedanken sich Gehör verschaffen. Wenn Sie einfach nur dasitzen, verschaffen Sie sich einen kleinen persönlichen Freiraum und müssen sich nicht mehr dem Diktat der inneren Stimme unterwerfen. Wenn Sie Ihre Bewußtheit offenhalten für das wahre Wesen des Selbsts (siehe Kapitel 3), werden Sie erkennen, daß nicht Sie diese innere Befehlsstimme sind. Sie können sich den nötigen Abstand verschaffen, der Sie in die Lage versetzt zu entscheiden, ob und wie Sie reagieren wollen.

Sobald wir die Flut der Gedanken durchbrechen, erleben wir eine Stille, die wie ein Quell der Freude ist. In diesen Raum gelangen Sie, wenn Sie Ihre Gedanken einfach zulassen, ohne sie zu kommentieren, wenn Sie die innere Stimme zum Verstummen bringen, anstatt nach ihrer Pfeife zu tanzen. In Augenblicken wie diesen sprudelt – ohne besonderen Anlaß – ein Quell wunderbaren Gefühls. Gedanken, die aus diesem stillen Freiraum geboren werden, haben einen Hauch von Ursprünglichkeit, haben etwas Spielerisches. Sie zerren uns nicht mit ihrer Eigendynamik in eine bestimmte Richtung.

Diese Art der inneren Reflexion macht uns sehr schnell bewußt, wie vergänglich unsere Gefühle, Stimmungen und Gedanken sind. Je mehr wir ihre Flüchtigkeit erkennen, desto weniger fest haben sie uns im Griff. Selbst hartnäckige fixe Ideen vergehen in einem dieser kurzen entspannten Augenblicke. Eine bestimmte Weltanschauung, von der wir einen Augenblick zuvor noch fest überzeugt sind, kann schon während eines Gesprächs im nächsten Moment zerstreut werden. Menschen, denen wir Liebe oder Freundschaft bis ans Lebensende geloben, können sehr schnell zu Feinden werden und ganz aus unserem Leben verschwinden. In unseren Gedanken entstehen festgefügte Bilder und Gefühle, die sich in Luft auflösen, sobald sie dem Druck der Bewußtheit standhalten müssen.

Wir haben die Wahl, ob wir uns angesichts der Flüchtigkeit der Phänomene in der Natur beklagen sollen, wir fühlten uns, als ob man uns den Teppich unter unseren Füßen wegzöge, oder ob wir über die Flüchtigkeit von Zufriedenheit und Freude, Trauer und Zorn nachsinnen sollten. Herabfallende Kirschblüten im Frühling, Herbststürme, die rostfarbene Blätter von den Bäumen fegen, der Gedanke an geliebte Menschen, die alt geworden sind, und vielleicht der Anblick des eigenen grauen Haupthaars – all dies kann uns helfen, unbefangener mit der Vergänglichkeit umzugehen. Der Gedanke an den eigenen Tod kann uns die Angst vor dem Sterben nehmen – denn das Leben kann jeden Augenblick zu Ende sein. Sie können sich vorstellen, Ihre Augen könnten nicht sehen, Ihre Ohren nicht hören, in Ihrem inneren Ohr käme es zu einem Rauschen, während Ihr Herz in Schmerzen verbrenne, und Sie selbst hätten sich von Ihrem Körper getrennt. Nach kurzer Zeit werden sich die Menschen, die Sie kannten, kaum noch an Sie erinnern.

Wenn Sie sich klarmachen, daß Sie nicht voraussagen können, wie lange Sie leben, kommen Sie zu einer entspannteren und verständnisvolleren Einschätzung der Dinge und werden dabei trotzdem unabhängiger. Der Dichter Wallace Stevens schrieb: »Der Tod ist die Mutter der Schönheit, und sie allein bringt uns die Erfüllung unserer Träume und unserer Wünsche.« Akzeptieren wir die Vergänglichkeit, klammern wir uns nicht mehr so fest an die Dinge und die Menschen, die wir lieben, und da wir wissen, daß diese einmal nicht mehr sein werden, sehen wir viel deutlicher, was wir an ihnen lieben.

Sobald uns die Vergänglichkeit des Geistes und der Realität noch stärker bewußt geworden ist, glauben wir nicht länger an ihre Wesenhaftigkeit, und dadurch werden wir gelöster. Wir betrachten einen Tisch und erkennen, daß er nicht nur kein substantielles »Selbst« als Tisch besitzt, sondern auch auf der Quantenebene keinerlei unvergängliche Substanz. Die subatomaren Partikel, die die Materie ausmachen, wirbeln winzigen Galaxien gleich durch den Weltraum, wobei sich riesige Zwischenräume zwischen den einzelnen Partikeln auftun; uns erscheinen sie nur deshalb substantiell, weil unsere optische und taktile Wahrnehmung so wenig differenziert ist. Die Illusion der Wesenhaftigkeit wird unmittelbar vor unseren Augen zerstört. Das von uns so begehrte Auto oder der begehrte Mensch wird nun zu einer vibrierenden Masse im Weltraum. Sie löst sich in Luft auf, wenn wir unvoreingenommen nachdenken, und befreit uns gleichzeitig von unserer Begierde.

Dieser inneren Weite und Zufriedenheit entströmt auch die qualvolle Erkenntnis, wie leer doch das ist, was wir einst für so substantiell und wesentlich hielten – unser Verlangen, unsere Gedanken, unsere Anschauungen, ja unser Leben selbst. Wir haben so vieles genau zu betrachten, und es hängt so viel davon ab, wer wir glauben zu sein und an was wir glauben festhalten zu müssen.

Wir halten uns für Individuen, für nicht veränderbare Wesen, da wir uns bezüglich Rasse, Geschlecht, Alter und Religion unterscheiden, bezüglich Ideologie, Staatsangehörigkeit, Kultur, Beruf und Gesundheitszustand, bezüglich

Wissen, Fähigkeiten, Leistungen und Erfahrungen. Diese Etiketten unterstreichen dagegen nur, daß wir uns selbst fremd bleiben, was viele Aspekte unseres wahren Selbsts betrifft, und daß wir auch untereinander zutiefst fremd bleiben. Wenn wir kritiklos davon ausgehen, wir seien einzigartige, unabhängige, autarke Wesenheiten, nicht essentiell mit anderen Menschen und Phänomenen verwoben, wird jede Beziehung zum Problem. Wenn wir selbstverständlich davon ausgehen, es existierte unbezweifelbar ein Selbst, können wir auf niemand anderen zählen, denn jeder glaubt, er oder sie sei der oder die einzige. Niemand kann uns und unsere unbezweifelbare Einzigartigkeit jemals wirklich anerkennen. Das ist mit Entfremdung gemeint: Jedes andere scheint das »andere« zu sein, jeder sieht allein seine Welt, in der er oder sie der oder die Beste, der oder die einzig Gute ist. Jede derartige Selbsteinschätzung führt automatisch zu dem Vorurteil, alle anderen seien schlechter.

Jeder von uns ist von diesem Stolz erfüllt oder trägt diese Vorurteile mit sich herum – eine Ausnahme sind diejenigen, die derartige Ideen durch sorgfältiges Nachdenken und kontinuierliche Meditation abgebaut haben. Diese Art von Stolz und Vorurteilen verstärken das Gefühl der Entfremdung, Angst, Isolation. Sie wirken sich zerstörerisch auf unsere Gesellschaften aus, denn sie verhindern Kooperation und führen zu Gewalt und Verschwendungssucht.

Unser Stolz hindert uns daran zu erkennen, daß wir alle in verschiedenen Existenzweisen und Wiedergeburten in unendlicher Zeit bildlich gesprochen im selben Boot gesessen haben. Jeder Mensch hat die Wahl, endlos mit der Illusion eines von allen anderen unabhängigen Seins weiterzuexistieren, nur sein oder ihr Selbst zu lieben oder sich als Zielscheibe des Hasses der anderen zu fühlen. Oder er kann erkennen, daß wir mit allen anderen verwoben sind, aus den Molekülen der anderen bestehen, sie einatmen, sie mit dem Essen aufnehmen und daß wir aus allem um uns herum aufbereitet, erneuert und körperlich davon abhängig sind. Mein Selbst, das von einem unabhängigen Selbst entleert ist, unterscheidet sich nicht von der Selbst-Leerheit eines anderen. In einer Welt, in der jeder alles für alle ist, findet möglicherweise nicht jeder ein eigenes Selbst, das er lieben kann, doch jeder hat jeden an seiner oder ihrer Seite und jeder rückt ins Zentrum unendlicher Liebe. So wird jedes Lebewesen in einem Universum, in dem Leben weder zeitlich noch räumlich begrenzt ist, letztendlich durch die Kraft der universellen Verantwortlichkeit für andere erlöst aus seinem Gefängnis der Selbstsucht.

Das ist der Geist der Erleuchtung, und es handelt sich dabei im wahrsten Sinn um ein neues inneres Bewußtsein. Der Geist der Erleuchtung kann als eine Art spirituelles »Gen« universellen Erbarmens bezeichnet werden, es bestimmt Art und Verlauf der Höherentwicklung des Menschen in diesem Leben und in den nachfolgenden Leben. Man erlangt ihn, indem man den Willen zur Erlösung verinnerlicht, um allen Lebewesen zu helfen; danach prägt er die Art der eigenen Erfahrung und sogar der eigenen biologischen Fortentwicklung.

Dieses erleuchtende Bewußtsein, man kann auch sagen, dieser Erleuchtungsgeist, trägt eine besondere Art der Liebe für alles Lebende in sich. Er hat zwei Aspekte: den irdischen oder strebenden und den transzendenten oder verwirklichten Aspekt. Der strebende Erleuchtungsgeist entspringt der Einsicht und Entschlußkraft – Einsicht, daß evolutionäre Vervollkommnung in der Erleuchtung möglich ist, Einsicht, daß es Menschen gibt, die tatsächlich zur vollkommenen Weisheit gelangt sind und zur allumfassenden Güte, und die daher wirklich in der Lage sind, allen Wesen zu helfen. Entschlußkraft heißt, daß man selbst ein solcher Mensch werden könnte und sollte, um allen Mitgeschöpfen zu helfen. Sobald dieses strebende Erleuchtungsbewußtsein sich stabilisiert und vertieft hat, kann man entschlossen seine gesamte Lebensenergie und die Energie aller zukünftigen Leben darauf verwenden, die Fähigkeit zu erwerben, für das uneingeschränkte Heil, die Erlösung und das Glück eines jeden Lebewesens zu wirken.

Einen Bodhisattva kann man daher als Wesen bezeichnen, das konsequent und mutig das Ziel anstrebt, ein tätiger Messias zu werden (ich verwende hier den Begriff »Bodhisattva«, um das kulturell anders belegte Wort »Messias« zu vermeiden). Der Erleuchtungsgeist ist zu der tiefen Erkenntnis gelangt, jeder einzelne trage Verantwortung für alle Wesen, so daß wir alle eine führende Aufgabe bei der gewaltigen Anstrengung übernehmen können, Erlösung zu erlangen, und nicht jeder für sich allein dem Leiden zu entkommen versucht, sondern statt dessen danach strebt, sich in vollkommener Erleuchtung anderen Menschen liebevoll zuzuwenden.

Bodhisattvas höherer Stufe, die selbst auch Buddhas geworden sind, haben himmlische Erlösung erlangt und können nun als effektiv wirkende Erlöser oder Retter betrachtet werden; nach Erleuchtung strebende Menschen können diese um Hilfe anrufen, sie mögen sie von dem endlosen Leiden ihres ichbezogenen Kreislaufs der Existenzen befreien. Es gibt auch zahllose Bodhisattvas niedrigerer Entwicklungsstufen, die entsprechend ihren individuellen Möglichkeiten für alle Wesen wirken. Einige streben in Tiergestalt nach der Erleuchtung, andere wiederum verharren als menschliche Existenzen in allen Kulturen auf allen Planeten in allen Weltsystemen; wieder andere treten in göttliche Existenzen in himmlische Sphären ein, um die dort lebenden Götter aus ihrer Hinwendung zu sinnlichen Freuden und ihrer spirituellen Selbstgefälligkeit zu reißen. Der erste Boddhisattva, der in der indischen Erleuchtungs-Literatur erwähnt wird, ist Buddha Shākyamuni selbst, und zwar in seinen früheren Existenzen. In den Jātakas, den Erzählungen von den früheren Leben des Buddha, ist die Zentralfigur (die eines Tages der Buddha wird) immer ein Führer edlen Standes – ein Affenkönig, ein Hirschprinz oder ein Leitelefant –, der sich ständig für das Heil anderer aufopfert. In jeder Geschichte wird unterstrichen, der sicherste Weg, sich als wahrhaft königlich zu erweisen sei, sich in den Dienst seiner Mitgeschöpfe zu stellen.

Ein erleuchtetes Wesen besitzt unendlich große Einflußmöglichkeiten auf seine Umwelt. Der erleuchtete Geist kann Welten neu gestalten, Planeten erhalten, gesamte Lebenswelten retten, Buddha-Paradiese erschaffen. Das erleuchtete Wesen ist beinahe wie ein Gott. Er oder sie wirkt schöpferisch, ist jedoch nicht »der Schöpfer«, ist richtungsweisend und einflußreich, was die Erlösung anderer betrifft, jedoch nicht allmächtig.

Viele Personen, die Bodhisattvas waren, sind inzwischen Buddhas geworden. Zahllose wirken überall im Universum, stets danach strebend, die lebenden Wesen zu retten, zu befreien und ihnen zu helfen. Da nichts Dauerhaftes existiert, gibt es auch keine ewige Verdammnis. Der Buddha hat uns vorgelebt, daß jeder von uns über das Potential verfügt, selbst ein Buddha zu werden – nicht nur Menschen, sondern alle Lebewesen können erlöst werden, jedoch ist jeder für die eigene Befreiung selbst verantwortlich. Es gibt keine Schöpfung aus dem Nichts, keinen Anfang der Welt. Vielmehr wirkt die individuelle und die kollektive karmische Evolution kontinuierlich und anfanglos, sie ist Ursache und Bedingung einzelner Schicksale. Alle Bedingungen können bis zur Vollkommenheit umgestaltet werden. Eine positivere Denkrichtung als diese gibt es wohl kaum.

Es ist natürlich nicht über Nacht möglich, das Wesen der Erleuchtung, das heißt die Leerheit des Selbsts, zu begreifen. Es gibt – wegen ihrer Effektivität – besonders hoch geschätzte systematische Trainingsmethoden, die dem einzelnen helfen können, Toleranz und Einfühlungsvermögen in seinem Innern durch Überwindung der Entfremdung zu schulen. Mit dieser Yogatechnik vertiefen wir die Erlösungserfahrung, indem wir uns von der scheinbaren Substantialität unseres Wahrnehmungsvermögens lösen. Während des Prozesses unserer Bewußtseinsöffnung lockern sich unsere festgefügten Denk- und Verhaltensmuster. Sobald sich unsere Gedankenströme von unseren tiefverwurzelten Anschauungen und unwillkürlichen Reaktionen gelöst haben, wird die schöpferische Kraft der Imagination freigesetzt.

Der indische Yogāchāra-Meister Asanga (4. Jahrhundert) entwickelte sieben Meditationsschritte, um dieses Bewußtsein zu trainieren: 1. Erkennen, daß alle Wesen unsere eigenen Mütter sind, 2. eingedenk der Wohltaten aller dieser Wesen sein, 3. dankbare Entschlossenheit, sich für diese Wohltaten erkenntlich zu zeigen, 4. unendliche Liebe, die das Glück dieser Wesen anstrebt, 5. tiefes Erbarmen, das ihre Erlösung vom Leiden anstrebt, 6. universale Verantwortung mit der Entschlossenheit, alle zu erretten, 7. der daraus erwachsene Erleuchtungsgeist, welcher die vorangegangenen Schritte in sich vereint in der Entschlossenheit, sich den Buddhas in ihrem Wirken für das Heil aller Lebewesen anzuschließen.

Wir beginnen diese Meditationsübung unter der Prämisse, daß ich selbst und alle anderen Wesen in früheren anfanglosen Leben existierten. Diese Vorstellung vermittelt einem das Bewußtsein für die Grenzenlosigkeit des Lebenshorizonts, zeitlos in der Vergangenheit, raumlos in der Gegenwart, zeit- und raumlos in der Zukunft. Mit Anerkennung dieser Prämisse wird von uns zwar verlangt, in gewisser Weise an Kontinuität zu glauben, doch müssen Sie nicht unbedingt abstrakt und dogmatisch an die Wiedergeburt glauben. Sie können auf diese Weise so intuitiv ein Gefühl der Verbundenheit entwickeln, wie Sie dies intuitiv für die Substantialität der Erde haben. Es ist nicht möglich, allen Lebewesen in grenzenloser Liebe zu begegnen, solange man an der Überzeugung festhält, man sei ursprünglich, wesenhaft oder letztlich von allen Wesen unabhängig, man habe in der Vergangenheit nicht existiert, sei im wesentlichen isoliert von anderen oder werde mit dem Tod ausgelöscht. Alle diese Vorstellungen gehen unmerklich ineinander über und erzeugen in Ihnen hier und jetzt dasselbe Gefühl der Entfremdung. Überzeugte Verfechter des wissenschaftlichen Materialismus könnten unter Umständen das Verwobensein nachvollziehen, indem sie darüber nachdenken, daß alle lebenden Arten genetisch miteinander verbunden sind, die Atome zwischen allen vorkommenden Formen ausgetauscht werden können, alle

Energien aus der beim Urknall explodierenden Urmaterie hervorgegangen sind und so weiter. Sehr gläubige Menschen betrachten sich als verbunden mit allem Lebenden, da sie sich in der großen Gemeinschaft der Geschöpfe Gottes sehen.

Der erste Schritt in Ihrer eigentlichen Meditation besteht darin, zunächst Unvoreingenommenheit zu trainieren. Denken Sie über einen Freund nach, einen Feind und eine neutrale fremde Person – dadurch werden Sie den temporären Charakter Ihrer Beziehung zu diesen erkennen. Freunde können zu Feinden werden, ein Mensch, dem wir augenblicklich kaum Aufmerksamkeit schenken, kann zu unserer Geliebten oder unserem Geliebten werden. Außerdem gleichen sich alle in ihrem Streben nach Glück und ihrem unendlich großen Potential als lebende Wesen. Haben Sie erst einmal diese Unparteilichkeit in sich hergestellt, können Sie damit beginnen, über Ihre Mutter in diesem Leben zu meditieren. Sie werden sich ihrer Verbundenheit mit ihr bewußt, sie sehen, daß sie in ihrem Leib empfangen, ausgetragen und aus ihm geboren wurden. Während Sie diese tiefen Empfindungen biologischer Verbundenheit haben, erkennen Sie, daß jedes andere Wesen Sie in seinem oder ihrem Leib getragen hat, denn wir alle haben zahllose frühere Existenzen durchlaufen. Beginnen Sie bei Ihrer Übung mit weiblichen menschlichen Wesen, Ihrer Mutter etwa, und meditieren Sie dann über weibliche Geschöpfe anderer Arten; kommen Sie dann zu männlichen Wesen der Menschen- und Tierwelt (indem Sie zunächst daran denken, daß diese ebenfalls viele frühere Existenzen als weibliche Wesen durchlaufen haben). Fahren Sie so lange fort, bis Sie sich in Ihrer Imagination mit allen Arten von Lebewesen so verbunden fühlen wie ein Kind mit seiner Mutter. Ja, auch verbunden mit der Küchenschabe, der Spinne, eben mit jedem fühlenden Wesen. Diese Übung kulminiert in dem tiefen emotionalen Erleben, biologisch mit allen Lebewesen eins zu sein.

Sobald Sie dieses Einssein hergestellt haben, können Sie sich darauf konzentrieren, die tief in Ihrem Innern verborgen liegenden Erinnerungen an die Zärtlichkeit und die Zuwendung Ihrer Mutter in diesem Leben wieder zu wecken – unabhängig davon, ob Sie eine gute oder schlechte Beziehung zu ihr hatten. Sie hätte Sie sicherlich mit einem beherzten Sprung vor einem nahenden Auto gerettet oder sonst alles mögliche zur Rettung Ihres Lebens getan. Tatsächlich hat sie sich für Ihr Leben eingesetzt, hat Sie als hilflosen Säugling ernährt und umsorgt. Rufen Sie sich all ihre Wohltaten in Erinnerung und stellen sich dann vor, alle Lebewesen hätten Ihnen diese Art warmherziger Zuwendung entgegengebracht.

Im dritten Schritt dieser Übung verweilen Sie nicht länger beim Gefühl des Einsseins und der tiefen emotionalen Würdigung, sondern konzentrieren sich auf den in Ihnen aufkeimenden starken Wunsch, etwas für all diese »Mutter-Geschöpfe« zu tun, dankbar ihre unendlich vielen Wohltaten zu erwidern.

Der vierte Schritt, bei dem sich diese Liebe vertieft, manifestiert sich in dem Wunsch nach Glück für alle Lebewesen; Sie meditieren über alle Wesen, eines nach dem anderen – beginnend mit den Ihnen am nächsten stehenden –, denken darüber nach, auf welche Weise Sie diese glücklich machen könnten, visualisieren deren Freude, wenn sie das am dringendsten Benötigte erhalten. Sie beginnen zu erkennen, daß es nur wenige Dinge gibt, die bleibendes Glück verheißen, und daß diese geliebten Geschöpfe wahrhaft glücklich nur dann werden, wenn sie ihre Erlösung gefunden und Erleuchtung erfahren haben.

Im fünften Schritt stellt sich das Erbarmen in dem Augenblick ein, da Sie sich selbst öffnen für die tatsächlichen Leiden, denen Ihre ungezählten Mütter tagtäglich ausgesetzt sind. Sie sehen sie krank und verletzt, enttäuscht und vereinsamt, alt, schwach und mutlos. Sie erkennen, wie verängstigt und verzweifelt sie angesichts des Todes und der Schmerzen sind. Wenn Sie das Weltbild verinnerlicht haben, nach dem jedes Wesen unendlich viele Existenzen durchlebt, visualisieren Sie, wie diese in ihren verschiedenen Existenzweisen immer wieder die Qualen des Todes und der Wiedergeburt erleiden, wie sie in Höllen verbrennen oder erfrieren, dürsten und hungern, als Insekten, Würmer oder Nagetiere zu Tode getreten oder in Fallen gefangen werden. Wenn Sie offen sind für die unendliche Tragödie, die sich im normalen Daseinskreislauf vollzieht, werden Sie erfüllt sein von qualvollem Schmerz, bohrender Seelenpein, wird sich ein Schaudern Ihrer bemächtigen angesichts des unerträglichen Leidens dieser unendlich großen Zahl von Lebewesen, mit denen Sie, wie Sie jetzt erkannt haben, aufs innigste verbunden sind.

Nun werden Sie eine Art Hypersensibilität, einen brennenden Impuls verspüren, etwas – irgend etwas – zu tun, um dieses unendliche Leiden, das den Daseinskreislauf der Lebewesen für gewöhnlich kennzeichnet, zu mildern. Wir alle schultern die immense Bürde der Verantwortung, etwas für die Lebensbedingungen all unserer Mütter zu tun. Von dieser Verpflichtung werden alle alltäglichen Sorgen überlagert, und uns erfüllt die hehre Entschlossenheit, die Bürde der universalen Verantwortung zu übernehmen.

Einzig ein vollkommen erleuchteter Buddha ist in der Lage, anderen bei der Überwindung ihrer Leiden zu helfen. Ein Buddha verfügt über die Erfahrung, die Mittel, die Weisheit und das grenzenlose Erbarmen, um diese Aufgabe zu bewältigen. Nichts ist von größerer Wichtigkeit, nichts sollte Sie abschrecken, der Alleinverantwortliche für alle hilflosen Lebewesen zu werden. Sobald Sie diesen unerschütterlichen Entschluß gefaßt haben, sollten Sie sich jedoch unbedingt darüber im klaren sein, daß Sie dieser Aufgabe in Ihrem gegenwärtigen Zustand nicht gerecht werden können. Sie erkennen, daß Sie erst sich selbst vollständig von allen Leiden erlösen und vollkommene Weisheit erlangen müssen, was die Lage der anderen Menschen anbetrifft, um genau zu wissen, wo Sie bei anderen mit Ihrer Hilfe ansetzen müssen. Sie müssen die Techniken beherrschen, mit denen Sie einen Leidenden seinem Glück zuführen können. Außerdem müssen Sie zu vollkommener Unvoreingenommenheit gegenüber anderen Wesen gelangt sowie völlig selbstlos geworden sein.

Kurz gesagt: Sie müssen zunächst ein vollkommener Buddha werden.

Die wachsende emotionale Stärke kommt im siebten Schritt zum Tragen, hier vereinen sich Einsicht und Glaube. Die Einsicht beinhaltet das Erkennen, daß bereits zahllose Wesen diesen Weg zurückgelegt, die organische Verbundenheit allen Lebens erkannt und den hehren Entschluß gefaßt haben, ein Bodhisattva zu werden, alle Stufen des Pfades durchlaufen und sogar Buddhaschaft erlangt haben. Sie haben ihre Fähigkeit bereits unter Beweis gestellt, haben bereits die Erlösung und die Glückseligkeit in der Zeitlosigkeit ihrer unfaßbaren Weisheit imaginiert. Die Gnade ihrer Gegenwart spürend, erleben Sie die Situation für sich als weniger überwältigend, weniger verzweifelt, und es gelingt Ihnen, die Angstgefühle angesichts der universellen Verantwortung abzubauen. In Ihrem Streben sind Sie immer noch ganz darauf konzentriert, die Buddhaschaft zu erlangen, in die Reihen derer einzutreten, die die Fähigkeit besitzen, die Leiden der Lebewesen zu lindern. Doch die Intensität Ihres Strebens hält sich nun die Waage mit Ihrem Gefühl, der Gnade und des Segens der Buddhas teilhaftig geworden zu sein, deren Gegenwart und Wohlwollen Sie wie ein Strahlenkranz umfängt.

In der modernen Psychologie wird die von einem solchen messianischen Geist getragene Geisteshaltung mit Argwohn betrachtet, denn ein derartig weit gefaßtes, auseinanderfließendes Ich entzieht sich der Analyse. Doch wenn Sie die Realität aus Sicht Ihrer erleuchteten Erkenntnis betrachten, ist Handeln in diesem Geist sicherlich die vernünftigste und effektivste Seinsweise. Welche Sichtweise ist nun die richtige? Die Kritik aus materialistischer Sicht, wonach die durch spirituelles Erwachen geprägte Sicht als Illusion abgetan wird? Oder die Kritik aus erleuchteter Sicht, wonach die normale materialistische Sichtweise nur Illusion ist? Denken Sie einen Augenblick über folgende Version der Pascalschen Wette nach. Wenn das bewußte Leben zufällig und bedeutungslos ist, wenn wir als Einzelwesen ohne erklärbaren Ursprung rein zufällig entstehen und es unsere Bestimmung ist, am Ende der Vergessenheit anheimzufallen, wird sich niemand finden, der bedauert, sich der Mühe unterzogen zu haben, einen Sinn und Zweck hinter dem Streben nach Weisheit, Liebe und Glück zu sehen. Niemand wird mit Bedauern über vergeudete Zeit sprechen. Wenn aber der im Materialismus verwurzelte Bewußtseinszustand als die eigentliche Illusion betrachtet werden muß, wenn das Leben ein großes Feld der Bewußtheit mit unendlicher Kontinuität ist, in dem der Mensch bodenlos traurig oder aber grenzenlos glücklich sein kann, und wenn man die Lebensspanne als Mensch nicht voll und ganz nutzt, um negative Gefühle in positive umzuwandeln, dann wird man selbst und alles mit uns verbundene bewußte Leben, zutiefst bedauern, diese Zeit nicht genutzt zu haben. Diese Wette könnte uns überzeugen, frisch ans Werk zu gehen, um mit dem Entschluß, sich der Erleuchtung zuzuwenden, eine Veränderung zum Positiven herbeizuführen, bis wir tatsächlich die Verwobenheit allen Lebens erfahren; und dabei werden wir auch feststellen, daß es gar nicht so schwer ist, zur Erleuchtung zu gelangen.

In der heutigen Psychologie hält man den Bodhisattva-Geist für eine Art Geisteskrankheit, eine gefährliche Wahnvorstellung, die unter Umständen zur Selbstzerstörung des Betroffenen führt, da dieser sich angesichts des Leidens aller anderen Menschen hilflos fühlt. Hätten wir nur ein einziges Leben zu leben, könnten wir nur begrenzte Aktivitäten entfalten und hätten nur sehr wenig Verantwortung zu tragen, nicht einmal für uns selbst. In einem solchen Fall träfe das obige Urteil zu. Es gibt allein auf unserem Planeten einfach zu viele fühlende Wesen, als daß wir ihnen allen helfen könnten. Wie könnten wir daher jemals einer unendlich großen Zahl von Lebewesen helfen?

Für einen Menschen, der angesichts einer sinn- und inhaltslosen Existenz geradezu ermuntert wird, in existentielle Resignation zu verfallen, gibt es nichts anderes, als im Hier und Jetzt nach Befriedigung zu suchen. Da für diesen Menschen kein Karma existiert, bleibt sein Tun ohne Folgen, und da er keine Zukunft besitzt, besteht für ihn auch keine Möglichkeit, sich evolutionär zu entwickeln. Es gäbe daher überhaupt keinen Grund, einen großen Plan zur Rettung aller Wesen des gesamten Universums zu entwerfen. Ein solches Vorhaben könnte beim einzelnen kurzzeitig einen Energieschub auslösen, ein Erfolg wäre letztlich jedoch vollkommen unrealistisch. Würden wir uns für ein derartiges Vorhaben entscheiden, setzten wir uns nur unerträglichem Streß aus, würden unserer Selbstachtung, unseren Beziehungen zu anderen Schaden zufügen, und dies würde uns in einen sinnlosen Zustand des Größenwahns versetzen. Diese Ansicht wird von der modernen Psychologie vertreten.

Sieht man alles jedoch aus Sicht der erleuchteten Erkenntnis, in der die Raum-Zeit-Realität unendlich ist, das Leben unbegrenzt, und unser Verwobensein mit diesem Dasein und allen in ihm existierenden Lebewesen unermeßlich vielfältig, sind der Bodhisattva-Geist und die Lehren des Großen Fahrzeugs[8)] durchaus folgerichtig. Jeder von uns wurzelt in allen Phänomenen, und alle Phänomene sind in uns verwurzelt.

Der evolutionäre Entschluß des männlichen oder weiblichen Bodhisattvas, des erleuchtenden Helden oder der erleuchtenden Heldin, wird in Form eines Gelübdes gefaßt. In diesem wird der Entschlossenheit Ausdruck gegeben, die einen Menschen in dem Augenblick erfüllt, wenn er oder sie zum erstenmal den Geist oder das Wesen der Erleuchtung erfaßt hat. Die folgende Version des großen Dichters und Mönchs Shāntideva[9)], der im 8. Jahrhundert lebte, wurde jahrhundertelang in Asien von vielen Millionen Menschen auf dem Pfad zur Erleuchtung als Gebet gesprochen.

[8)] Das heißt das Ideal der tätigen Hilfe für andere, das im Mahāyāna-Buddhismus angestrebt wird. [Anm. d. Übers.]

[9)] Dieses Gelübde entstammt dem Werk: *Eintritt in das Leben zur Erleuchtung*, aus dem Sanskrit von E. Steinkellner, Düsseldorf/Köln 1981. Leider gibt der Autor keine genaue Stellenangabe. [Anm. d. Übers.]

Möge durch welchen Verdienst auch immer
ein jedes Lebewesen von seinen Leiden vollkommen erlöst werden.
Möge ich Arzt und Medizin sein und umsorgende Mutter
für alle Kranken in der Welt, so lange, bis sie genesen sind.
Möge es Ambrosia regnen, um allen Durst und Hunger zu stillen,
möge ich mich bei Hungersnot in Speise und Trank verwandeln.
Möge ich ein unendlicher Schatz sein für die Armen und Notleidenden;
möge ich mich in all die Dinge verwandeln, die sie benötigen immerdar,
und mögen diese ihnen dann zu Füßen gelegt werden.
Möge ich ohne Verlustgefühl meinen Besitz hingeben, meinen Körper gar,
alle meine vergangenen, gegenwärtigen und zukünftigen tugendhaften Taten, um allen Wesen zu helfen ...
Möge ich Beschützer der Verlassenen sein
und Führer der Wanderer,
Brücke, Boot und Schiff sein für jene,
die ans andere Ufer gelangen wollen;
eine Insel denjenigen, die eine Insel suchen,
eine Lampe für die, die eine Lampe brauchen, ein Bett für alle,
die eines Bettes bedürfen,
ein Knecht derer, die einen Knecht brauchen.
Möge ich das Zauberjuwel, die große Schatzvase, die magische Formel und die allheilende Pflanze,
der wunscherfüllende Baum, die im Überfluß gebende Kuh sein ...
Bis sie vom Leiden befreit sind, möge ich auch Quell des Lebens sein für alle Welten der Lebewesen bis in die Unendlichkeit des Raums.
Ebenso, wie die Buddhas vergangener Zeiten den Vorsatz der

Erleuchtung faßten
und stufenweise in den Bodhisattva-Übungen
voranschritten,
will ich den Erleuchtungsgeist zum Wohl der Wesen
in mir erwecken,
und stufenweise meine Aufgaben vollenden.

Hier kommt der messianische Drang des Bodhisattva zum Ausdruck, der Geist der Liebe und des Erbarmens, der Erleuchtungsgeist genannt wird. Hier offenbart sich nicht allein der Wunsch, es möge sich alles zum Guten für die Lebewesen wenden – hier ist von der Entschlossenheit die Rede, selbst die Verantwortung für andere zu übernehmen. In der Erkenntnis, daß alle Wesen ein einziger und gemeinsamer Körper des universellen Bewußtseins sind und daß das Gefühl, ein unabhängiges Selbst zu haben, eine tragische Täuschung darstellt, hegt man den freudigen Wunsch, sich auf jeder Stufe seines Weges egoistischer Gedanken zu entledigen, um das Leben anderer zu bereichern. Man faßt den Entschluß, alle Entwicklungsstufen bis zur Buddhaschaft zu durchlaufen – auf der höchsten Stufe der Evolution kann man wahrhaftig das Heil aller Lebewesen bewirken.

Das Wunder, von diesem Erleuchtungsgeist erfaßt zu werden, ist ein bedeutsamer Augenblick in der Aufwärtsentwicklung eines fühlenden Wesens. Es ist jener Augenblick, da ein neuer Geist der Liebe und des Erbarmens für das ganze Leben und das Schicksal dieses Wesens bestimmend wird und es in seiner weiteren Entwicklung zielstrebig und schöpferisch voranschreiten läßt. Bei Shāntideva heißt es, daß die fühlenden Wesen, sobald sie von diesem Erleuchtungsgeist erfaßt worden sind, zu »Kindern des Herrn der Glückseligkeit« werden, ein jedes ein Buddha-Kind. Von diesem Augenblick an werden sie verehrungswürdige Bodhisattvas und erfreuen sich einer neuen, früchtetragenden Existenz.

Man kann gar nicht genug betonen, um wieviel wertvoller das Leben wird, wenn jemand vom Erleuchtungsgeist durchdrungen wurde. Es handelt sich um den ganz bewußten Entschluß, sein Leben mit Sinn zu erfüllen, und, von grenzenloser Liebe und Erbarmen durchdrungen, das Leiden anderer Menschen ringsum zu lindern. Sobald man von dieser erhabenen Vorstellung erfüllt ist, verfügt man über einen unerschöpflichen Quell der Hoffnung und des Optimismus. Das heißt, man öffnet sich der Aussicht auf zahllose zukünftige Existenzen, und alsbald wird der Daseinshorizont so weit und grenzenlos, daß die messianische Lebensorientierung des Bodhisattva tatsächlich einen Sinn bekommt, natürlich wird und sogar unmittelbar Früchte trägt. Das ist die Yogaübung, die größte Befriedigung verheißt, bei der wir uns von unserem Selbst abwenden, um an die Schwelle zur Glückseligkeit zu gelangen und zur intensivsten Form der inneren Umorientierung.

Kapitel 6

Die Wirkkraft des gleichmütigen Heldentums

Einer der bemerkenswertesten Führer der Erleuchtungsbewegung des Großen Fahrzeugs in Indien war der Mönch und Lehrer Nāgārjuna. Er lebte vermutlich in der Zeit zwischen dem 1. Jahrhundert v. Chr. und dem 2. Jahrhundert n. Chr. unserer Zeitrechnung. Damals hatte Indien einen außergewöhnlich hohen Entwicklungsstand erreicht – dank des Wirkens einer großen Zahl aufgeklärter Menschen, die sich für die allmähliche Transformation der gesamten Gesellschaft einsetzten. Nāgārjuna wurde bereits im Kindesalter zum Mönch ordiniert und machte sich später einen Namen als berühmter Klosterlehrer, Arzt und Alchimist. Der Überlieferung nach wird ihm die besondere Rolle des Wiederentdeckers[10] der Lehren des Großen Fahrzeugs zugeschrieben, diese sollen nach der Zeit des Buddha in Vergessenheit geraten sein.

Der Legende nach soll Nāgārjuna eines Tages zwei Schlangenwesen in Menschengestalt im rückwärtigen Teil seines Unterrichtsraums erkannt haben. Nach dem Unterricht rief er sie zu sich und fragte sie, warum sie zu ihm gekommen seien. Daraufhin luden sie den Mönch zu einem Besuch in

[10] Nāgārjuna gilt als Vertreter des Systems des Mittleren Weges und Begründer des Mādhyamika, einer Schule des Mahāyāna-Buddhismus. [Anm. d. Übers.]

den Palast des Schlangenkönigs ein, dessen Reich in der Tiefe des Indischen Ozeans lag. Dort führte ihn die Tochter des Schlangenkönigs in eine Schatzkammer, in der die Schriften mit den Lehren des Buddha über die universale Erlösung der Menschheit aufgestapelt lagen. Nachdem er diese nach irdischer Zeitrechnung fünfzig Jahre lang studiert hatte, tauchte er mit den Schriften aus der Tiefe des Ozeans wieder auf und brachte sie nach Indien.

Nāgārjuna nutzte seine Stellung als berühmter und angesehener Lehrer innerhalb der buddhistischen Klostertradition und sorgte für eine weite Verbreitung dieser Lehren. Schließlich wurde er Ratgeber des bedeutenden Königs Udaya Sātavāhana, der um 150-200 n. Chr. über das Hochland von Dekkhan vom heutigen Bombay bis nach Andhra Pradesh herrschte. Obwohl die archäologischen, künstlerischen und literarischen Zeugnisse seiner Herrschaft nur in fragmentarischer Form vorliegen, sind die Ratschläge Nāgārjunas an König Udaya durch dessen berühmtes Werk, d*ie Juwelenkette*, wahrscheinlich um 150 n. Chr. entstanden, überliefert.[11)]

[11)] Wenn die gleichmütige Revolution ein bestimmtes Erfolgsniveau erreicht hat, wird sie zur gleichmütigen Evolution. Die klösterliche Bewegung als gesellschaftliche Gegenkultur braucht nicht länger im Hintergrund zu wirken und hat die Möglichkeit, der herrschenden Obrigkeit mit spirituellem und gesellschaftlichem Rat zur Seite zu stehen. Erleuchtete Weise können nun damit beginnen, ihren königlichen Eleven Ratschläge zu erteilen, wie sie ihre gesellschaftlichen Tagesgeschäfte erledigen, also ihre politische Praxis gestalten sollten. Ebenso kann die gesamte Bewegung nach einer ausgedehnten Evolutionsperiode auf gleichmütige Art Früchte tragen, das heißt, die Erleuchtungsbewegung als Gegenkultur wird zur gesellschaftlichen Hauptströmung und übernimmt offiziell die Verantwortung für die gesamte Gesellschaft, wie dies schließlich in Tibet der Fall war. In allen Aufklärungstraditionen ist es ein zentrales Anliegen, wie die Grundprinzipien in konkreten gegenwartsbezogenen Problemen zur Geltung gebracht werden können, damit sich ethische und politische Leitlinien des Handelns entwickeln. Dieses zielbewußte Handeln spricht auch aus den frühesten Lehren des Buddha und ist in seinen Taten erkennbar, obwohl sein Augenmerk damals auf der inneren Umorientierung des Individuums lag – Vorbedingung für die gesellschaftliche Transformation. Die Wichtigkeit der universellen Neuorientierung kommt deutlich zum Ausdruck, wenn man betrachtet, wie wundervoll die einzelnen Stationen in der Bodhisattva-Laufbahn beschrieben werden.

Nāgārjuna lehrte den König zunächst alles Wissenswerte für seine Erlösung und Entwicklung. Dies entsprach dem ersten Prinzip der aufgeklärten Politik des Ashoka, der transzendentalen Wertschätzung des Individuums. Dann machte Nāgārjuna König Udaya mit dem Grundprinzip aufgeklärten sozialen Handelns vertraut, mit dem universalen Altruismus in Form allumfassender Nächstenliebe und großen Erbarmens: »Oh, mein König, so wie Ihr es liebt, Euch zu fragen, was zu Eurem eigenen Wohl zu tun sei, solltet Ihr Euch befleißigen zu fragen, was zum Wohl anderer Menschen zu tun sei!« Er lehrte seinen königlichen Freund, sich um jedes Lebewesen in seinem Reich zu kümmern: Er solle überall Schulen errichten lassen und ehrenwerte, freundliche und fachlich hervorragende Lehrer berufen, für die Bedürfnisse aller Untertanen sorgen und kostenlose Gaststätten und Herbergen für Reisende einrichten; er müsse aus Barmherzigkeit das Rechtswesen weniger streng gestalten, Barbiere, Ärzte und Lehrer zu den Insassen der Gefängnisse schicken, in jedem Gefangenen sein eigenes ungezogenes Kind sehen, das gestraft werden müsse, damit es in die freie Gesellschaft zurückkehren und sein wertvolles Leben als Mensch dazu nutzen könne, die Erleuchtung zu erlangen[12)] Da König Udaya Nāgārjunas Rat folgte, gelang es ihm in der Tat, die

[12)] Nāgārjuna erklärte dem König, wie die einfachste regional wirkende Tat sich von Grund auf ändere, sobald sie Teil eines universalen Wirkprozesses werde – essentielle ökologische Energie entsteht, wenn sich der einzelne der unendlichen Teilhabe am Universum bewußt wird. Geist und Herz der Menschen sind die stärksten und wertvollsten Energien in der Natur. Wenn sie sich im Gleichgewicht befinden, wird ihr harmonisches Verhältnis zur Natur bewirken, daß alles blüht und gedeiht. In der *Juwelenkette* heißt es, wenn man der Natur keine Gewalt antue, werde sie dem Menschen dienlich sein; selbst das Wetter begünstige eine derartige Gesellschaft, das heißt, die Regenfälle stellten sich zur rechten Zeit und in ausreichender Menge ein.
Vollständige englische Übersetzung (auf der Grundlage des ursprünglichen Sanskrit-Textes und tibetischer Übersetzungen): *Nāgārjuna,* Precious Garland, Somerville, MA: Wisdom Publications, 1997; deutsche Übersetzung: Max Walleser, *Die mittlere Lehre des Nāgārjuna,* Heidelberg 1911. [Anm. d. Übers.]

Prinzipien aufgeklärter Politik in seinem Reich umfassender durchzusetzen, als dies Ashoka je gelungen war, denn er machte das Prinzip der allgemeinen Verantwortung zu einem festen Bestandteil seiner Politik.

Ferner ließ Nāgārjuna keinen Zweifel daran, daß ein Herrscher abzudanken habe, wenn es ihm nicht gelänge, eine aufgeklärte Politik in die Tat umzusetzen. Damit widerspricht er allen anderen politischen Weisheitslehren, die den Herrscher und seine Regierungsarbeit als das Wichtigste ansehen. Die »heilige Pflicht« des Königs, »die höchste Verantwortung« des Präsidenten – vieles, das den unerträglichen Hochmut von Regierungsverantwortlichen stützt, erklärt sich aus der Vorstellung, die Wünsche und Bedürfnisse des Kollektivs seien wichtiger als die Wünsche und die Bedürfnisse des einzelnen Menschen. Es heißt, der Herrscher oder die Herrscherin selbst habe sich an erster Stelle aufzuopfern – »Schwer ruht das Haupt, das eine Krone drückt«. Für den König solle das Kollektiv wichtiger als die eigene Person sein, seine eigenen Interessen seien denen des Kollektivs unterzuordnen. Auf diese Weise wird die Vorstellung unterstrichen, die Bedürfnisse eines einzelnen Menschen in der Gesellschaft hätten weniger Bedeutung als die des Kollektivs. Dies ist das essentielle Credo eines totalitären Staates, sei er faschistisch, kommunistisch oder imperialistisch. Das Glück des einzelnen wird der Befreiung aller Menschen geopfert, doch dies heißt, letztendlich wird nicht ein einziger erlöst. Es gibt nur einen Weg zur Erlösung der Menschen, und dieser führt über die Erlösung einzelner Menschen; folgt man Nāgārjunas Rat, so muß dieser Prozeß beim König beginnen.

Die faktische Konsequenz dieses Ratschlags ist, den unmittelbaren Bedürfnissen des Kollektivs nicht soviel Wichtigkeit beizumessen. Das kollektive Interesse ist nicht mehr als die Summe der individuellen Interessen. Wieviel Land eine Gesellschaft auch erobert, wieviel Ruhm oder Reichtum sie auch erntet, jedes Mitglied dieser Gesellschaft wird immer noch erkranken, altern und sterben. Das Kollektiv kann dem einzelnen nach dessen Tod nicht mehr helfen. Nur wenn wir begreifen, daß es keine unveränderliche Identität gibt, und wenn wir lernen, durch Meditation unsere Reaktionen zu beherrschen, können wir zur Verbesserung unserer Situation beitragen. Es ist Aufgabe der Gesellschaft, den einzelnen Menschen in die Lage zu versetzen, seine Fähigkeiten zu entwickeln. Zwei Drittel des Textes der *Juwelenkette* enthalten persönlich gehaltene Anweisungen zur Umsetzung des Kerngedankens des Individualismus, der Befreiung von einem unbeweglichen, unwandelbaren Selbst.

Nāgārjuna verband den Kerngedanken – Einsicht in die wahre Natur des Selbsts – mit der Idee der universalen Verantwortung und fügte der Lehre auf diese Weise einen neuen Aspekt hinzu, der nicht nur für die Entwicklung des Buddhismus entscheidend war, sondern auch für die sich entfaltende indische Gesellschaft selbst. Die *Sūtra der Buddha-Girlande*, die südindische Literatur, die buddhistische Kunst von Ajantā und Amaravāti, die Reiseberichte chinesischer Pilger und tibetische Geschichtswerke bezeugen, daß König Udaya die fünf Prinzipien aufgeklärter Politik – transzendentaler Individualismus, Gewaltlosigkeit, erzieherischer Evolutionismus, sozialer Altruismus und universale Volksherrschaft – erfolgreich umsetzen konnte. Die Kultur seiner südindischen Dynastie zeichnete sich durch wohlhabende Städte aus, mächtige Klöster, ein kultiviertes Hofleben mit extravagantem Luxus, umfassende Gelehrsamkeit, weitverbreitetes Asketentum, wohlhabende Kleinbauern und Landwirte, eine relativ lange Periode des Friedens und der politischen Stabilität.

Mit dem 4. nachchristlichen Jahrhundert begann der Aufstieg der Gupta-Dynastie, der zur Wiedererrichtung eines einheimischen Königtums im nordindischen Kernland, in der Region von Ganges und Indus, führte. Auf dem weitläufigen indischen Subkontinent lebten zu jener Zeit etwa zehnmal so viele Menschen wie auf dem gesamten europäischen Kontinent. Die unterschiedliche Volks- und Sprachzugehörigkeit führte dazu, daß Indien lange Zeit in viele regionale Herrschaftszentren aufgesplittert war. Es bedurfte einer ungeheuer großen Anstrengung, diese unter eine einzige Zentraladministration zu stellen. In der Gupta-Kultur kam es zu einer Synthese der klassischen Kultureinflüsse Indiens, das buddhistisch und vedisch geprägte Gedankengut verschmolz zu der heute Hinduismus genannten Religion. Das Gupta-Reich bestand bis ins 6. Jahrhundert, konnte sich schließlich aber nicht mehr gegen verschiedene lokale Königshäuser behaupten.

Abgesehen von unbedeutenden Ausnahmen unterstützten alle indischen Herrscherhäuser der ersten nachchristlichen Jahrhunderte die Entwicklung der buddhistischen Gemeinschaft, stellten gleichzeitig jedoch auch die Hindu-Gottheiten unter ihren Schutz. Sie finanzierten die klösterlichen Lehrstätten, spendeten für den Bau aufwendiger Monumente oder für Erweiterungsbauten an berühmten Stupas, die an Ereignisse aus Buddha Shākyamunis Leben erinnern, und förderten die Errichtung bedeutender öffentlicher Bauwerke, etwa die mit Bildwerken geschmückten Höhlentempel oder die Klöster.

Zwischen dem 5. und 7. Jahrhundert bereisten die beiden chinesischen Indienpilger, die buddhistischen Mönche Yijing und Xuanzang Zentralasien, Südostasien und Indien und schrieben Reiseberichte über die von ihnen besuchten Länder: Militaristisches Denken war nicht besonders ausgeprägt, die Todesstrafe war so gut wie unbekannt. Obwohl Räuberbanden für Reisende eine große Gefahr darstellten, galten in vielen Landesteilen die Prinzipien von Law und Order als fragwürdig, und ein ausgefeilter Strafrechtskodex wurde nicht als nützlich erachtet, Verbrecher abzuschrecken. Überall auf dem gesamten Subkontinent gab es blühende Mönchs- oder Nonnenklöster, Bücher waren im ganzen Land erhältlich, und in jeder größeren Stadt begegnete man hochgebildeten Lehrern.

Während jenes ersten Jahrtausends unserer Zeitrechnung vollzog Indien eine kulturelle Aufwärtsentwicklung, in deren Verlauf sich individualistisches Gedankengut in einem zuvor nicht gekanntem Ausmaß durchsetzen konnte. Militaristisches Denken verlor immer mehr an Boden, und der Zeitgeist als Ganzes unterstützte die vorherrschende Tendenz zu einseitiger Abrüstung, gesehen natürlich in Kategorien damaliger Kriegführung. Allgemeinbildung und besonders das auf spirituelle Entwicklung abzielende Bildungsangebot war jedermann zugänglich und stieß bei allen auf großes Interesse. Der Subkontinent galt in ganz Asien als das Heilige Land des Buddha und seiner Gemeinschaft. Er zog gläubige Pilger und wissensdurstige Studenten jeder Art in seinen Bann, und die Herrscher erwarben sich größeren Ruhm als Mäzene heiliger Stätten und gelehrter Institutionen denn als Eroberer. Das in der Frühzeit militaristisch geprägte indische Imperium, einst mächtig genug, Alexander den Großen in die Flucht zu schlagen, entwickelte sich so zu einem friedfertigen Land des Wohlstands und der kulturellen Schönheit.

Gegen Ende des ersten Jahrtausends wurde das Land jedoch aufgrund der überall herrschenden Friedensliebe und der ganz auf Erleuchtung ausgerichteten indischen Gesellschaft zunehmend von Invasionstruppen verschiedener zentralasiatischer Stämme überrannt, die sich unter dem Banner eines militanten islamischen Glaubens zusammengeschlossen hatten. Im Zuge dieser Einfälle wurden die klösterlichen Lehrstätten der Buddhisten zerstört, die indische Kultur wandelte sich vollkommen und verfiel erneut einer von Intoleranz und Militarismus geprägten ideologischen Weltanschauung.

Es ist bittere Realität, daß einzelne Menschen und ganze Völker zuweilen Intoleranz an die Stelle von Toleranz setzen – das braucht uns jedoch nicht zu entmutigen. Diese traurige Wahrheit könnte uns vielmehr ein Ansporn sein, uns um die Entwicklung von Toleranz zu bemühen. Toleranz ist die Grundlage für das gleichmütige Heldentum und stellt die zuverlässigste Basis dar, von der aus aufgeklärte Politik sich entfalten kann.

Sie können sich in tolerantem Denken schulen, wenn Sie Ihre biologische Verbundenheit mit anderen über jene Meditationsübung erkennen, die Ihnen dazu verhelfen kann, in allen Wesen Ihre Mutter zu sehen (siehe Kapitel 5), aber auch indem Sie sich meditierend in die Psyche eines anderen hineinversetzen. Die Pflege der Toleranz, die den Menschen das Erbarmen lehrt, folgt einem festgelegten Entwicklungsschema: 1. Nachdenken über das Geistesgift des Hasses, 2. Nachdenken über den Nutzen der Toleranz, 3.Vermeiden der Ursachen des Hasses, 4. Meditieren über das freiwillige Erdulden von Leiden, 5. Meditieren über die Toleranz, die sich auf die Erkenntnis der wahren Realität gründet, und 6. Meditieren über die Toleranz, die sich in Verzicht auf Vergeltungsmaßnahmen äußert.

»Haß« und »Zorn« werden häufig wie austauschbare Begriffe behandelt. Ich benutze das Wort »Haß« hier für das Geistesgift, das uns die Zerstörung eines anderen wünschen läßt; »Zorn« für jene übermächtigen Energien, die uns steuern, wenn wir Unrecht richtigstellen wollen. Zorn verbündet sich manchmal mit Haß, manchmal mit Liebe. Wenn Zorn sich mit Erbarmen paart, wird er zu gleichmütigem Zorn, zwar mächtig und stark, doch nicht hitzig und durch und durch zerstörerisch. Mit Gewalt und sogar Wut können Sie ein Hindernis aus dem Wege räumen, sollten dabei aber niemandem bewußt schaden. Wenn sich Zorn jedoch mit Haß paart, wird der Mensch zum Wüterich, verliert die Kontrolle über sich, schadet anderen und sogar sich selbst. Einige moderne Psychologen haben herausgefunden, daß sich der Zorn als eine Kraft der Liebe sehr nützlich für die Befreiung von innerem und äußerem Druck erweist, und viele Menschen haben sich auch tatsächlich durch Zorn aus bedrückenden Situationen befreit.

Andererseits sollten wir uns nicht von laienhaftem psychologischen Denken leiten lassen und meinen, der Zorn beinhalte ein bestimmtes Quantum an Energie, das aufgebraucht werden müsse – entweder man lasse sie aus sich heraus, um sich gegen Druck von außen zu wehren, oder man staue sie in sich auf und lenke sie nach innen, was dazu führt, daß sich zum äußeren Druck noch Selbsthaß gesellt. Daher sei es enorm wichtig, seinen Zorn auf die Umwelt zu lenken, damit dieser sich nicht aufstauen kann und uns selbst schadet. Diese gängige Meinung zeigt, wie gründlich uns beigebracht worden ist, unsere eigene Erfahrung falsch auszulegen. Wir verwechseln Spannkraft und Offensivkraft mit Zorn und Haß. Wir verkennen, um wieviel tatkräftiger wir ohne Zorn sein könnten, um wieviel effektiver wir ohne Haßgefühle in die Offensive gehen könnten. Das Wissen darum wird in den Anfangslektionen jeder soliden Kampfsportart vermittelt. Man löst sich von dem Gedanken, selbst das Opfer zu sein, und betrachtet gleichzeitig sein Gegenüber nicht als vorsätzlichen Angreifer. Man versteht den Angriff auf die eigene Person vielmehr als Attacke blinder, unpersönlicher Kräfte, die außer Kontrolle geraten sind. Das versetzt einen in die Lage, gleichmütig zu agieren und diese Kräfte in ihre Schranken zu weisen.

Will man seinen Zorn in Zaum halten, ist es zwingend notwendig, sich dieses Mißverständnis bewußtzumachen. Ein Zornausbruch ist keineswegs Zeichen eines gerechtfertigten Widerstands gegen einen von außen kommenden Druck – er ist vielmehr die endgültige Kapitulation vor diesem Druck, die Unterwerfung des freien Bewußtseins und der steuerbaren Spannkraft unter blinde Impulsivität.

Es gibt nichts Unheilvolleres als den Haß. Die positive Arbeit vieler Jahre kann mit einem Schlag durch einen Ausbruch von Haß vernichtet werden. Sie haben vielleicht über viele Jahre eine Beziehung aufgebaut, und eines Tages betrachten Sie diesen Freund/diese Freundin in einem Anflug geistiger Verwirrung als Bedrohung Ihres Glücks. Voller Zorn verlieren Sie die Kontrolle über sich, verletzen Ihren Freund/Ihre Freundin durch Worte oder Taten. Ereignisse dieser Art begegnen uns täglich, sei es in häuslichen Gewalttätigkeiten oder großangelegten kriegerischen Auseinandersetzungen.

Die großen Massenvernichtungen in diesem Jahrhundert – das Massaker an den Armeniern, das Gemetzel in den Schützengräben des Ersten und Zweiten Weltkriegs, der Holocaust der europäischen Juden, die von Menschen herbeigeführten Hungersnöte in Afrika, die Vernichtung der Mandschuren und Chinesen durch die Japaner, die Völkermorde in Tibet, Kambodscha und Ruanda, die Gefangennahme und Hinrichtung der Indianer und Schwarzen in Amerika – all diese grauenvollen Ereignisse hatten ihre Ursache in nachhaltigem Haß. Sollte es zu einem nuklearen Holocaust kommen, der alles Leben auf unserem Planeten vernichtet, wird der Auslöser nicht die Nukleartechnologie sein, noch werden politische, religiöse oder ökonomische Streitigkeiten die Ursache sein. Nein, verantwortlich sein wird der Haß. Die treibende Kraft, die den Menschen die Unterschrift unter den Auftrag zur Herstellung von Lenkraketen setzen läßt, heißt Haß. Und die treibende Kraft, die im letzten entscheidenden Moment den Finger führt, um jene Waffen per Knopfdruck auszulösen, ist einzig und allein der Haß. Haß vermag heutzutage alles Leben auf der Erde zu vernichten.

Unter dem Aspekt karmischer Evolution betrachtet, heißt das: Die positive Vergeltung tugendhafter, im karmischen Sinn geeigneter Handlungen, der Keim zukünftiger Erkenntnis und Erlösung, gelegt durch Lernen, Reflexion und Sammlungsübungen, kurz, die gesamte, für unsere positive Entwicklung in einer Lebensspanne voller Mühsal aufgewendete Energie wird unter Umständen durch Haß vernichtet. Es heißt, der Haß könne augenblicklich die Hölle auf Erden schaffen, einen alptraumhaften Tod und ein böses Erwachen verursachen.

Da wir üblicherweise nur von einer einzigen Lebensspanne ausgehen, ist das Konzept, nach dem es eine Vergeltung der Taten im evolutionären Sinn gibt, möglicherweise schwer nachvollziehbar, doch wir alle begreifen ohne Probleme, was Mord, Krieg und Massenvernichtung bedeuten. Betrachten wir das Ganze von der Warte des einzelnen Menschen, können wir möglicherweise schwer nachvollziehen, daß alle durch Haß verursachte Taten negative Folgen nach sich ziehen, doch jeder kennt die unmittelbaren negativen Auswirkungen, die sich aus Handlungen im Zorn ergeben. Wenn Sie von unangenehmen Gefühlen übermannt werden und sich nicht mehr in der Gewalt haben, können Sie beobachten, wie sich die Mienen Ihrer Freunde und Familienangehörigen voller Furcht und Abwehrbereitschaft verdüstern; dadurch glauben Sie sich in Ihrem Wahn bestätigt und um so mehr im Recht, Ihren Haßgefühlen freien Lauf zu lassen.

Vielleicht meinen Sie, Ihr Ausbruch sei eine gesunde Reaktion, um sich eines Feindes zu erwehren. Vielleicht sind Sie auch der Meinung, es handele sich dabei um schöpferische Energie, die Ihnen helfe, die Hindernisse auf dem Weg zu Ihrem Glück zu beseitigen. Als besonders heimtückisch erweist sich, daß Sie im Haß Ihren engsten Freund zu erblicken glauben, ja sogar Ihr eigentliches Selbst. Wenn Sie jemanden oder etwas hassen, sagt eine innere Stimme, die Sie als die Ihrige erkennen: »Das geht nun aber wirklich zu weit! Ich hasse das! Ich kann das nicht ertragen! Ich brauche das nicht hinzunehmen! Ich werde etwas dagegen unternehmen!« Und wir gehorchen dieser Stimme widerspruchslos.

Beim ersten wichtigen Schritt in der Yogaübung des gleichmütigen Heldentums erlangen wir jene Weisheit, die uns lehrt, daß nicht eine der Stimmen in unseren Köpfen wirklich »uns« gehört. Es gibt Stimmen, die wir beim Denken hören, und normalerweise kommen sie uns bekannt vor, wir halten sie für die unsrigen. Wenn wir nach den Wurzeln unseres Handelns forschen, stellen wir fest, daß wir uns die Gewohnheiten der uns am nächsten stehenden Menschen zu eigen gemacht haben: Das sind unsere Eltern, unsere Lehrer, unsere Freunde und unsere Verwandten. Diese Stimmen sind also nichts anderes als erworbene Denkgewohnheiten. Wir können ihnen entweder gehorchen oder sie ignorieren, denn wir haben die Möglichkeit, eine andere, kritische Stimme in uns zu stärken, die Stimme des Dharma, die Stimme der Weisheit. Und dann haben wir die Wahl, welcher Stimme wir bei unserem Handeln folgen wollen. So können wir uns Schritt für Schritt von unserem zwanghaften Handeln befreien, wenn wir wieder »unsere eigenen« inneren Stimmen vernehmen, die uns befehlen: hasse, kämpfe oder schlage zurück.

Wir tun einen ersten Schritt zur Befreiung von dem Zwang, automatisch auf andere zu reagieren, wenn wir begreifen, daß Feindbilder nur deswegen in unserer Vorstellung aufgebaut werden, weil wir glauben, diese Feinde stünden unserem Glück entgegen. Aber ist das denn wirklich der Fall? Durch die in Kapitel 2 beschriebene Meditationsübung haben wir gelernt, wie wenig Einfluß äußere Bedingungen auf unseren inneren Frieden haben. Vielmehr ist es unsere innere Unruhe und Angst, die unsere Umwelt bedrückend und bedrohlich erscheinen läßt. Wenn wir uns innerlich gut fühlen, ruhig und heiter, glauben wir sogar eine objektiv schwierige Situation meistern zu können, und wenn wir etwas ausrichten wollen, haben wir mehr Erfolg, wenn wir dies gelassen angehen. Der Haß in uns gebiert Feindbilder – unmittelbar und mittelbar. Sobald wir uns für Haß und Zorn empfänglich erweisen, erschaffen wir uns ein negatives Umfeld und verfallen dem Wahn, alle Menschen seien unsere potentiellen Feinde. Wir hegen zerstörerische Gefühle gegen sie und bilden uns ein, sie hegten ebenfalls zerstörerische Gefühle gegen uns. Sobald wir dagegen gleichmütig werden, projizieren wir unsere Feindseligkeit nicht auf andere; wir lernen, andere objektiver zu sehen, und sollten sie uns tatsächlich Schwierigkeiten bereiten wollen, können wir diesen immer noch schnell genug aus dem Weg gehen. Die wichtigste Erkenntnis lautet: Der Haß ist unser größter Feind. Er ist nicht unsere Energie, unser Antriebsmotor, unser Werkzeug. Er verführt uns zu dem Irrglauben, wir selbst seien dieser Haß, und auf diese Weise werden *wir zu seinem* Werkzeug. Wenn wir unsere eigene Erlösung und unser eigenes Glück anstreben, um das Glück der uns am Herzen liegenden Menschen zu ermöglichen, und wenn wir uns selbst vor Aggression schützen wollen, müssen wir die Maske des Hasses zerreißen; müssen den Haß als unseren eigentlichen Feind betrachten und systematisch daran arbeiten, ihn zu besiegen.

Shāntideva, der bedeutende Vertreter des Mittleren Weges, schrieb ein instruktives Werk zum Verständnis des Lebenswegs eines Bodhisattvas. Er hat ein überzeugendes Lebensprogramm, einen Plan und eine Methode, anhand derer er den Weg aufzeigt, wie Haß und Vorurteile durch Erbarmen, Toleranz und Weisheit besiegt werden können. Auf dem Weg zu Liebe und wahrhaftiger Überwindung des Hasses muß man die Gefilde der bedingungslosen Toleranz betreten.

Zunächst müssen Sie zu der Überzeugung gelangen, daß Zorn und Haß überhaupt keinen Sinn haben. Dann müssen Sie den festen Entschluß fassen, dem Zorn keine Einflußmöglichkeiten auf Ihr Handeln zu bieten. Shāntideva empfahl, die Aufmerksamkeit ganz auf den Moment des Unbehagens zu richten, der auf die Enttäuschung folgt: »Mein Feind, der Haß, wird genährt durch meine Enttäuschung darüber, nicht das Gewünschte, sondern statt dessen das nicht Gewünschte erhalten zu haben, und nun wächst meine Enttäuschung, die mich bald zerstört. Daher sollte ich von Grund auf all das ausmerzen, was meinem Feind Nahrung bietet. Was immer mir auch begegnet, es darf meine innere Heiterkeit nicht beeinträchtigen.«

Der erste Schritt zur Eindämmung unseres Hasses besteht darin, daß wir uns mit dem Mechanismus vertraut machen, wann Haß in uns aufkeimt, und dann seine unmittelbare Ursache betrachten, das innere Unbehagen – jenes von uns Besitz ergreifende ungute Gefühl, wenn etwas von uns Gewünschtes nicht eintritt, sich statt dessen aber das Unerwünschte einstellt. Diese Enttäuschung manifestiert sich kurzfristig in Unbehagen, und steigert sich schließlich zu Haß: Wir sehen uns nicht mehr in der Lage, der Belastung standzuhalten, daß die Dinge nicht so sind, wie wir uns das wünschen, und unsere Enttäuschung macht sich Luft in Haßgefühlen.

Es gibt zwei Möglichkeiten, mit dem Spannungszustand zwischen den gegebenen Tatsachen und unseren Wünschen, das heißt mit der Enttäuschung, fertig zu werden. Man kann seine Wünsche der Realität anpassen oder die Tatsachen zu verändern suchen. »Warum sollte ich unglücklich über etwas sein, wenn ich doch die Möglichkeit habe, etwas daran zu ändern? Warum sollte ich unglücklich über etwas sein, wenn ich doch überhaupt keine Einflußmöglichkeiten habe?« Der Gedanke ist einleuchtend, trotzdem ist es schwierig, dem darin ausgesprochenen Rat zu folgen.

Viele Menschen neigen zu der Ansicht, aufgeklärtes oder spirituell bewußtes Verhalten äußere sich darin, daß man seine Emotionen unterdrücke und sich unentwegt verletzen lasse. Oftmals sagen die Menschen dann überhaupt nichts – voller Bestürzung fühlen sie ihren Ärger heiß in sich aufsteigen, sie werden rot und lassen es dann damit bewenden, mit dem Ergebnis, daß sie bei einer späteren Gelegenheit in viel stärkerem Maße die Beherrschung verlieren. Das ist ein vollkommen falsches Verhalten. Wenn jemand Ihnen Unrecht tut oder etwas wirklich Wichtiges unterläßt, sollten Sie sofort eingreifen. Beziehen Sie entschieden Stellung. Versichern Sie sich der Hilfe. Beenden Sie die Angelegenheit oder lassen Sie den Dingen ihren Lauf, je nachdem. Aber legen Sie nicht enttäuscht die Hände in den Schoß, denn Sie wissen ja, ein solches Verhalten führt am Ende dazu, daß Sie Ihre Gelassenheit verlieren. Frohgemutes Selbstbewußtsein ist in diesen Situationen angezeigt.

In für Sie unabänderlichen Situationen sollten Sie lieber Ihre Energien darauf verwenden, Ihre Emotionen kritisch zu durchleuchten. Mit hoher Wahrscheinlichkeit ergeben sich einige neue Aspekte, die Sie in Ihrem Sinne positiv nutzen können; manche Situation klärt sich nach einiger Zeit auch von selbst. Sie können sich Ihren Frohsinn bewahren, wenn Sie mit der gleichen Energie, mit der Sie ergebnislos versucht hätten, die äußeren Bedingungen zu verändern, für eine Verbesserung Ihrer inneren Befindlichkeit sorgen.

Bei der Entwicklung von gleichmütigem Heldentum beginnt man am besten damit, sich in Toleranz gegenüber dem Leiden zu üben, denn Haß entsteht allzu leicht durch erlittenen Schmerz und erlittenes Unrecht. Alsdann sollten Sie Ihre Wahrnehmung für die Vorgänge schärfen, aus denen derartiges Unrecht entsteht, um all die Feindbilder zu demontieren, die Sie aufgebaut haben. Schließlich können Sie sich ganz befreien, indem Sie sich von dem Zwang lösen, in jeder

Situation gleich zum Gegenangriff überzugehen. Um es noch einmal zu betonen, das bedeutet nicht, daß Sie niemals aktiv handeln. Es bedeutet vielmehr, Sie handeln, indem Sie zu einer angemessenen Reaktionsweise finden, die Ausdruck Ihrer Weisheit und Ihres Erbarmens ist, und das unterscheidet sich vollkommen von einer zerstörerischen und unüberlegten Reaktion, deren Grundlage der Haß ist.

Diese Selbsterziehung sollte fest verwurzelt sein in dem Wissen um das Leiden überall auf der Welt. Wenn Sie sich die unendlichen Kreisläufe der Existenzen vor Augen halten, die den Ozean aller Evolutionen bilden, beginnen Sie, über die Leiden aller dieser Wesen nachzudenken. Sie gelangen insbesondere an den Punkt, wo Sie über das Leiden des menschlichen Lebens nachdenken, über die unausweichliche Tatsache, daß jeder in diesem unendlichen Universum von Zeit und Raum Schmerzen, Unrecht, Entbehrungen und Pein erleidet. Es ist daher nur vernünftig, wenn wir mit dem Leiden, das wir permanent spüren, besser umzugehen lernen, damit es uns nicht so aus der Fassung bringt.

Durch allmähliche Erhöhung unserer Toleranzschwelle für das Leiden erfahren wir, wie uns vormals unerträglich erscheinende Situationen und Dinge allmählich immer erträglicher werden. Bei Shāntideva heißt es: »Es gibt nichts, was nicht durch Gewöhnung leichter würde. Sobald ich mich an die kleineren Übel gewöhnt habe, muß ich nach und nach lernen, schlimmeres Übel zu ertragen.«

Als nächsten Schritt unterstützen Sie diesen Gewöhnungsprozeß mit Ihrer sorgfältig trainierten Toleranz, die sich auf die Erkenntnis der Realität gründet. Diese Toleranz läßt Ihnen den notwendigen Spielraum, nach Aufnahme eines Reizes angemessen auf diesen zu reagieren. Sie können diesen Spielraum nutzen, um die gesamte Entwicklung Ihrer Beziehungen zu anderen Menschen kritisch unter die Lupe zu nehmen. Sie konzentrieren sich nun weniger auf Ihre eigenen Reaktionen und beginnen, andere in klarerem Licht zu sehen, sie eingehender zu betrachten. Dank Ihres durch Weisheit geschulten Auges können Sie hinter die Fassade Ihres

Gegenübers schauen und sich so einen tieferen Einblick in die Situation verschaffen.

Unser Haß wird dann am stärksten angestachelt, wenn wir unser Gegenüber als bösartigen Charakter betrachten, der uns bewußt schaden will, uns Schmerzen zufügen möchte, obwohl der oder die andere höchstwahrscheinlich auch nur seine oder ihr eigenes Glück anstrebt. Wir hassen unsere Krankheit nicht allein aus dem Grund, daß wir sie für einen bösen Dämon halten, auch wenn wir unser Schicksal beklagen mögen. Wir sehen in ihr vielmehr einen unabänderlichen Prozeß. Wenn sich zerstörerische Emotionen unser bemächtigen, Wollust oder Haß etwa, mögen sie zwar Übelkeit in uns hervorrufen, doch deswegen glauben wir noch lange nicht, die uns quälenden Gedanken selbst seien dazu ausersehen, uns absichtsvoll Böses zuzufügen. Wir hassen sie nicht, sondern halten sie für geistige Triebkräfte, die von uns Besitz ergriffen haben. Aber wenn wir unser Gegenüber als jemanden betrachten, der zielbewußt und absichtsvoll Böses gegen uns im Schilde führt, haben wir uns nicht in der Gewalt und treten ihm voller Haß entgegen. Wir lassen uns ganz von unserem Haß leiten, unsere Bewegungen, Worte und Gedanken werden zu Werkzeugen dieses Hasses.

Eine Möglichkeit, gegen diese unfreiwillige Kapitulation vor unseren blinden, emotionsgeladenen, destruktiven Gefühlen anzugehen, besteht darin, sich klarzumachen, daß der »Feind« oder die »Feindin« ebenfalls unter der Herrschaft einer unwiderstehlichen negativen inneren Kraft steht. Sie oder er betrachtet uns ebenfalls als gefährlich, sieht in uns das Hindernis, das ihr oder sein Glück bedroht. Ganz automatisch entwickelt unser Gegenüber Haßgefühle als eine Art Selbstschutz und wird gleichzeitig zum Werkzeug dieses Hasses. Wenn wir diesen Mechanismus begreifen, sehen wir in ihm oder ihr vielleicht noch einen Verrückten, der zwar gefährlich werden kann, und deshalb müssen wir uns mit ihm oder ihr auseinandersetzen, doch unser Gegenüber ist für uns kein Objekt des Hasses mehr. So bleibt uns nur noch, den Haß selbst zu hassen. Shāntideva schreibt in seinem Werk

Eintritt in das Leben zur Erleuchtung: »Alle Umstände werden von anderen Umständen gelenkt, diese wiederum werden ebenfalls von anderen Umständen gelenkt, so gibt es nichts, was sich selbst lenkt. Sobald ich dieses erkannt habe, verspüre ich keinen Haß mehr gegen irgend etwas, das nur ein Trugbild meiner Vorstellung ist.« Sobald wir zu dieser Erkenntnis gelangt sind, können wir beginnen, unsere Energien in einer konkreten Situation zu steuern, und brauchen uns nicht mehr *von* ihnen steuern zu lassen; wir können die Kontrolle über uns zurückgewinnen und uns den benötigten Freiraum schaffen, um unsere Toleranz zu schulen.

Der letzte Schritt in Sachen Toleranztraining gilt der Zurückhaltung bei Vergeltungsmaßnahmen. Diese wirksamste Form der Toleranz ist eine wesentliche Charaktereigenschaft des/der gleichmütigen Bodhisattva-Helden/Heldin. Wir beginnen zu begreifen, daß wir selbst das sind, was unsere Bewußtheit und unsere Toleranz uns aufgeben. Wenn wir erkennen, daß unser Wissen um die Realität unzerstörbar ist und die Toleranz unsere Konzentration auf dieses Wissen stärkt, sind wir in der Lage, jede Art von Ungemach, selbst Todesqualen, als eine Herausforderung zu begreifen, die letztendlich unserer Toleranz und Bewußtheit zugute kommt.

An diesem Punkt angelangt, haben Sie sich eine unangreifbare Position erobert, Sie reagieren nicht länger reflexartig und voller Erregung, um sich selbst zu schützen. Auch wenn Sie in einer konkreten Situation bestimmt und entschieden auftreten, ist Ihr Handeln niemals nur bloße Reaktion. Ihr Handeln wird bewußt sein und sehr viel effektiver. Sie werden immun sein gegen jene Emotionen, von denen Sie sich einst hinreißen ließen. Und Sie werden klar erkennen, daß Sie viel stärker von der Begegnung profitieren, als die Person, die sich als Ihr Feind betrachtet und sich dementsprechend verhält. Seine Blindheit lähmt Ihr Gegenüber, für Sie hingegen wird die Situation zur Herausforderung, denn Sie haben die Chance, Ihre Toleranzfähigkeit und Ihren Gleichmut noch weiter zu schulen.

Im *Dhammapada*[13] wird die Methode des Buddha, diese Toleranzfähigkeit betreffend, in folgendem berühmtem Verspaar erläutert: »Nicht der Haß besiegt den Haß. Allein die Liebe besiegt den Haß.« Jesus Christus sagte einst das gleiche: »Liebe den Herrn mit ganzem Herzen und deinen Nächsten wie dich selbst« und »Liebe deinen Feind.« Es ist eine Sache, diese Anweisungen zu geben, eine ganz andere jedoch, sich danach zu richten.

Derartige Höhen transzendenten Bewußtseins und Mitgefühls zu erklimmen scheint uns kaum vorstellbar, aber es ist wichtig zu wissen, daß viele Menschen zu einem solchen Maß an Toleranz gefunden haben und sich der Stärke bewußt geworden sind, die aus ihr folgt. Auch wir können dahin gelangen, und schon auf dem Weg dorthin fühlen wir uns mit jedem Schritt besser, je weiter wir uns vom Zorn entfernen und je näher wir der Toleranz kommen. Jedes Maß an Toleranz belohnt sich selbst.

In unseren modernen egalitären Gesellschaften, seien es kommunistische oder kapitalistische, ist der Hang zu Wettbewerbsdenken besonders stark ausgeprägt. Grundlage unseres Denkens ist das Gleichheitsideal; es gibt keine königlichen oder durch Geburt erworbenen Adelsprivilegien mehr, und dies verleitet uns zu dem Glauben, jeder einzelne Mensch habe alles zu sein und zu haben, könne alles tun und begehren. Wer weniger besitzt als andere, habe sich das demnach selbst zuzuschreiben. Vielen gelingt es nicht einmal, einem Sportler bei den Olympischen Spielen zuzusehen, ohne insgeheim zu denken, auch sie hätten das erreichen können, wenn sie es nur probiert hätten. Sie beruhigen sich dann mit dem Gedanken, man könne eben nicht alles tun. Selbst unsere modernen Kulturgötter, die Stars und Prominenten, spüren, daß der Neid der Massen sich über sie ergießt und damit die – ohnehin kurzlebige und flüchtige – Woge der Bewunderung vergiftet.

[13] Das ist der *Kurze Sammlung* genannte fünfte Teil des *Sūtra-Pitaka* oder Korb der Schriften innerhalb des buddhistischen Kanons, der die Lehrreden des historischen Buddha Shākyamuni enthalten soll. [Anm. d. Übers.]

Wie können wir unser alles beherrschendes Wettbewerbsstreben überwinden, das uns keine Ruhe läßt, uns keine Entspannung und Zufriedenheit bringt? Wir müssen die Fähigkeit entwickeln, uns am Glück der anderen zu erfreuen, voller Zufriedenheit auf deren Erfolge zu blicken. Wir müssen uns darin üben, uns mit den anderen zu identifizieren, mit ihnen zu fühlen und ihr Wohlergehen mit Freude zu betrachten. Wenn wir in der Lage sind, auch nur einem anderen Menschen Gutes zu wünschen (insbesondere einem uns nahestehenden), können wir eine Welle der Toleranz erzeugen, von der die ganze Gesellschaft erfaßt werden kann.

Wer das essentielle Einssein des Selbsts mit anderen erforschen und erfahren will, muß sich zunächst mit transzendenter Toleranzfähigkeit ausrüsten und mit der Fähigkeit, negative Ereignisse – Verlusterfahrungen, Verletzungen und selbst den Tod – als hilfreich für die Bewältigung dieses Weges ansehen. Nur wenn sich ein Mensch so gründlich befreit hat, daß sein Weg unumkehrbar geworden ist, kann er sich in allumfassendem Erbarmen anderen öffnen. Erst wenn Sie sich ein festes Fundament aus Toleranz und Unvoreingenommenheit geschaffen haben, können Sie von diesem ausgehend die Fähigkeit entwickeln, zeitweilig von Ihrem gewohnt ichbezogenen Wahrnehmungszentrum abzusehen und sich in das Innere eines anderen hineinversetzen, mit den Augen eines anderen sehen, mit den Ohren eines anderen hören, die Gefühle eines anderen hegen. Sobald dies selbstverständlich für Sie geworden ist, können Sie sich darauf konzentrieren, Erbarmen mit ganz bestimmten anderen Menschen zu empfinden. Auf diese Weise schauen Sie tief in sich selbst hinein, erfahren sich so, wie andere Menschen Sie erfahren, lernen auf diese Weise intuitiv, mit welchen Worten und Taten Sie andere verletzen oder beglücken. Diese Praxis führt Sie über die engherzige Ich-Zentriertheit hinaus in eine fließendere Bewußtseinssphäre, in der Beziehungen allmählich eine andere Qualität bekommen, und das konkurrierende Gegeneinander zum freudigen Miteinander wird.

Wir können diese Meditationsübung mit einer der Formeln Shāntidevas beginnen: »Zunächst einmal sollte ich darüber nachsinnen, daß ich eins bin mit den anderen. Ich sollte alle Geschöpfe genauso lieben wie mich selbst, da wir uns alle nicht in dem Wunsch unterscheiden, Freude zu haben und nicht Schmerzen zu erleiden. ... Wenn auch mein Leiden anderen keinen Schaden zufügt, wird es doch nur dann unerträglich, wenn ich es als ›meines‹ betrachte.« [14)]

Daher müssen wir uns zunächst darüber klarwerden, daß wir alle gleich sind, was unser Streben nach Glück und die Erlösung vom Leiden betrifft. Dann forschen wir mit Hilfe unseres kritisch geschulten Geistes nach den tiefen Ursachen unseres eigenen Leidens. Wir stellen fest, daß das Leiden nicht allein ein von außen kommendes Ereignis ist, ein bloßer physischer Vorgang, sondern daß wir uns in unserer Leiderfahrung von einer bestimmten Vorstellung leiten lassen. Anders ausgedrückt: Wir identifizieren dieses persönliche, private Leiden als »unseres«; wir nehmen es in unserer Ich-Zentriertheit in Besitz. Daher vermag ein Soldat in der Hitze des Gefechts oder ein hypnotisierter Mensch keinen unter normalen Umständen qualvollen Schmerz zu empfinden, weil er sich temporär seiner Ich-Aneignung entledigt. Unser Ziel in dieser Meditationsübung ist es, nicht allein vom Besitznehmen eines Selbsts Abstand zu nehmen, sondern auch den Boden zu bereiten für die Ausweitung des Selbsts.

Die Fortsetzung der Formel Shāntidevas lautet: »Ebenso berührt mich auch das Leiden der anderen nicht. Und doch, wenn ich ihre Leiden als die meinen betrachte, werden auch sie schwer erträglich.« Dies ist Selbstlosigkeit, die sich äußert in Erbarmen, in der Akzeptanz aller anderen Lebewesen, so als gehörten sie zum eigenen selbstlosen Selbst. Alle Lebe-

[14)] Diese übersetzte Passage ist dem Buch Robert Thurman, *Essential Tibetan Buddhism*, HarperCollins, San Francisco 1995, entnommen. Die vollständige Übersetzung der Schrift *Shāntideva, Guide to Bodhisattva Way of Life*, aus dem Sanskrit von Batchelor, Stephen/Sherpa Tulku, erschien 1979 in Dharamsala, Neuauflage Library of Tibetan Works and Archives, Dharamsala 1981.

wesen wünschen sich Glück und kein Leid, genauso wie Sie selbst auch. Unsere Wünsche und Schmerzen sind nicht mehr oder weniger ausgeprägt oder stärker als die eines jeden anderen Menschen. Wenn wir uns auf dieses mitfühlende Miteinander einlassen, wird das von uns als übermenschlich groß empfundene »eigene« Leiden geringer.

Es mag uns abwegig erscheinen, wir könnten irgendeinen praktischen Nutzen daraus ziehen, uns einen Schmerz einzubilden, den wir in Wahrheit überhaupt nicht verspüren. Doch tun wir dies unentwegt, wenn wir darauf hinarbeiten, zukünftige Schmerzen zu vermeiden: Wir gehen einem herannahenden Auto aus dem Weg, wir stellen im Sommer den Ventilator auf eine höhere Stufe. Wir sind also durchaus in der Lage, Vorsorge für unsere zukünftige Person zu treffen – für ein anderes als unser gegenwärtig existierendes Selbst –, also könnten wir in diese Vorsorge doch sicher auch andere gegenwärtig existierende Wesen einschließen. Wir tun dies bereits, wenn wir uns mit einem Stamm, einer Nation, einer Rasse oder einer Glaubensrichtung identifizieren. Das »Wir«-Gefühl kann so stark werden, daß wir unseren Selbsterhaltungstrieb vergessen; dadurch entstehen Situationen, in denen ein einzelner Mensch freiwillig bereit ist, im Kampf zu sterben oder als Märtyrer für seinen Glauben. Warum sollten wir also nicht auch in der Lage sein, unsere »Bodhisattva-Neuorientierung« dazu zu nutzen, unser Identitätsgefühl auch auf alle anderen Wesen auszudehnen, so daß wir uns und auch die anderen als Glieder eines einzigen unteilbaren Körpers alles Seienden begreifen?

Wir unterscheiden rein willkürlich zwischen Leiden, das uns Sorgen bereitet, und Leiden, das wir ignorieren. So wie wir eigenes Leiden schon deshalb zu lindern versuchen, weil es uns schmerzt, so sollten wir auch die Leiden der anderen aus keinem anderen Grund zu lindern versuchen, weil es diese ebenfalls schmerzt. Es wird daher verständlich, warum ein Mensch mit einem derartig erweiterten Identitätsbewußtsein, einem die »anderen« nicht mehr ausschließenden Identitätsbewußtsein, in der Lage sein kann, sich dem Leiden seines bedingten Selbst problemlos zu stellen, um die sehr viel größeren Leiden zu lindern, die die vielen Selbsts erdulden. »Da ich erkannt habe, welcher Trugschluß die Sorge um mich selbst ist«, heißt es bei Shāntideva, »und die Unermeßlichkeit des Guten sehe, das dem Erbarmen für andere entströmt, werde ich mich jeglicher Sorge um mich selbst vollkommen entledigen und mich der Sorge um andere widmen. Und so wie ich mich selbst vor noch so unbedeutenden unangenehmen Dingen schütze, sollte ich andere mitfühlend und umsorgend schützen.«

Diese Art der Nächstenliebe, geboren aus einer solch tiefen Einsicht, läßt keinen Raum für selbstgerechten Stolz, so wie wir uns ja auch nicht zu Wohltaten mit Blick auf uns selbst beglückwünschen. Wir handeln einfach ganz natürlich. Der innere Drang eines Bodhisattva ist nichts Außerweltliches, er unterscheidet sich gar nicht so stark von der normalen missionarischen Berufung der menschlichen Wesen. Die Erfahrung hat uns tatsächlich gelehrt, daß wir niemals glücklicher sind als in dem Moment, wenn wir die Grenzen unseres engherzigen, gewohnten Ich-Gefühls überschreiten. Wir sind nämlich dann glücklich, wenn wir uns von dem Wunsch befreien, glücklich zu sein. Der *Wunsch* nach Glück führt automatisch dazu, daß wir uns angesichts des nicht vorhandenen Glücks unglücklich fühlen. Shāntideva drückt das so aus: »Alle Freude dieser Welt erwächst aus dem Wunsch, andere glücklich zu sehen; alles Leiden dieser Welt erwächst aus dem Wunsch, uns selbst glücklich zu sehen.« Das bedeutet, um glücklich zu sein, sollten wir aufhören, uns um unser eigenes Glück zu sorgen und uns statt dessen auf den Wunsch konzentrieren, andere glücklich zu sehen. Dieses Verlangen führt dazu, daß wir beginnen, uns ganz für die anderen einzusetzen, geleitet von der Erkenntnis, daß sie nur dann glücklich werden, wenn sie sich nicht länger nach ihrem Glück sehnen.

Unser nächster Schritt auf dem Bodhisattva-Pfad besteht darin, die Übertragung zwischen dem Selbst und den anderen zu praktizieren, zuerst in der Meditation und dann durch praktische Taten. Visualisieren Sie sich als eine Ihnen bekannte Person, von der Sie für gewöhnlich glauben, sie sei Ihnen in bestimmter Hinsicht unterlegen, als jemanden, der des öfteren eifersüchtig auf Sie ist. Dann betrachten Sie sich selbst mit den Augen dieser Person und konzentrieren sich darauf, starke Eifersuchtsgefühle gegen sich selbst zu richten. Es ist sehr verblüffend, wie dadurch Ihr Blick auf Sie selbst verändert wird.

Fahren Sie fort und visualisieren Sie sich als eine Person, die Sie normalerweise als ebenbürtig betrachten. Betrachten Sie sich dann so, wie der andere es tun würde – mit Rivalitäts- und Konkurrenzgedanken. Visualisieren Sie sich schließlich als jemand, der Ihnen normalerweise in gewisser Hinsicht überlegen scheint, und betrachten Sie sich selbst nun herablassend und verächtlich. Diese Meditationen sind wichtige Hilfsmittel zur Erweiterung Ihrer Klarheit und Einschätzung, wie andere Menschen Sie sehen.

In all diesen Meditationsübungen verbinden sich Weisheit und Erbarmen zu einem allumfassenden universalen und bedingungslosen Erbarmen. Dieses richtet sich in seiner allumfassenden Empathie nicht auf ein bestimmtes Gegenüber, und daher visualisiert es alle Wesen wie von selbst im Zustand der Erlösung.

In buddhistischen Werken wird dieser leuchtende Geist metaphorisch dargestellt als: Feingold, das niemals anläuft, unablässig zunehmender Mond, unerschöpfliche Schatzkammer für die Glückseligkeit anderer, durch keinerlei widrige Winde aufgewühlter Ozean, unerschütterlicher König der Berge, Wundermedizin, größter Freund, immerfort sprudelnder Quell der zur Erlösung führenden Wahrheit und als große Wolke, aus der der Quell des Lebens und Wohlstands aller Lebewesen entströmt.

Messianisches Verlangen nach universaler Verantwortung wäre sinnlos, wenn man sich nicht gleichzeitig sorgfältig auf die emotionale Befindlichkeit der einzelnen Menschen einstellte, mit denen man es zu tun hat. Ein tibetischer Geistlicher pflegte zu sagen: »Machen Sie es nicht jenen Bodhisattvas nach, die ständig geloben, allen Menschen zu helfen, doch die offenbar mit den Menschen in ihrem unmittelbaren Lebenskreis nicht zurechtkommen.« Es ist eine Sache, die Kraft für Geduld und Toleranz zu entwickeln, doch wie können diese messianischen Gedanken in einer Gesellschaft zur wirksamen Entfaltung gebracht werden, die von vielen nicht erleuchteten Menschen geprägt ist?

Die detaillierten Ratschläge, mit denen wir uns bisher beschäftigt haben, bilden die Grundlage, auf der wir Richtlinien für aufgeklärtes soziales Handeln in unserer heutigen Zeit aufstellen können. Jeder Mensch kann diese Prinzipien im eigenen Tätigkeitsbereich beherzigen, politische Parteien könnten sich formieren und diese Prinzipien zur Grundlage ihres Programms machen, aufgeklärte Gemeinwesen und Einzelpersonen könnten sich für die Verbreitung dieser Prinzipien und Verhaltensweisen einsetzen.

Wir sollten Nāgārjunas Ratschläge für König Udaya auch in unserer heutigen Lebenssituation als Leitlinien beherzigen. Ein guter Rat wird von vielen Menschen oft als unangenehme Einmischung betrachtet; besonders gilt dies für reiche und mächtige Könige, die es gewohnt sind, umschmeichelt zu werden und ihre Vorstellungen durchzusetzen. Nicht nur Regierungschefs und Wirtschaftsbosse, sondern auch ganze Bevölkerungsschichten in den Industrienationen bestehen in gewisser Weise aus Menschen, die mit einer ähnlich unumschränkten Macht ausgestattet sind; dieser Gruppe stehen meist alle denkbaren Konsummöglichkeiten offen, sie werden umschmeichelt und bedient. Wir haben uns daran gewöhnt, unsere Augen vor allen unerfreulichen Tatsachen des Lebens zu verschließen, vor Tod, Krankheiten, Wahnsinn und Armut etwa. Wir möchten nicht daran erinnert werden, daß alles vergänglich ist, ein nicht aufgeklärtes, nicht erleuchtetes Leben im wesentlichen leidvoll und unrein ist. Wir wollen nichts davon wissen, daß alle lebenden Wesen uns selbst und den von uns geliebten Menschen gleichen. Wir wollen nicht hören, daß es kein absolutes, beziehungsloses Selbst gibt, kein absolutes, nur uns allein gehörendes Eigentum und nichts absolut Richtiges. Die vielen Millionen »Kings« und »Queens« unserer hochentwickelten Hemisphäre müssen ihrer Verpflichtung gegenüber anderen Völkern, anderen Arten, ja der Natur selbst ins Auge sehen.

Der Wohlstand der Völker unserer modernen Staatenwelt speist sich aus drei Quellen: An erster Stelle ist die Früchte tragende harte Arbeit, der selbstlose Einsatz und die Erfindungsgabe der Menschen früherer Generationen zu nennen. Der Kapitalismus ist seinem Wesen nach keine Wirtschaftsordnung, die sich auf das Horten von und Festhalten an Besitz gründet, sondern eine Ordnung, in der asketischer Konsumverzicht des einzelnen zugunsten der Investition in allgemeinen Wohlstand geübt wird. Je mehr heute zugunsten produktiver Investitionstätigkeit auf Konsum verzichtet wird, desto mehr steht für den Konsum in der Zukunft zur Verfügung. Wer nur konsumiert und hortet, wird sehr bald seinen Wohlstand einbüßen. Nicht nur für die karmische Evolution, sondern auch für stabile Wirtschaftsverhältnisse gilt: Die Basis für Reichtum ist die Zurückhaltung und Freigebigkeit des einzelnen Menschen.

Zum zweiten wirkt sich auch fruchtbar auf den Wohlstand der westlichen Welt aus, daß Industriemagnaten aus den Gebieten, die einst von den älteren und weniger kriegerisch eingestellten Völkern Asiens, Afrikas und Amerikas bewohnt waren, enormen Reichtum abgeschöpft haben und dies auch immer noch tun.

Die dritte Quelle unseres heutigen Wohlstands speist sich aus der Großzügigkeit von Mutter Erde selbst. Wir können früheren Generationen unseren Dank bezeugen durch Freigebigkeit kommenden Generationen gegenüber, indem wir in ihre Zukunft investieren und unseren Konsum zurückschrauben. Wir können uns bei den Nachkommen der Ausgebeuteten revanchieren, indem wir ihnen teilweise die Früchte des Wohlstands zurückgeben, den sie unseren Vorfahren überlassen mußten – revanchieren insbesondere in Form von Ausrüstungsgegenständen, die für die Erwirtschaftung eines größeren Wohlstands notwendig sind. Und wir können uns der Erde gegenüber dankbar erweisen, indem wir die Umweltverschmutzung beenden, die von uns hinterlassenen Müllberge entsorgen und langfristig für die Gesundung der Natur sorgen. Noch haben wir die Chance, uns freiwillig für all diese Großzügigkeit zu bedanken. Verpassen wir jedoch diese Chance, wird alles unrettbar verloren sein. Nāgārjuna ermuntert uns: »Sei stets großmütig, edle Taten mögen dir eine Herzensangelegenheit sein. Großmütige Taten bringen edle Früchte hervor.«

Engherzigkeit, Knauserigkeit, Streben nach schnellem Gewinn, Habgier, die anderen zum Nachteil gereicht – das sind unsere eigentlichen Feinde. Das Gegenteil davon ist Großmütigkeit, eine Geisteshaltung, in der alle Menschen als Freunde betrachtet werden. Transzendentes Bewußtsein ist die Wurzel der Großzügigkeit, diese wiederum ist die Wurzel evolutionären Fortschritts. Evolutionärer Fortschritt führt schließlich zur Befreiung, in der man der Glückseligkeit transzendenter Erfahrung teilhaftig wird. Diese drei Geisteshaltungen bilden das goldene Band, das eine dem Frieden verpflichtete Lebensform ermöglicht.

Nāgārjuna betrachtete es als ganz selbstverständlich, daß ein König die Verpflichtung hat, für alle Menschen seines Reiches so zu sorgen, als seien sie seine eigenen Kinder. Was unsere heutige Zeit anbelangt, so liegen das von Franklin D. Roosevelt in den USA geschaffene Wohlfahrtssystem sowie die sozialen Sicherungssysteme der westeuropäischen Staaten auf dieser politischen Linie. Seit kurzem setzt sich jedoch immer stärker die Ansicht durch, daß jeder vernünftige Mensch zwar liebend gern jedem alles geben würde, doch es sei verderblich, wenn die Menschen alles bekämen, ohne etwas dafür tun zu müssen; darüber hinaus reiche der Wohlstand nicht aus, jeden zu unterstützen. Das Credo dieser sich überall auf der Welt verbreitenden sozialen Gegenbewegung lautet: Die Menschen sind von Natur aus faul und verdienen somit ein Schicksal in Armut, außerdem sind die Ressourcen naturbedingt begrenzt.

Diese Ansicht existierte schon lange vor Nāgārjunas Zeit. Eine bekannte buddhistische Erzählung aus einem der früheren Leben des Buddha beschreibt dieses Paradox im Zusammenhang mit Großzügigkeit und Wohlstand: Jedermann liebte den Prinzen Vessantārā, da er jedem Menschen all das gab, wonach er oder sie verlangte. Und doch begann sein Volk ihn zu fürchten, als es den Eindruck gewann, er würde selbst die Quellen des staatlichen Reichtums verschenken. Daher wandten die Menschen sich angsterfüllt von ihm ab, begannen sich an ihren persönlichen Besitz zu klammern und verwiesen den eigentlichen Quell ihrer Freuden, den großzügigen Prinzen, des Landes.

Seit der Einrichtung des staatlichen Wohlfahrtssystems in den Vereinigten Staaten hat das Land es zum größten Wohlstand gebracht, den je ein Volk erlangt hat, und das in einem Jahrhundert mit zahlreichen verheerenden Kriegen, in deren Folge die Vereinigten Staaten gewaltige Mittel zum Wiederaufbau der besiegten Länder aufwendeten. Jetzt meinen die Verantwortlichen in der US-Regierung jedoch, die staatlichen Wohlfahrtsausgaben für die Bevölkerung, die die eigentliche Quelle ihrer Zukunftshoffnung war, ihr eigentlicher produktiver Kraftquell, übersteigen ihre finanziellen Kräfte, und daher gedenken sie, sämtliche Maßnahmen wieder rückgängig zu machen. Man ist bestrebt, sich an die vermeintlich knappen und zur Neige gehenden Ressourcen zu klammern, und auf diese Weise zerstören Bürger und politisch Verantwortliche in unseren Wohlstandsgesellschaften gedankenlos die eigentliche Quelle dieses Wohlstands – ihre eigene Zuneigung, ihre optimistische Zukunftshoffnung und ihr kreatives und geschultes Potential.

Nāgārjunas Ratschläge für König Udaya könnten wir als Gegengewicht betrachten, um diesen Abwärtstrend zu stoppen, denn sie weisen den Weg in eine individualistische, gewaltlose, der Bildung verpflichtete, altruistische, dezentralisierte und doch globale Weltgemeinschaft. Sein Programm zur Selbstvervollkommnung ist für uns heute so aktuell wie seinerzeit für König Udaya. Es beinhaltete: Vervollkommnung – insbesondere hinsichtlich der erkennenden Weisheit –, die notwendig ist für das Verstehen von Selbstlosigkeit und Besitzlosigkeit; die notwendige Gelassenheit, um den Wunsch nach übermächtigen Leidenschaften in Frage zu stellen; die universale Liebe, die allen Menschen durch Erziehung zur Erleuchtung die Chance gibt, glücklich zu werden; und schließlich das freigebige Erbarmen, durch das jeder alles für die Befriedigung seiner Grundbedürfnisse erhält, damit er genügend Muße hat, sich seinen höheren Zielen und Möglichkeiten zu widmen.

KAPITEL 7

Asketen, die die Welt zähmen

Die Einschätzung des Skeptikers, das Einfühlen in andere Menschen mache uns nur noch unglücklicher, ist dann richtig, wenn wir nicht die dafür notwendige Fähigkeit entwickelt haben. Haben wir doch schon genug mit unserem eigenen Schmerz zu tun und sind ihm ziemlich hilflos ausgeliefert. Um wieviel schlimmer ist es, die Schmerzen anderer Menschen mitzuempfinden, ohne daß wir Abhilfe schaffen können. Doch sobald man gelobt, die Erleuchtung zum Heil aller zu erlangen, wird mitfühlende Energie freigesetzt; diese Lebensweisheit verändert unverzüglich unsere Beziehungen zu anderen – aus einem rivalisierenden Gegeneinander wird ein liebevolles Miteinander. Sobald unser Mitleiden und unsere Liebe freigesetzt werden und alle lebenden Wesen auf der Erde, in den Weltsystemen und jenseits davon umfängt, werden wir nicht nur schwarze Löcher der Verzweiflung gewahr, sondern auch riesige Sonnen der Zuversicht und Entschlossenheit. Wenn ein Bodhisattva sich in ein Seligkeit ausstrahlendes Wesen verwandelt hat, wird er zu einem lebenden Medium, das die Fähigkeit besitzt, das Ziel aller wahren Liebe zu erreichen – die Glückseligkeit der unendlich großen Schar der von ihm geliebten anderen Wesen. Diese Zuneigung wirkt zivilisatorisch auf die gesamte Gesellschaft, die gesamte Welt, ja sogar auf das Universum, so daß sich all diese Sphären in Stätten verwandeln, in denen so viele Menschen wie nie zuvor zu einem Höchstmaß an Glückseligkeit gelangen können. Da das Universum unendlich ist und in ihm eine unendlich große Zahl von fühlenden Wesen in unendlichen Galaxien existiert, führt dieser Entschluß zu einer Art messianischem Fieber. Es bricht aus und manifestiert sich in einer Art Gelöbnis, ein Universum zu schaffen, in dem ebenfalls das Ideal der Befreiung des Bewußtseins der Wesen vorherrschend ist – das heißt ein Buddha-Land oder Buddha-Paradies zu schaffen.

Messianisches Fieber an sich ist kräftezehrend, wenn es sich nicht paart mit dem Wissen um die absolute Nichtrealität aller konventionellen Phänomene. So stark mich auch das Fieber der universalen Verantwortung ergriffen hat, ich erreiche nichts, wenn ich mich selbst nicht wandle, wenn ich mich selbst nicht von meinen zur Routine gewordenen Vorstellungen befreie und zum Buddha werde. Erst dann gelingt es mir, eine Welt voller Liebe zu schaffen, ein Mandala zu erzeugen, in dem das Leben selbst sich als ein Wandlungsprozeß offenbart und Leiden sich in Glückseligkeit verwandelt, einen »magischen Zirkel zur Vervollkommnung des Geistes«, eine vollkommene Welt.

Im 8. Jahrhundert wandte sich die Erleuchtungsbewegung, die stets den Wert des Individuums unterstrichen hatte, in eine völlig neue Richtung. In Indien trat eine neue Art spiritueller Helden und Heldinnen auf den Plan, die nachhaltig die Welt verändernden Mahāsiddhas oder auch Großen Asketen. [15]

Diese großen Vollendeten, unter ihnen Menschen aus verschiedensten Schichten, von königlicher Abstammung bis zum einfachen Wäscher, gründeten die Bewegung an dem Punkt ihres Reifungsprozesses, an dem sie sich qualvoll bewußt wurden, welch unbezahlbare Chancen die menschliche Existenz bietet. Sie waren intelligent genug zu begrei-

[15] Sie werden meist als Meister des »Mystischen Pfades der Selbstverwirklichung«, als Siddhas oder die Vollendeten, bezeichnet. [Anm. d. Übers.]

fen, daß ein nur der Ernährung, Arbeit, Fortpflanzung und sinnlichen Freuden dienendes Leben pure Zeitverschwendung ist. (Einige von ihnen machten ihre Lehrer dadurch auf sich aufmerksam, daß sie beständig über ihr nutzloses Leben klagten, und so ihren Wunsch unterstrichen, Zugang zu einem höheren Lebensziel zu bekommen, zu einer Lebensweise, die ihnen mit Gewißheit substantielle Erfüllung brächte.)

Schließlich wurden sie so sehr von Erbarmen ergriffen, daß sie nicht mehr in der Lage waren, noch Äonen historischer Zeit auf ihre vollkommene Erleuchtung zu warten. Sie konnten den Gedanken nicht ertragen, derartig lang untätig zu verharren, ohne etwas gegen die furchtbaren Leiden aller Lebewesen, aller ihrer Mütter, tun zu können. Sie strebten hier und jetzt in ihrem gegenwärtigen Leben nach Buddhaschaft. Der Buddha soll – so die Überlieferung – sich in spezieller männlich-weiblicher Gestalt[16] offenbart haben, um jenen ungeduldig entschlossenen Bodhisattvas die Lehren des esoterischen Tantrischen oder Diamantenen Fahrzeugs[17] zu überbringen, das technologische oder apokalyptische Fahrzeug der unmittelbaren Offenbarung und unmittelbaren Wandlung.

Die tantrische Übungspraxis beginnt damit, daß der Bodhisattva sich nach der Einweihung durch einen autorisierten großen Meister – sie wird vollzogen, indem der Bodhisattva mit dem heiligen Wasser der Erkenntnis besprengt wird – aus der »groben« Welt der physischen Sinne mit ihren Phänomenen löst und in ein traumähnliches, mystisches und äußerst feinstoffliches Reich eintritt. In diesem werden Äonen zu Augenblicken, verbergen sich Universen in Atomen und ist unser Weltsystem nichts weiter als ein Atom eines umfassenderen Universums. Durch diese Einweihung wird die Tür geöffnet, die von der gewöhnlichen Welt in die von erleuchteten Wesen erzeugte Welt führt. An diesem

16) Ikonographisch wird er in Vereinigung, Yab-Yum, mit seiner Gefährtin dargestellt. [Anm. d. Übers.]

17) Das ist die dritte große Schulrichtung des Buddhismus, das Vajrayāna. [Anm. d. Übers.]

Punkt angelangt, verinnerlicht der Bodhisattva das Mahāsiddha-Ideal und erlangt, in ununterbrochener Konzentration und geleitet von einem detaillierten heiligen Architekturplan und einer detaillierten göttlichen Anatomie, die Fähigkeit der Visualisierung. Es gelingt ihm, seine Umwelt als unvergleichlich schönen Kristallpalast mit herrlichen Gärten zu sehen, die Zeit als goldenes Zeitalter der vollkommenen Erfüllung, den eigenen Körper als Diamantkörper, der auf vollkommene Weise all die erstrebenswerten Eigenschaften der erleuchteten Liebe, des Erbarmens, der Freude verkörpert, seine oder ihre Mitgeschöpfe als vollkommene Helden oder Heldinnen, die bereits die Erleuchtung erfahren haben, und schließlich sein oder ihr Selbst als Diamanten der Buddha-Natur, sich der Selbstlosigkeit vollkommen bewußt, die hell inmitten der Leere erstrahlt.

Die Freude an der Mandala-Realität verheißt soviel Zuversicht, daß der/die Praktizierende den Tod als einen strahlenden, lebenserhaltenden Urgrund und nicht als lauerndes böses Unheil wahrnimmt, die traumähnliche Verwandlung nach dem Tod als ein Eintauchen in die Glückseligkeit und nicht als wilde Flucht oder schwindelerregenden Absturz versteht und alle Lebenserfahrungen mit einem Höchstmaß an ästhetischer schöpferischer Phantasie betrachtet – jede Bewegung, jede Geste, jedes Wort, jeder Gedanke, jeder Atemzug ein Kunstwerk, das allen lebenden Wesen Freiheit und Glückseligkeit verheißt. Der/die Praktizierende erlangt Meisterschaft bei dieser schöpferischen Visualisierung, wenn er oder sie sich nach Belieben in diesen besonderen Zustand der Subjektivität[18] versetzen und beliebig lang in ihm verweilen, ebenso nach freiem Willen daraus hervortreten kann, um mit den Wesen der normalen Welt zu kommunizieren. Der Höhepunkt wird erreicht, wenn der/die Praktizierende visualisierend die Fähigkeit erlangt, sich selbst mit vollkommener Sicherheit als einen Buddha zu erzeugen, der voller Glück-

[18] Gemeint ist hier die Visualisierung als schöpferischer Vorgang geistiger Projektion, wodurch inneres Erleben in sichtbare Form verwandelt wird, vergleichbar mit dem schöpferischen Akt des Künstlers. [Anm. d. Übers.]

seligkeit und Weisheit in einem himmlischen Palast weilt und dessen Lichtglanz das Universum und alle Wesen in ihrem eigenen höchsten evolutionären Zustand umfängt.

Das bedeutet keineswegs, die Erleuchtung sei lediglich das Ergebnis ununterbrochener Imaginationsübungen, und der/die Praktizierende imaginiere sozusagen seinen oder ihren Pfad zur Buddhaschaft. Wenn er oder sie den Prozeß schöpferischer Imagination oder Erzeugung beherrscht, beginnt der Vollendungsprozeß, in dem das Visualisierte Realität wird. Der Erzeugungsprozeß stellt dabei die zielgerichtete Methode dar, mit deren Hilfe die außergewöhnliche Mission ans Ziel gelangt. Die Mission selbst beginnt mit dem Vollendungsprozeß.

An diesem Punkt kommen feinste Bewußtseinszustände und Körper ins Spiel. Die heilige Architektur und die göttliche Natur des grobstofflichen Körpers mit seinen vielen Gesichtern, Armen, Beinen und seiner sonstigen Ausstattung – sie alle offenbaren die geistigen Kräfte und Erfahrungen der Erleuchtung und werden ergänzt durch eine spirituelle, genetisch bedingte Gestaltungskraft, in deren Verlauf spirituelle Erfahrungen sich auf die Bewegungen der Gene und inneren Energien in einem feinsten zentralen Nervensystem reduzieren. Die Übungen beginnen allmählich wie eine Art Immunsystem der Psyche zu wirken, denn sie helfen dem/der Praktizierenden umgehend die Dämonen im Unbewußten zu besiegen. Durch diesen über ein subjektives Bewußtsein führenden Läuterungsprozeß zu einer subtilen Bewußtheit kann ein Stadium der Glückseligkeit und der Auflösung in sehr viel feinerer Körnung, sehr viel stärkerer Vergrößerung und sehr viel langsamerer Bewegung erfahren werden, damit die Kontinuität der Bewußtheit und die fortlaufende Kontrolle über die innersten Abläufe von Leben, Verzückung und Tod gewährleistet bleiben. Diese innere Reise ist beschwerlich und gefährlich. Sie wehrt den Tod nicht ab, sondern sie überwindet ihn, indem sie ihn umfängt, sie praktiziert ihn und nutzt diese mit dem Tod zusammenhängenden Vorgänge, um zu einer vollkommenen Immunität gegen jede Art von Zwang zu gelangen, den Tod eingeschlossen.

Die tantrische Übung der Mandala-Erzeugung ist gleichsam die Probe für den Umbau des Universums – in kleinerem Maßstab. Der Bodhisattva gelobt, ein Buddha-Paradies zu erschaffen, eine Welt, in der den anderen Wesen die Weisheit, das Erbarmen und die Hinwendung zu seiner oder ihrer vollkommenen Erleuchtung offenbart werden. Selbst in der Imagination ist die Erzeugung einer derartigen Welt sehr schwierig nachzuvollziehen. Überlegen Sie einmal, wie viele Kenntnisse erforderlich sind, um ein Gewächshaus mit optimalen Wachstumsbedingungen für Pflanzen zu bauen. Und was müssen Sie nicht alles beherrschen, um ein Buddha-Land-Gewächshaus für fühlende Wesen zu errichten, in dem alle unter optimalen Bedingungen gedeihen können? Ein Architekt versucht sich vorzustellen, welchen Lebensstil die zukünftigen Bewohner seines Gebäudes haben oder welchem Beruf sie nachgehen. Er stellt sich vor, wie durch Größe, Höhe und Anlage der Räume auf subtile Weise ein Umfeld geschaffen werden könnte, in dem sich die imaginären Bewohner am wohlsten fühlen. Die Praxis der Mandala-Erzeugung ist der spielerische Versuch, die beste aller möglichen Welten zu erschaffen.

Nachdem Indien seine geistige Vollkommenheit und Erfüllung erreicht hatte, wurden diese Errungenschaften von jenen Vollendeten – sie fungierten gleichsam als Conquistadoren der Erleuchtungszivilisation – in die Welt hinausgetragen. Zu dieser Zeit überfielen habgierige und aggressive Völker mit unzufriedenen und demzufolge kriegslüsternen Menschen das blühende Land mit all seiner Schönheit, seinem Reichtum, Wissen und seiner individuellen Freiheit. Der weitere Wachstumsprozeß Indiens vollzog sich folgendermaßen: Das Land exportierte durch einzelne Vollendete seinen aufgeklärten Lebensstil, während es gleichzeitig von nicht aufgeklärten Menschenmassen aus dem Iran, aus Zentralasien und schließlich aus Europa überschwemmt wurde, die die öffentlichen Institutionen und die Symbole dieser Lebensform vernichteten, so daß es zu einem Rückfall in die Gewaltherrschaft des Staates kam.

Bedeutende Asketen Indiens, aber auch zahllose Kaufleute, Seefahrer und Abenteurer bereisten ganz Südostasien und Ostasien, ebenso den Iran, die Arabische Halbinsel, Ägypten und den Mittelmeerraum. Wo immer sie während des ersten Jahrtausends hinkamen, hinterließen sie nachhaltige Spuren. Sri Lanka wandelte sich binnen weniger Jahrhunderte von einer Insel, auf der Kannibalismus herrschte, zu einer auf die Erleuchtung ausgerichteten Gesellschaft. Die Stämme in den Dschungeln Südostasiens zeigten wachsendes Interesse für die höheren Ziele menschlichen Daseins: Sie zügelten die Gewalt bei ihren grausamen Kriegen, nahmen sich die Zeit, Tempel und Klöster zu errichten, Mönche und Nonnen zu ordinieren, die Unterweisung der breiten Massen in den Erleuchtungslehren zu fördern, und versuchten, ihre durch Gewalt gekennzeichneten Kulturen generell zu zivilisieren. Die Bewohner des indonesischen Archipels und die Malaien wurden Schritt für Schritt an die Erleuchtungslehre herangeführt. Die Chinesen, Koreaner und Japaner integrierten allmählich die Erleuchtungskultur in ihre bürokratischen und autoritären Gesellschaftsstrukturen. Mehrere persische Dynastien und die vielen zentralasiatischen Königreiche unterstützten die Erleuchtungsbewegung. Und auch die zahlreichen in der Regierungszeit Ashokas durchgeführten missionarischen Expeditionen nach Ägypten, Mesopotamien, Syrien, Palästina, in die Türkei und sogar nach Griechenland hinterließen zweifellos ihre Spuren, obwohl sie wegen des ausgeprägten Ethnozentrismus späterer europäischer Historiker manchmal schwer nachzuweisen sind. Selbst nachdem der Islam Asien überschwemmt hatte, befruchteten die Vollendeten die islamischen Mystiker, die Sufis, die ihrerseits die gesamte Militärstruktur der Moslemreiche beeinflußten.

Die Geschichte von Ghantapa und seiner idealen Gefährtin ist ein Beispiel für den kompromißlosen Individualismus der Vollendeten. Der in Zentralindien lebende Ghantapa hatte fast alle Stufen seiner Ausbildung zum Mönch und Bodhisattva gemeistert. Jedermann kannte ihn als großen Heiligen, doch war er überzeugt, daß er innerhalb der konventionellen Institutionen nicht schnell genug in die Lage versetzt werden könne, anderen Wesen zu helfen. Da der Individualismus zur damaligen Zeit in allen indischen Königreichen hochgehalten wurde, begab er sich nach Ostindien ins Pala-Reich, in das Gebiet des heutigen Bengalen. Ein Suchender auf dem Pfad zur absoluten Wahrheit und zur nichtkonventionellen Realität konnte damals stets auf Unterstützung der Bevölkerung hoffen, die Menschen überboten sich in ihrer Hilfsbereitschaft sogar gegenseitig.

Da Ghantapa überall im Pala-Reich der Ruf vorauseilte, er sei ein großer Heiliger, beeilte sich selbst der König, ihn eigenhändig mit Speis und Trank zu versorgen, möglicherweise um sich als sein Beschützer hervorzutun und ihn als Heiligen gewissermaßen zur Bereicherung an seinen Hof zu holen. Doch Ghantapa drehte seine Bettelschale mit der Öffnung nach unten und sagte: »Ich würde niemals Unterstützung von einem so korrupten Herrscher wie Euer Majestät annehmen.« Der König wandte sich voller Zorn ab und schwor, den Beweis anzutreten, wer der wirklich Heilige und wer der Korrupte sei. Er setzte eine hohe Belohnung für diejenige Frau aus, der es gelänge, den Heiligen zu verführen. Nach einiger Zeit wurde eine Kurtisane vorstellig, die behauptete, ihrer sechzehnjährigen Tochter werde es mit Sicherheit gelingen, den Heiligen von seinem Thron zu stürzen. Die Kurtisane schickte von nun an ihre Diener täglich mit Speisen zur Hütte Ghantapas, und stets war ihre Tochter als züchtige Gebieterin der Dienerschaft dabei, sie beobachtete, wie der Heilige die Speisen entgegennahm und verließ anschließend wieder zusammen mit den Dienern die Hütte. Bei ihren täglichen Besuchen schoß das schöne Mädchen allmählich immer mehr Pfeile der Leidenschaft in Ghantapas Herz, etwa durch eine raffinierte Bewegung ihres Gewandes, aufreizend geschminkte Augenbrauen, einen umwerfenden Augenaufschlag oder eine bescheidene Verbeugung – sie setzte sämtliche exquisiten Reize der zur damaligen Zeit hochentwickelten indischen Liebeskunst ein. Doch sie unterließ jeden offensichtlichen Versuch einer Annäherung und überwachte lediglich das Überbringen der Speisen.

Als die Mutter des Mädchens, die alte Kurtisane, eines Tages die Zeit für gekommen hielt, ließ sie das tägliche Mahl nicht zur gewohnten Zeit überbringen, so daß Ghantapa am Nachmittag auf die Straße gehen mußte, um sich sein Essen zu erbetteln. Es hatte sich ein heftiger Abendsturm zusammengebraut, und als er in seine Hütte zurückkehrte, fand er das junge Mädchen allein darin sitzend, vor ihm ein köstliches Mahl. Er war peinlich berührt, nahm nur einen kleinen Bissen und bat das Mädchen schließlich, seine Hütte zu verlassen. Das lehnte es jedoch höflich mit dem Hinweis ab, der Nachhauseweg wäre wegen des Sturms zu gefährlich. Kurz darauf fielen sich die beiden in die Arme. Der heilige Mann gab sein Gelübde auf, wurde ein leidenschaftlicher Liebhaber und das Mädchen seine Gefährtin. Sie verließ das Haus ihrer Mutter und beide lebten fortan ohne Scheu vor der Öffentlichkeit miteinander.

Als der König das erfuhr, war er so glücklich über seinen Triumph, daß er sofort zu der Hütte stürmen wollte. Doch die alte Kurtisane bat ihn um Geduld, da es noch keinen endgültigen Beweis für die moralische Verwerflichkeit Ghantapas gäbe. Das Liebespaar lebte viele Jahre sehr glücklich miteinander, ihnen wurde sogar ein Kind geboren. Nach einiger Zeit forderte die Kurtisane ihre Belohnung ein; der König und sein gesamter Hofstaat begaben sich auf den Weg zu Ghantapa. Sie wollten den gefallenen Mönch zur Rede stellen und ihren Triumph über ihn auskosten.

Vor der Hütte angelangt, traf die Prozession die beiden Liebenden Hand in Hand vor ihrer Hütte an. Mit seiner freien Hand hielt Ghantapa das Kind, seine Gefährtin in der ihren eine Flasche Wein. Der König schrie aufgeregt: »So, und wer ist jetzt korrupt und wer ist rein?« Ghantapa erwiderte: »Es gibt nichts hier, was unrein wäre.« Er hob das Kind in die Höhe, und es verwandelte sich in einen leuchtenden Vajra, das Symbol des magischen Körpers der Erleuchtung.[19] Seine Gefährtin warf die Weinflasche zu Boden und diese verwandelte sich in die dazu gehörige Vajra-Glocke, das Symbol der durchscheinenden Transparenz der Erleuchtung.[20]

Das Paar entschwebte völlig unbekleidet in den Himmel, nahm übermenschliche Größe an, umschlang sich in inniger tantrischer Liebesvereinigung, war umstrahlt von einem regenbogenfarbenen Lichtkranz. Alle erkannten in ihnen das Urbild des großen asketischen Buddha-Körpers Chakrasamvara, das Buddha-Paar der Höchsten Glückseligkeit.

Den größten Erfolg bei der Ausbreitung des methodischen Systems zur Erlangung der Erleuchtung konnten die bedeutenden Vollendeten möglicherweise im nördlichen Himalaja, in Tibet, verbuchen. Dort wurde die kriegerische Gesellschaft in das Mandala eines friedfertigen, vervollkommneten Universums verwandelt – nicht in ein bereits vollkommen realisiertes Mandala, sondern in ein reines Land, in dem die gesamte Nation bestrebt war, dieses Wirklichkeit werden zu lassen.

Padmasambhava war der große tantrische Vollendete, der im 8. Jahrhundert das kriegerische Tibet durch die Einführung der Lehre bekehrte.[21] Sein Name bedeutet wörtlich »Der aus dem Lotos Geborene«, da er der Legende nach mitten in einem See auf einem Lotos geboren worden sein soll. Mit seiner Geburt erfüllten sich, so heißt es, die zornigen Gebete des bis dahin ohne Erben gebliebenen Königs von Oddiyāna, des Königs eines mythologischen Reiches im Norden Pakistans zwischen Afghanistan und Kaschmir.

[19] Der Vajra, eines der zentralen Symbole des Tantra, ist ein zepterähnliches Gebilde, häufig aus Metall, und symbolisiert den Aspekt der geschickten Mittel zur Erleuchtung, steht für die Einheit von Weisheit und Methode, also für erleuchtetes Bewußtsein und barmherziges Wirken. [Anm. d. Übers.]

[20] Die klingende Glocke, sie ist im Innern leer, symbolisiert den Weisheits-Aspekt, das intuitive Erfassen der Leere. [Anm. d. Übers.]

[21] Er ist einer der historisch faßbaren Begründer des Tibetischen Buddhismus. [Anm. d. Übers.]

Wie zuvor Buddha Shākyamuni soll auch Padma sich schon früh seinen Verpflichtungen als Prinz des Oddiyāna-Reichs entzogen haben und Mönch geworden sein. Später lebte er als Asket außerhalb der Klostermauern und wandte die unterschiedlichsten unkonventionellen Methoden an, um schnell zur Erleuchtung zu gelangen, da er das Leiden der anderen fühlenden Wesen nicht länger zu ertragen vermochte. Er wohnte in Höhlen und auf Begräbnisplätzen, zähmte Dämonen, und entwickelte Fähigkeiten, mit denen er die wahre Natur der Realität zu erkennen vermochte. Er scharte eine Gefolgschaft um sich und ging später in das bengalische Pala-Königreich, wo er seine Gefährtin, Prinzessin Mandāravā, fand. Wie alle weiblichen Eingeweihten bekam diese große Probleme, da sie sich ihrem königlichen Vater widersetzt und eine standesgemäße Heirat abgelehnt hatte. Padma half ihr aus den Schwierigkeiten, und sie begannen mit Meditationsübungen, zu denen auch die tantrische Praxis der Liebesvereinigung gehörte. Als man sie in aller Öffentlichkeit innig umschlungen beobachten konnte, wurde Mandāravās Vater so wütend, daß er das Paar zusammen auf einen riesigen Scheiterhaufen binden ließ, dessen Feuer drei Tage und drei Nächte brannte. Als die Flammen verloschen waren, fand man die Liebenden unversehrt und noch immer in glückseliger Vereinigung auf einer riesigen Lotosblüte inmitten eines nach Sandelholz duftenden Sees, der sich an der Stelle des Scheiterhaufens gebildet hatte.

Diese Auferstehung war ein überwältigendes Erlebnis für König und Untertanen, sowohl in ästhetischer als auch metaphysischer Hinsicht. Padma und Mandāravā legten ihre Einsichten über Toleranz, Weisheit und Barmherzigkeit dem ganzen Volk bei vielen Gelegenheiten dar, bevor sie sich schließlich in den Himalaja aufmachten, um dort ihre glückselig machenden tantrischen Praktiken fortzusetzen.

Gegen Ende des 8. Jahrhunderts rief der tibetische König den großen Philosophen Shāntirakshita, den Abt der bedeutendsten indischen Klosteruniversitäten, in das kriegerische Himalaja-Königreich, um dort die erste Klosteruniversität errichten zu lassen. Monarch und Abt verfochten mit allem Nachdruck ihr Vorhaben, doch die einheimischen Bön-Priester[22] konnten sich nicht mit den Prinzipien der Erleuchtung anfreunden. Sie meinten, man erzürne ihre Stammesgottheiten, wenn man ihnen die traditionellen Schlachtopfer nicht mehr darbrächte. Für den kriegerischen Adel gab es nichts Nutzloseres als ein Volk friedfertiger Mönche, die nur aßen, schliefen, studierten und meditierten. Der Abt entwarf die Pläne für das Bauwerk, und der Monarch beauftragte Handwerker damit, die Mauern des Komplexes hochzuziehen. Doch in jeder Nacht kamen die Stammesgottheiten mit Dämonen und rissen das Mauerwerk wieder nieder. Bald war die Staatsschatulle fast leer. Eine Seuche brach aus, und die Priester meinten, der Klosterbau sei daran schuld, weil er die Gottheiten beleidige. Der Abt riet dem König, Abgesandte nach Indien zu schicken, um den großen Eingeweihten Padmasambhava nach Tibet einzuladen, da nur er allein mit den Schamanen, Gottheiten und Dämonen fertig werden könne.

Padma erwartete die Abgesandten an der Grenze und willigte ein, sie nach Tibet zu begleiten. Als er zur Audienz beim König erschien, erregte er den Zorn der Höflinge, weil er sich weigerte, sich vor dem König zu verbeugen. Sie wußten zwar, daß Mönche sich nicht vor Laien verbeugen, nicht einmal vor Königen, doch Padma war zu jener Zeit kein Mönch. »Für wen hältst du dich, daß du dich nicht vor dem Herrscher aller Staaten Zentralasiens verbeugst?« »Für wen haltet Ihr mich, daß Ihr Euch nicht vor dem Herrscher des Dharma verbeugt?« erwiderte Padma prompt. Er machte eine elegante, weit ausholende Geste mit seinem Arm in Richtung der Umstehenden, wobei seine Fingerspitzen sich in Lichtstrahlen verwandelten. König und Adlige duckten sich, sie verbeugten sich unwillkürlich vor diesem großen Vollendeten. Dieser lächelte, weil es ihm gelungen war, sich den Kriegern unmittelbar verständlich zu machen.

[22] Bön ist der Sammelbegriff für die verschiedenen religiösen Strömungen vor Einführung des Buddhismus in Tibet. [Anm. d. Übers.]

Das Prinzip des Vollendeten besteht darin, zuerst die Gottheiten eines Volkes in der Lehre zu unterrichten, um das Volk leichter zum Glauben bekehren zu können. Padma bestieg den niedrigen Sandberg Hebo, den man vom Tsetang, über den großen Fluß [Brahmaputra, Anm. d. Übers.] blickend, sieht. Dort sollen – so der Mythos – die ersten Tibeter aus der Vereinigung eines himmlischen Affen mit einer irdischen Riesin geboren worden sein. Auf diesen Berg zog er sich in Klausur zurück, nachdem er zuvor den Herrscher angewiesen hatte, erst dann nachzukommen, wenn er ihn dazu auffordern würde. Monate vergingen, in denen der Berg von Donner und Blitz eingehüllt war und auch andere als böse Omina gedeutete Zeichen dort zu sehen waren.

Der Herrscher wurde schließlich ungeduldig und begab sich während eines furchtbaren Sturms auf den Berg. Er konnte Padma nirgends entdecken, doch wurde er Zeuge eines Titanenkampfes zwischen einem riesigen Adler und einem wilden Drachen, vergleichbar etwa dem durch Leinwandeffekte hochstilisierten Kampf von Godzilla gegen Mothra. Der Adler war gerade dabei, den Drachenleib zu verschlingen, nur eine Schwanzspitze hing noch aus seinem Schnabel und peitschte hin und her. Als der zu Tode erschrockene Herrscher einen Schrei des Entsetzens ausstieß, hörten die Riesentiere auf zu kämpfen und begannen zu schrumpfen. Der Drache verwandelte sich in eine kleine Schlange und glitt davon, der Adler nahm die Gestalt Padmasambhavas an. Zornig schalt dieser den Herrscher wegen seiner Ungeduld: Die Drachenschlange – eine Manifestation des Selbsts der tibetischen Nationalgottheit – sei nun nicht vollständig gezähmt worden. Der Herrscher, so prophezeite Padma, könne zwar mit dem Bau der Klosteruniversität fortfahren, doch die lokalen Götter seien nun für immer unberechenbar. Sie würden der Erleuchtungsbewegung am Ende ihre Unterstützung entziehen, und die Tibeter hätten einen enorm hohen Preis dafür zu zahlen.

Das Bauprojekt wurde zügig beendet. Shāntirakshita kehrte mit anderen weisen indischen Meistern nach Tibet zurück, sie ordinierten die erste Gruppe tibetischer Mönchsgelehrter, und die Universität Samyey öffnete ihre Pforten. Im Laufe der folgenden fünfzig Jahre wurde sie zum Anziehungspunkt Tausender Gelehrter aus ganz Asien. Sie brachten Schriftstücke und Erkenntnisse über alle zu damaliger Zeit bekannten Künste und Wissensgebiete mit, so daß es zu einem der großen weltgeschichtlichen Ereignisse interkultureller Befruchtung und Bewahrung von Kulturgütern kam. Bald nachdem die Lehren des Großen Fahrzeugs und des Tantrismus nach Tibet gelangt waren, gerieten sie in ihrem Ursprungsland Indien beinahe vollständig in Vergessenheit.

Padma machte sich daran, Tibet zu einem Refugium der Erleuchtungslehre zu machen. Er wählte eine Gruppe von 25 besonders befähigten Schülern aus, einige von ihnen waren Frauen, und zog sich mit ihnen aus der Gelehrtenarbeit an der Universität in die Kristallhöhlen der umliegenden Berge zurück. Hier führte er diese bedeutenden Asketen in die wahrhaft beglückenden esoterischen Lehren des Tantra ein. Sie alle hatten die außergewöhnliche Fähigkeit, diese sofort zu begreifen, und begannen alsbald, sie zu praktizieren, so daß sie sehr schnell zu höherer intuitiver Verwirklichung gelangten. Dann zogen sie in alle Richtungen Tibets aus und setzten das Werk Padmas fort, die vielen in den Weiten des Transhimalaja lebenden lokalen Gottheiten zu zähmen. Während Mönche und Gelehrte an der neuen Universität unermüdlich an einer neuen Zivilisation für Tibet arbeiteten, setzten sich die tantrischen Meister unmittelbar mit den überlieferten einheimischen Kräften auseinander, mit den im Volksglauben verwurzelten Gottheiten; aus blutrünstigen, unberechenbaren Gottheiten wurden schließlich ergebene Diener des Dharma.

Nachdem Padma den Grundstein für die Ausbreitung dieser besonderen Richtung des kostbaren Dharma in Tibet gelegt und auf so wunderbare Weise auf dem Dach der Welt ein Mandala strahlender spiritueller Energie geschaffen hatte, verließ er Tibet, um andere nichtzivilisierte Länder zu erwecken. Der Legende nach lebt er noch immer in seinem verborgenen Paradies mitten im afrikanischen Urwald. Und die Tibeter gaben sein Vermächtnis der Friedfertigkeit bis zum Einmarsch der chinesischen Kommunisten im Jahr 1950 von Generation zu Generation weiter.

Jeder der bedeutenden Vollendeten hat eine vergleichbare Biographie. Es handelt sich jeweils um Menschen, die in all ihrer beglückenden Herrlichkeit und ihrem vollkommenen Erfülltsein hervortreten, um die Allgemeinheit mit ihren konventionellen Denkgewohnheiten wachzurütteln. Stets triumphieren sie über die Unaufgeklärtheit und negativen Kräfte in der Gesellschaft und wirken inspirierend auf diese Gesellschaft, so daß der notwendige Freiraum für die Erfüllung der einzelnen ihr angehörenden Menschen geschaffen wird. Diese großen Vollendeten sind im höchsten Grad Erzeuger von Leben und haben sich selbst als eigene Meisterwerke erzeugt. Sie haben aus ihrem gewöhnlichen Körper, ihrer Stimme und ihrem Geist jene außergewöhnlichen Meisterwerke geformt. Zunächst sind die mit diesen Werken konfrontierten Zeitgenossen vor den Kopf gestoßen, entsetzt, verunsichert und aufgebracht. Doch dann triumphiert die reine Glückseligkeit und Schönheit über ihre starre Ablehnung, läßt die Menschen aus den eingefahrenen Gleisen ihres Ichs hervortreten und macht sie empfänglich für unvorstellbare Lebensfreude und Erfüllung. Die politischen Auswirkungen einer derartigen Manifestation der Stärke des Individualismus sind immens groß. Es ist jene Kraft, die von der Fähigkeit ausgeht, sich transzendenter Erfahrung zu öffnen, die fortan allen Mitgliedern eines Gemeinwesens gesellschaftlich und ästhetisch unmittelbar vor Augen geführt wird. Das war das Ziel Padmasambhavas in Tibet, als er diese kriegerische Gesellschaft befriedete, und auch Ghantapa machte dies dem Herrscher und seinem Hofstaat klar, als er und seine Gefährtin ihnen die ihrer vollkommen natürlichen Kraft entströmende Energie offenbarten.

Die großen Vollendeten legen durch ihr Dasein Zeugnis ab von der positiven Entwicklung der alten indischen Gesellschaft und dem schöpferischen Individualismus, beides

Frucht ihrer erleuchteten Selbstverwirklichung. Sie fühlten sich keiner bestimmten Institution zugehörig, und wurden von allen Schulen der damaligen Zeit als herausragende Meister betrachtet; für die Buddhisten waren sie »die Vierundachtzig«, für die Hindus »die Achtzig«. Sie waren die indischen Vorläufer der Zen-Meister Ostasiens, der romantischen Dichter des 19. Jahrhunderts und der amerikanischen Individualisten Walt Whitman und Allen Ginsberg. Sie vereinigten in sich das gesamte Lebenspotential. Sie waren gewissermaßen Psychonauten, wegweisende Experimentatoren jener inneren Technologien, die zur Schaffung einer Kultur der Erleuchtung führen, modernen Astronauten vergleichbar, die sich als Vorreiter in der Erforschung von Technologien für unsere materielle Welt betätigen. Die großen weiblichen und männlichen Vollendeten nutzten jene inneren Ressourcen, die sie über Leid und Unzulänglichkeit triumphieren ließen, um den Menschen in aller Welt Lebensfreude und Hoffnung zu bringen.

Wenn wir Bekanntschaft mit der Welt dieser psychonautischen Vollendeten machen, schrecken wir zunächst zurück vor dem magischen Hauch, dem von uns nicht ernst genommenen Übernatürlichen, der mystischen Phantasie, dem Konzept »geistiger Hochtechnologie«. Doch wenn es um materielle Hochtechnologie geht, scheinen unserer Phantasie keine Grenzen gesetzt. Voller Stolz stellen wir die Wunder moderner Wissenschaft und Technik zur Schau. Wir belächeln, daß unsere Vorfahren in Fernsehbildern Hexerei gesehen hätten, eine durch ein Elektronenmikroskop betrachtete Mikrozellenkultur für sie teuflisches Machwerk gewesen wäre. Sie hätten es verurteilt, eine Rakete zum Mond zu schicken, weil das eine Verletzung der himmlischen Sphäre gewesen wäre. Genmanipulation wäre für sie ein Eingriff à la Frankenstein in das göttliche Werk der Schöpfung gewesen. Und die Vorstellung von der Vernichtung allen Lebens auf Erden durch Zigtausende von Atom- und Wasserstoffbomben wäre ihnen als diabolisch und zugleich abwegig erschienen. Wir haben gelernt, all diese technischen Wunder als normal zu betrachten, sie gehören zur Realität unseres Lebens. Und doch klammern wir uns genauso fest an unsere Vorstellungswelt, wie die Menschen im Mittelalter an ihrer Überzeugung festhielten, die Welt sei eine Scheibe.

In der traditionellen buddhistischen Lehre kam vor mehr als zweitausend Jahren das Wissen um mikro- und makrokosmische Dimensionen dadurch auf, daß die Buddhisten sich verfeinerter Kontemplationsmethoden bedienten, um die fünf Sinne durch den sechsten Sinn, das Geist-Bewußsein, zu ergänzen. Die Anhänger dieser Lehre entdeckten auf diese Weise die unendliche Teilbarkeit der Atome und die Mikroben. Und – dies war am wichtigsten für ihren Weg zur Erleuchtung – sie entdeckten ihre eigenen Neuronen und sogar die subatomare Ebene ihrer eigenen Bewußtheit. Dieser Bereich ist für uns nur dann übernatürlich, wenn wir »natürlich« ganz eng definieren, nur dann mystisch, wenn er analytisch unvollkommen durchleuchtet wird. Er ist für uns nur dann magisch, wenn wir die damit zusammenhängenden Techniken nicht beherrschen.

In unserem Denken geschieht ständig Magisches. Wenn Sie ein Objekt in Ihrem Gesichtsfeld sehen, dann hat Ihr Gehirn die in Ihren Neuronen gespeicherte Datenbank durchsucht und einen Gegenstand der Wahrnehmung an die Oberfläche befördert, ein besonderes, in einem dieser Neuronensätze gespeichertes Muster. Es hat mittels seiner Zapfen- und Stäbchenneuronen die ankommenden, von allen Objekten des Gesichtsfelds ausstrahlenden Photonen gefiltert. Es hat je nach Farbe und Position des Objekts zu Vorder- und Hintergrund einen Fleck zusammengestellt, eine sich von anderen Objekten unterscheidende Gruppe selektiert, sie mit dem synaptischen Wahrnehmungsmuster in Einklang gebracht – und siehe da: Wir sehen einen »Baum«, ein »Haus« oder einen »See«. Dieser Prozeß unterscheidet sich nicht sehr von einem Softwareprogramm, das einen Computer anweist, das Bild eines Baumes auf den Monitor zu projizieren, nachdem wir das Wort »Baum« eingetippt haben. Ein solches Programm besitzt eine sehr komplexe Struktur verschiedener Muster, die ihrerseits in ein komplexes System integriert ist. Wenn sich aber ein Virus in die Software eingeschlichen hätte, das das Bild eines Autos auf den Bildschirm brächte, obwohl wir »Baum« eingetippt hatten, würden wir eine andere Software einsetzen, ein Diagnose-Hilfsprogramm, das in die eigentliche Softwarestruktur eindringen würde, um dort nach einem Leck oder Fehler zu suchen. Dieses Programm selbst hätte überhaupt keine Vorstellung von »Baum« oder »Auto«, es würde vielmehr in den binären Schaltstellen des Systems nach einem Fehler suchen. Es würde nach einem fehlerhaften Mikroelement suchen, und zwar aus der subjektiven Sicht eines Mikroelements. Nachdem das Programm das Bild des Autos auf ein Gewimmel digitaler Punkte reduziert hätte, würde es nach dem Controller der falschen Wahrnehmung suchen, die bewirkte, daß die digitalen Punkte für Auto nach dem Kommando für »Baum« auf dem Bildschirm erschienen.

Dieses Diagnose-Hilfsprogramm funktioniert wie unser sechster Sinn, das Geist-Bewußtsein. Es arbeitet innerhalb der strukturgebenden Muster und steuert, daß der Computer seine Aufmerksamkeit den Ein- und Ausgabekanälen zuwendet, und diese sind den fünf Sinnen eines normalen Menschen vergleichbar. Die Arbeit des Diagnose-Hilfsprogramms ist einem subtilen Bewußtwerden vergleichbar und operiert von der untersten binären Ebene des Systems aus. Die großen Weisen unter den Erleuchteten haben es zu einer solchen Bewußtheit durch Kontemplation, durch systematische Analyse und Durchdringung der gewöhnlichen groben Strukturen gebracht. Sie können die Photonen unmittelbar von der neuronalen Ebene aus wahrnehmen, sie können die subjektiv geschauten inneren Bilder von der strukturierten groben Wahrnehmung abtrennen und zu subtileren Ebenen gelangen. Durch dieses speziell entwickelte Geist-Bewußtsein können sie in zuvor nie dagewesener Weise die Wahrheit begreifen und transformieren.

Während der europäischen Aufklärung machte sich Voltaire über die Vorstellung lustig, diese unsere Welt sei die beste aller denkbaren Welten. Als Anhänger der monotheistischen Religionen Judentum oder Christentum muß man sich notwendigerweise mit diesem Gedanken auseinandersetzen, denn man glaubt ja an die Existenz eines allmächtigen, barmherzigen Schöpfergottes. Voltaire ließ den armen Candide eine Leidensgeschichte nach der anderen durchleben und ihn nach jedem Desaster gebetsmühlenartig wiederholen: »Dies ist die beste aller denkbaren Welten!«

Die Denker jener Aufklärungsbewegung waren es leid, daß alles Unglück in der Welt von der Kirche vernunftgemäß erklärt wurde, und man behauptete, alles sei nur zum Besten der Menschheit. Wenn Gott von alles umfassender Güte wäre und allmächtig – so die Argumentation der Aufklärer –, dann gäbe es überhaupt keinen Grund, Menschen zu erschaffen, die leiden müssen. Da wir aber offenbar doch leiden, scheint dahinter Sein göttlicher Ratschluß zu stehen, wir hätten durch Erfahrung zu lernen.

Voltaire war der Ansicht, wenn die Menschen diese Rationalisierung des Leidens und des Unglücks hinnähmen, machten sie sich zu Sklaven der Kirche, der weltlichen Obrigkeit und der Tradition. Ein solches Verhalten lasse sie unfähig werden, selbständig zu denken, ihr Schicksal selbst in die Hand zu nehmen und in den Lauf der Weltereignisse einzugreifen, um ihre Lage zu verbessern. So forderte er seinen Helden Candide spöttisch auf, er solle doch die Europäer ermutigen, sich auf ihren Verstand zu verlassen. Und die Europäer reagierten mit der Entwicklung von Wissenschaft und Technik: Sie förderten die industrielle Revolution und griffen radikal in den Lauf der Natur ein, sie setzen sich über alle Tabus hinweg, säkularisierten alles und kamen zu enormen neuen naturwissenschaftlichen Erkenntnissen; sie machten sich daran, die Natur zu verändern – und dies gelang ihnen gründlich. Wenn sie an hinderliche traditionelle Gesellschaftsstrukturen stießen, fegten sie diese mit den zahlreichen großen Revolutionen hinweg – bis heute. Als ihre eigenen

Ressourcen zur Neige gingen, entwickelten sie effizientere Waffen und Verkehrsmittel und begannen die Völker all jener Rassen zu unterwerfen, die nicht über ihre wissenschaftlichen Kenntnisse und ihre Möglichkeiten des Transports und der Kriegführung verfügten. Sie eroberten die Welt.

Diese Rechnung schien für die Bewohner des Abendlandes vom 17. bis zum 20. Jahrhundert auch aufzugehen. Das 20. Jahrhundert begann für uns in der Überzeugung, Kapitalismus, Kommunismus oder Staatsbürokratismus, gestützt auf Wissenschaft und Technik, werde uns geradewegs in unser Utopia führen, in unseren Himmel auf Erden, in dem es keine Krankheit, keine Not, keine Armut, kein Leiden mehr gäbe. Wir glaubten, wir stünden kurz vor Verwirklichung der besten aller denkbaren Welten aus rostfreiem Stahl, Plastik, Chemie, mit Wohlfahrtssystemen, Universitäten und Industriekonzernen.

Doch es ist nicht wie gewünscht gelaufen. Einige erwarten inzwischen voller Pessimismus und nihilistischer Gedanken, daß Umweltverschmutzung, Bevölkerungsexplosion, Krieg und Verarmung alles Leben auf der Erde vernichten wird. Andere halten es mit Candide seinerzeit, lehnen sich einfach zurück und warten auf einen Erlöser.

Die Welt ist – objektiv betrachtet – weder die beste noch die schlechteste aller denkbaren Welten; die Welt ist das, was der einzelne aus ihr macht. Eine Welt einzelner ist das kollektive Bewußtseinsfeld all dieser einzelnen Menschen. Auf dem Boden der Freiheit stehend, können wir die Dinge mit neuem Bewußtsein angehen, können gewandelt neue Beziehungen eingehen und mit einer neuen Zielsetzung Freiheit und Glück mit anderen teilen. Wir können Poeten und Seher der Wahrheit werden. Wir können große Vollendete, wahre Menschen und Handelnde im Sinn der Barmherzigkeit werden. In einer Welt leben heißt, diese Welt fortwährend neu erschaffen. Jeder Angehörige eines Volkes muß um die bösen und guten Träume seiner Vorfahren wissen, von der Vision erfüllt sein, sich etwas Besseres zu erträumen, und den Mut haben, diesen schöneren Traum auch zu verwirklichen.

Will ein Vollendeter den messianischen Impuls in einem bestimmten Volk erwecken, muß er seinen Plan, die Gesellschaft zu transformieren, auf der Basis des Weltbilds dieses Volkes aufbauen. Dieses hat seine Götter, seine Mythen, seine heroischen Gründergestalten, seine Ideale und sein Sendungsbewußtsein für die Welt, genau wie ein einzelner Mensch auch. Der Vollendete muß sich wie ein Anthropologe zunächst mit der betreffenden Kultur befassen und sich dann diesem kulturellen Weltbild anpassen, die Ideale erfüllen und in gewissem Sinne sein Verhalten an den Mythen des Volkes ausrichten. Doch der messianische Vollendete darf sich nicht nur anpassen. Er oder sie muß die Kultur auch umformen, die jungen Triebe des an der Erleuchtung orientierten Denkens den alten Traditionen aufpfropfen.

Wir glauben, unsere Welt sei gezähmt und zivilisiert, da wir in Städten leben und uns vermeintlich die Natur untertan gemacht haben. Es fällt uns schwer, uns selbst als unzivilisiert und unbeherrscht zu betrachten. Doch »zivilisiert« sollte eigentlich mehr bedeuten, als in Städten zu leben. Es sollte bedeuten, daß wir weise, sanftmütig, gerecht und sogar schöpferisch sind, was den Umgang mit der Welt angeht, mit anderen Lebewesen, gleich ob Tier oder Mensch. Ich bezeichne unsere Zivilisation als »äußere Zivilisation«, denn ihre Fortschrittlichkeit ist rein äußerlich. Sie beruht darauf, daß die ganze Kraft menschlicher Vernunft darauf verwendet wird, das äußere Universum zu erobern und zu zähmen – das Universum der Materie und Energie, der Länder und Kontinente, der materiellen Güter und Produkte; die Menschen werden dabei als eine Ressource betrachtet, die es für die Produktion anzulernen gilt und die zu entwickeln ist. Wir haben eine gewisse Macht über die Natur in dem Sinn, daß wir in der Lage sind, in planetarischem Maßstab Dinge zu zerstören – aber wir besitzen keinerlei Fähigkeit, die großen planetarischen Ereignisse zu beherrschen, die tektonische Plattenbewegung, die Vulkane, die Hurrikans etwa und dergleichen mehr. Auch unsere schöpferische Kraft ist begrenzt, wir haben erfahren, daß wir kein Paradies des Materialismus errichten können, kein Utopia der Kapitalisten oder Kommunisten, in dem Menschen mit in ihren Körper eingepflanzten Organen ewig leben, jeder Mensch ein Auto besitzt, Bevölkerung, Ressourcen, Nahrung und Wohlstand gleichmäßig verteilt sind, so daß niemand ernsthaft Not leidet, jede alltägliche Schwierigkeit behoben und beherrscht werden kann.

Und was haben wir trotz aller Bemühungen nicht unter Kontrolle bringen können? Wir haben unser eigenes Bewußtsein noch kaum gezähmt. Unsere Glaubensvorstellungen leisteten bis zum Beginn der Neuzeit eine Art Zähmungsarbeit. Sie sorgten dafür, daß moralische Kriterien für unsere Weltanschauung galten und wir es als wertvoll erachteten, wenn es uns gelang, unsere stärkeren animalischen Instinkte besser im Zaum zu halten. Doch durch diese Glaubensvorstellungen wurden uns, ausgenommen hiervon ist eine kleine Schar von Mönchen und Mystikern, nicht die Techniken vermittelt, mit denen ein für allemal die negativen Leidenschaften besiegt werden können. Und so geschah es, daß unsere inneren Energien durch den erdrückenden Einfluß von Ideologie, Kirche und Staat nicht mehr zu beherrschen waren und in ihrer ganzen Gewalttätigkeit zum Vorschein kamen, in Form von Faschismus, Zerstörungsorgien technologischer Kriegführung und planetarischer Drohung mit gegenseitiger nuklearer Vernichtung.

Wir sind die eigentlichen Wilden – trotz der äußeren Fortschrittlichkeit. Wir sind an dem Punkt angelangt, an dem unsere tödlichen Leidenschaften sich zum planetarischen Feind Nummer eins entwickeln. Unterdessen haben uns die großen Vollendeten ihre Aufmerksamkeit schon seit einigen Jahrhunderten zugewandt. Doch wir nehmen ihre Bemühungen in gesellschaftlichem Rahmen überhaupt nicht wahr. Wir könnten uns ein wenig mit Meditation vertraut machen, könnten ein Zen-Zentrum oder ein tibetisches Kloster besuchen. Doch erwarten wir uns von diesen Institutionen oder Lehrern keinen merklichen gesellschaftlichen Einfluß. Wir sehen darin auch keinen politischen Nutzen, da wir nicht an eine Veränderungsmöglichkeit glauben. Wir meinen, unser absolutes Gefühl der Hilflosigkeit sei realistisch und gerechtfertigt.

Als Mittelweg zwischen den beiden Extremen – einerseits autoritäres Unterdrücktwerden und andererseits selbstzerstörerischer Nihilismus – bietet sich an, unsere systematische wissenschaftliche Begabung, unseren Enthusiasmus und unsere Erfindungsgabe zu nutzen und unsere Aufmerksamkeit unserer inneren Befindlichkeit zuzuwenden, so wie wir unsere Aufmerksamkeit mit so großem Erfolg auf die äußeren Naturgegebenheiten gerichtet haben. Warum nicht spirituelle Ausgeglichenheit und Harmonie systematisch entwickeln? Wir haben die Möglichkeit, unsere tödlichen Leidenschaften und deren instinktbedingte Grundlagen zu erforschen, wir haben die Fähigkeit, herauszufinden, wie genau diese funktionieren, wie sie von uns Besitz ergreifen und uns als ihre Werkzeuge benutzen. Danach können wir Techniken und Fertigkeiten entwickeln, diese zu besiegen und in nützliche Energien umzuwandeln. Oder wir können uns der Techniken der uns vorangegangenen Vollendeten bedienen.

In Tibet, wo die Erleuchtungsbewegung unter Führung der großen Vollendeten eine tausendjährige Blütezeit erlebte, gilt Padmasambhava allgemein als Held der kulturellen Umwandlung. Er behauptete sich in jener dramatischen Konfrontation auf dem Berg Hebo gegen die mächtige Vatergottheit; Padma, verkörpert durch einen Adler – Symbol seiner transzendenten Weisheit –, verschlang den Drachen. Die Gottheit mochte noch so groß und mächtig sein – angesichts der unendlichen Wahrheit der Leere schrumpfte sie zur Bedeutungslosigkeit. Das Vertrauen in ihre Größe schwand, sie erkannte ihre Vergänglichkeit, sie fühlte, daß sie sich auflöste und starb. Padma lehrte sie in diesem kurzen Kampf die Wahrheit der Selbstlosigkeit. Gleichzeitig mußte die Gottheit auf demütigende Weise von ihrer Illusion Abschied nehmen und wurde befreit von dem ewigen Mißverständnis, alle

Phänomene existierten in Unabhängigkeit voneinander. Die von dem verängstigten und ungeduldigen Herrscher auf dem Hebo verursachte Unterbrechung des Kampfes war möglicherweise die Phase der Erleichterung und Freude, die nach der Erleuchtung kommt, wenn man vollkommen in die Weisheit eingetaucht ist. Die Folge der Unterbrechung war, daß der Drache, wie von Padma vorausgesagt, ein paar Jahrzehnte später noch einmal mit seinem Schwanz schlug, sich in egozentrischem Zorn aufbäumte und die soeben geborene Zivilisation der Erleuchtung bedrohte.

Diese radikale Reformierung ist das Werk des großen Vollendeten und Anthropologen. Sie kann als psychisches Eintauchen in die ererbten Grundlagen des kollektiven Unbewußten eines Volkes verstanden werden, wo die mythischen Strukturen der nationalen Identität angesiedelt sind. Dort muß sich der Vollendete mit den lokalen Gottheiten auseinandersetzen, eine Auseinandersetzung, aus der er aufgrund seiner besonderen Einsicht in die Selbstlosigkeit als Sieger hervorgeht. Es handelt sich dabei nicht um zwei Kräfte des Selbsts, die einander feindlich gegenüberstehen, wie bei dem Eindringen einer Kultur in eine andere. Es handelt sich hier vielmehr darum, daß der Vollendete in der Lage ist, die Stärke der Gottheit gegen sich selbst zu richten. Er ist – aufgrund seiner weisen Einsicht in die Selbstlosigkeit – stets er selbst und gleichzeitig auch der andere. Er erlebt den Kampf aus der Sicht des Feindes und zugleich aus seiner eigenen; er erahnt jede Bewegung der Gottheit, da es gleichzeitig die eigene ist, bringt die größten Ängste der Gottheit ans Licht, da auch er diese spürt. Die Gottheiten, die in ihren furchterregendsten Aspekten erscheinen, müssen erleben, wie diese augenblicklich – millionenfach verstärkt – auf sie selbst zurückwirken. Eine Gottheit, gewohnt daran, mit nur einem winzigen Anflug gerechten Zorns ganze Universen in Höllen zu verwandeln, erlebt, wie plötzlich ungezählte gewaltige Kräfte auf sie selbst niedersausen, auf sie zurückgeworfen wegen der Eigentümlichkeit des besonderen Raum-Zeit-Verhältnisses der Leere. Voller Einsicht in die Leere vermag Padma in seinem Wissen um die Selbstlosigkeit alle negativen Energien in unendlicher Verdichtung einzusaugen: Die Gottheiten lassen unverzüglich von ihrem Zorn ab, sobald sie erkennen, daß niemand ihnen Böses will, wenn sie sich nicht mehr zornig verhalten, und auch kein Zorn mehr auf sie zurückgelenkt wird. Durch diese Erkenntnis öffnet sich den Gottheiten der Weg zur eigenen Weisheit, sie vermögen nun, ihr allmächtiges Autoritätsgebaren abzulegen und sich des Einsseins mit allen Geschöpfen zu erfreuen, anstatt vollkommen entfremdet über ihnen zu thronen. Die Götter werden dankbare Jünger und Anhänger des Vollendeten, sie unterstützen die Neugestaltung des Universums durch die erleuchtete Bewegung – das Universum wird zu einem Gefäß der Erleuchtung und bleibt nicht länger Forum andauernder Konflikte; die auf diese Weise gewandelten Gottheiten sind natürlich wir alle.

Der spirituelle Weg der Transformation des kriegerischen Tibet könnte für uns ein Vorbild dafür sein, wie wir die Zivilisierung unserer eigenen ungezügelten Welt vollenden könnten. Unablässig befleißigen wir uns, die Stätten aufgeklärter Erziehung mit Mauern zu umgeben, doch lokale Gottheiten in Gestalt von Kollektivismus, Militarismus, Nützlichkeitsdenken, Geiz und Fanatismus reißen diese ständig wieder ein. Wir benötigen unseren eigenen Padmasambhava und Shāntirakshita.

Möglicherweise müssen wir einen anderen Weg begehen. Vielleicht muß jeder von uns sein eigener Herrscher werden. Bei uns gibt es zwar kein Königtum mehr, doch in unseren modernen Demokratien ist jeder insofern ein König, als er mit seiner Stimme die Regierungsverantwortlichen wählt. Wir können dafür sorgen, daß die Regierung das tut, was wir wollen. Jeder einzelne muß sich seinen Abt und Lehrer einladen und sich einem Lernprozeß unterwerfen. Jeder einzelne muß seinen vollendeten Führer finden und sich auf eine poetische Reise begeben, auf die Suche nach dem Traumbild, das beinhaltet: die Erzeugung des Mandala der aufgeklärten Vereinigten Staaten und eines aufgeklärten Europas.

Wollen wir die Schaffung einer freien Gesellschaft zu Ende führen, von der Washington, Franklin und Jefferson in Amerika und die Europäer zur Zeit der großen Revolutionen träumten, müssen wir auf die Quellen der aufgeklärten schöpferischen Kraft zurückgreifen, die wir kontinuierlich auf der Grundlage der spirituellen Wissenschaften Indiens und Tibets entwickeln können. Wir haben noch immer nicht die Dämonen gezähmt, die da heißen Rassismus, Nationalismus, Sexismus und Materialismus. Wir, in Amerika, haben immer noch nicht unseren Frieden geschlossen mit diesem von uns gewaltsam eroberten Land, für das wir nur teilweise bezahlt haben. Wir sind ein Gemisch aus verschiedenen Rassen und müssen erst noch lernen, uns Menschlichkeit im Umgang mit anderen anzueignen. Denn niemand von uns kann wirklich frei sein, solange nicht alle von uns befreit sind.

Kapitel 8

Innere Fortschrittlichkeit

Unbemerkt von der Weltöffentlichkeit vollzog sich in den letzten tausend Jahren der kulturellen Entwicklung Tibets ein kontinuierlicher Wandlungsprozeß in Richtung innerer Fortschrittlichkeit und gleichmütiger Evolution. Tibet fungierte gewissermaßen als ein im verborgenen wirkender Energiequell, mit dessen Hilfe sich die äußere Welt im letzten Jahrtausend allmählich aufgeklärtem Denken zuwandte. Die Bedeutung, die Tibet aufgrund seiner besonderen Kultur für die Geschichte der Spiritualität hatte, ist daher unvergleichlich größer, als man aufgrund seiner vergleichsweise geringen Bedeutung für die materielle Entwicklung der Welt annehmen könnte.

Nachdem Padmasambhava das tibetische Volk befriedet hatte, setzten seine vollendeten Schüler in den darauffolgenden Jahrhunderten ihre Mission an der Basis fort. Es gelang ihnen, die lokalen Sitten zu verändern und eine Wandlung in den Herzen der einzelnen Menschen zu bewirken und sie von egozentrischer Besessenheit zu aufgeklärter Bewußtheit zu führen. Dank ihrer unablässigen Bemühungen wurden Klöster und Schulen errichtet, der Adel Tibets und die Regionalherrscher begannen, mit den ihnen zur Verfügung stehenden bescheidenen Mitteln Abgesandte nach Indien zu schicken, um weitere gelehrte Schriften aufzuspüren, bedeutende Meister nach Tibet zu holen und der kulturellen Entwicklung wieder eine größere Schwungkraft zu verleihen.

Indien war eine riesige Landmasse mit einem für Tibeter nur schwer erträglichen Klima, und dazwischen lagen feindliche Königreiche. Im Jahr 1040 schickte der König Westtibets einige Abgesandte nach Indien, um einen der größten Vollendeten seiner Zeit, den weithin anerkannten spirituellen Meister Atīsha nach Tibet einzuladen. Als Atīsha die Einladung erhielt, befragte er sein Orakel in Gestalt der Göttin Tārā, die ihm erklärte, es sei hilfreicher für die Welt, wenn er nach Tibet ginge und nicht in Indien bliebe, obwohl seine persönliche Lebensspanne sich dadurch um siebzehn Jahre verkürzen würde. Atīsha reiste also nach Tibet, blieb dort die letzten zwölf Jahre bis zu seinem Tod und sorgte dafür, daß es zu einer bedeutenden Wiederbelebung der Erleuchtungsbewegung kam.

Berühmt war der Ausspruch Atīshas: »Alle Lehren sind frei von Widersprüchen, denn alle haben Bedeutung als praktische Handlungsanweisungen. Auf diese Weise läßt sich leicht die Absicht des Buddha nachvollziehen, und man vermeidet eine Spaltung in verschiedene Glaubensrichtungen.« In seinem Wirken erneuerte er im wesentlichen den Gedanken der Unmittelbarkeit, der beinhaltet, daß man durch gezielte Übungsmethoden zur Erlösung gelangen kann, und darüber hinaus verbreitete er den Gedanken, jedermann sei in der Lage, die Erleuchtung zu erfahren. Gleichzeitig wandte sich Atīsha jedoch gegen die Vorstellung, man könne ohne jegliche Übungsdisziplin zur Erleuchtung gelangen.

Als Atīsha nach Tibet kam, beschränkten sich die in den Klöstern lebenden Buddhisten darauf, strikt die moralischen und rituellen Vorschriften einzuhalten; sie betrachteten messianische und mystische Lehren als zu fortschrittlich und gefährlich. Diejenigen, die mystischem Denken zugeneigt waren, hielten wiederum die Klosterbrüder für zu rückständig und sich selbst für zu fortgeschritten, um sich noch länger um ihren eigenen sittlichen Geisteszustand sorgen zu müssen. Atīsha lehrte seine vielen tausend Schüler, wie die monastischen, messianischen und mystischen Übungsmethoden in eine einzige, umfassende Methodik integriert werden könnten.

Der Schlüssel zu dieser Integration der drei methodischen Wege war die persönliche Beziehung des Praktizierenden zu seinem spirituellen Lehrer, seinem Lama. Für Atīsha vollzog sich die gesamte Entwicklung eines Menschen – von der ersten Hinwendung zum Dharma bis zur Erlangung der höchsten Stufe der Erleuchtung – im Rahmen der persönlichen Beziehung von Lama und Schüler. Auf diese Weise konnte jede Generation aufs neue durch den Lama die unmittelbare Gegenwart des Buddha Shākyamuni erfahren. Die Lehren wurden nämlich in einer Linie von Buddha Shākyamuni auf den Lama weitervererbt, und alle Kenntnisse des Schülers über die Lehren des Buddha, basierend auf dessen persönlicher Erfahrung, werden diesem von seinem Lama vermittelt. Durch die intensive Beziehung zu seinem spirituellen Meister eröffnet sich dem Praktizierenden die Möglichkeit der schnellen Vervollkommnung.

Die Rolle des Lama hatte eine Art Brennglasfunktion, da der Lama dafür sorgte, daß die Strahlen der Lehre intensiviert wurden, um den Geist der Praktizierenden zu entflammen. Bei den Unterweisungen des Lama lag der Schwerpunkt auf Morallehren, Ausbildung sowie klösterlichen oder tantrischen Meditationssystemen, so daß die Gefahr eines autoritären Mißbrauchs dieser einflußreichen Position in Grenzen gehalten wurde. Im fortgeschrittenen Stadium der Entwicklung wurde die Person des Lama mit in den Einweihungsprozeß in das tantrische Mandala einbezogen, in dem der Lama als untrennbar mit allen Buddhas verwoben visualisiert wurde.

Die tibetischen Wanderer auf dem Pfad zur Erlösung hielten diese Methode für so effizient, daß Tausende von ihnen die Stufen spiritueller Transformation erklommen. Es wird berichtet, die Berghänge und Einsiedeleien Zentraltibets seien hell erleuchtet gewesen von der energetischen Strahlung, die von den hingebungsvoll Praktizierenden in ihrer vollkommenen Konzentration, ihrer tiefen Einsicht und durch ihre großmütigen Taten freigesetzt worden sei. Die gesamte Bevölkerung geriet unter den Einfluß dieser energetischen Strahlung einzelner Menschen, die freigesetzt wurde, als diese sich von ihrer jahrhundertealten Unwissenheit und von ihren Vorurteilen befreiten und die Erleuchtung erlangten. An vielen Orten entstanden Klosteruniversitäten, die zu Zentren des Gemeindelebens wurden – sie waren zugleich Schule, Tempel, Krankenhaus, Theater und Mittelpunkt des intellektuellen Lebens und damit auch maßgebend für Recht und Ordnung.

Es folgten vier Jahrhunderte, in denen sich die ganze Nation gleichsam in eine einzige große Klosteruniversität verwandelte, in der jeder einzelne seinen/ihren Kampf gegen die eigenen Dämonen siegreich beenden konnte. Auf lokaler Ebene wurde dadurch der Grundstein gelegt für die einzigartige klösterliche Gesellschaft Tibets. In dieser repräsentierte die buddhistische Mönchsgemeinde nicht länger die gleichmütige revolutionäre Gegenkultur, zu der der einzelne auf der Suche nach Erlösung Zuflucht nehmen konnte, um nicht durch alltägliche Pflichten abgelenkt zu werden. Die Vertreter der gleichmütigen Evolution schlüpften allmählich in eine neue Rolle und sorgten dafür, daß aus der Gegenkultur die alle nationalen Werte prägende kulturelle Hauptströmung Tibets wurde.

Nachdem die Hälfte der Zeit in diesem Wandlungsprozeß verstrichen war, erlangte im 12. Jahrhundert in Südtibet Yogi Milarepa als erster gewöhnlicher Tibeter die vollkommene Erleuchtung – er gelangte in einer einzigen kurzen Lebensspanne durch Praktizieren der tantrischen esoterischen Methoden zur Buddhaschaft. Die Biographie Milarepas gehört nicht nur zu den großen Klassikern der tibetischen Literatur, sondern ist als spirituelle Autobiographie auch ein Weltklassiker. Milarepa war nicht von adligem Geblüt, Sohn eines reichen bäuerlichen Händlers. Der Vater starb, als Milarepa noch ein Kind war; der Knabe, seine Mutter und Schwester durchlebten harte Zeiten, da ein hartherziger Onkel den

Familienbesitz verwaltete. Milarepa wuchs mit dem festen Entschluß auf, Rache zu nehmen – als Erwachsener ging er bei einem Meister der Schwarzen Magie in die Lehre und tötete alle Nachkommen seines Onkels. Schließlich bereute er seine Tat, und nachdem er lange nach einem Lehrer gesucht hatte, kam er als Schüler zu Marpa, dem großen Übersetzer und spirituellen Meister. Dieser erlegte ihm herkulische Prüfungen auf, um seine evolutionäre Entwicklung in eine neue Richtung zu lenken, da er durch den Mord an so vielen Menschen negatives Karma angehäuft hatte. Milarepa mochte noch soviel bitten und flehen, Marpa weigerte sich zunächst, ihn zu unterrichten und brachte ihn damit sogar an den Rand des Selbstmords. Schließlich weihte er ihn doch in die höchsten Stufen des tantrischen Meditationssystems ein. Milarepa verbrachte zwanzig Jahre zurückgezogen meditierend in Hochgebirgshöhlen des Himalaja und kehrte erst wieder zurück, nachdem er vollkommen erleuchtet war.

Milarepa wird von den Tibetern besonders verehrt, weil er unter dem gemeinen Volk lehrte, die erhabensten Lehrsätze in populäre Volkslieder und Balladen kleidete und auf diese Weise die Meditationsübungen Menschen aller Gesellschaftsschichten zugänglich machte. Obwohl selbst kein Mönch und auch nicht in einer Klosteruniversität ausgebildet, vertraute er seine vielen tausend Anhänger einem seiner engsten Schüler an, dem Mönch Gampopa, der auf der Grundlage von Milarepas Lehren die monastische Tradition der Kagyupa begründete und somit den gesellschaftlichen Bedürfnissen der damaligen Zeit Rechnung trug.

Marpa und Milarepa waren wegen ihres persönlichen Werdegangs auch maßgeblich daran beteiligt, den Einfluß der mächtigen tibetischen Aristokratie im Staat zu brechen. Mit ihrer neuen Schule waren sie keiner Adelsfamilie verpflichtet, denn beide, Marpa und Milarepa, stammten aus dem gemeinen Volk. Sie hatten keinen noblen Stammbaum weiterzuführen, da sie keine leiblichen Erben hatten. Nach einigen Generationen wurden die mit der spirituellen Leitung dieser Schule beauftragten Meister als Reinkarnation früherer Meister betrachtet. Der Gedanke der Reinkarnation wurde immer bedeutsamer für die in Gleichmut zur Vollkommenheit gelangte tibetische Gesellschaft und war schließlich auch ausschlaggebend für die Art und Weise, wie die Führer des Landes erwählt wurden. Charisma einer Führerpersönlichkeit und gesellschaftliche Autorität wurden auf diese Weise Werte, die ganz unabhängig davon waren, ob ein Führer einen adligen Stammbaum hatte oder nicht. Es war allgemein unbestritten, daß jemand aus dem gemeinen Volk ein großer spiritueller Meister werden konnte – ein erfolgreicher Psychonaut oder großer Vollendeter, der in der Lage war, das Umfeld frei zu wählen, in dem er oder sie beabsichtigte, wiedergeboren zu werden. So reinkarnierten sich nicht wenige der bedeutenden Vollendeten und Lehrer nur wenige Jahre nach ihrem Tod in Kleinkindern, die darum baten, daß man sie wieder in ihre alten Klosteruniversitäten zurückbringe. Nachdem sie unter Beweis gestellt hatten, daß sie sich in allen Einzelheiten an die Geheimlehren erinnern konnten, die nur ihren engsten Anhängern vertraut waren, wurden sie offiziell als Reinkarnationen des Meisters akzeptiert und mit der ganzen Autorität ausgestattet, die sie in ihrem früheren Leben ausgezeichnet hatte. Man ließ ihnen auch eine strenge und konzentrierte Ausbildung angedeihen, damit sie genau das Wissen und das Ansehen wiedererlangten, das sie im vergangenen Leben besessen hatten. Es überrascht nicht, daß diese Reinkarnationen oftmals Wunderkinder waren, die, ohne es gelernt zu haben, lesen und schreiben, mühelos Hunderte von Seiten auswendig lernen, ohne weiteres Dinge verstehen und nach nur kurzer Kenntnisnahme des Sachverhalts schwierige Probleme einleuchtend darlegen konnten.

Wie auch immer die spirituelle Realität dieser Reinkarnationen ausgesehen haben mag, die gesellschaftlichen Auswirkungen dieser Art von Führerschaft waren gewaltig. Sie prägten die aufkeimende Spiritualität der tibetischen Gesellschaft insofern ganz entscheidend, als der Tod – der normalerweise eine Zäsur für die Entwicklung jeder Gesellschaft bedeutet – nicht länger eine positive Entwicklung aufhalten konnte.

So wie für jeden Praktizierenden durch die Einweihungszeremonie und die ausgefeilten Techniken der Visualisierung Buddha Shākyamuni gegenwärtig werden konnte, so wurden die vervollkommneten Weisen und Heiligen ihren Schülern, die ja auf ihrem Weg zur Erlösung von ihren Lehrern abhängig waren, nicht durch den Tod entzogen. Sie kamen immer wieder zurück, solange sie benötigt wurden, und sie überließen auch nicht länger der Militäraristrokatie die gesellschaftliche Macht, sondern beharrten darauf, daß das Streben nach Erleuchtung in allen Lebenssituationen Vorrang habe.

Die gesellschaftliche Entwicklung insgesamt war beispiellos: Die klösterlichen Institutionen, in denen sich der einzelne seiner spirituellen Wandlung annehmen konnte, standen im Mittelpunkt; alte Riten und kontemplative Praktiken wurden bewahrt, so daß überlieferte Werte eingebunden und zum gesellschaftlichen Wohl nutzbar gemacht werden konnten; Gelehrsamkeit und Kunstschaffen wurden gepflegt; aufgeklärte Geistliche waren mit der Administration der politischen Institutionen betraut; das gemeine Volk war durchdrungen vom Geist asketischen Lebens; der Gedanke der Reinkarnation entwickelte sich. Es war eine Entwicklung, in deren Verlauf fest verwurzelte kulturelle Verhaltensnormen und Vorurteile ausgemerzt wurden. Während dieses Prozesses gab es unentwegt Widerstände im eigenen Land und Druck von mächtigen Anrainern außerhalb Tibets. Meistens aber konnten die Tibeter einige dieser Nachbarn, vor allem die mongolischen Stämme, als Freunde gewinnen.

Im 13. Jahrhundert verhinderte der aufgeklärte Gelehrte und Staatsmann Shākyapandita dank seiner großen spirituellen und diplomatischen Fähigkeiten gemeinsam mit seinem Neffen Papka, daß die mongolischen Eroberer Tibet besetzten. Der bedeutende Kaiser Kublai-Chan, den Marco Polo so sehr bewunderte, machte Papka zu seinem persönlichen Lehrmeister, spätere Mongolenherrscher wandten sich mehr und mehr dem tibetischen Buddhismus zu. Im 14. Jahrhundert konnten weitere herausragende geniale Perönlichkeiten aus den verschiedenen Schulen, etwa der Gelehrte Buston Rinpoche (1310–1368) oder der Mystiker und Philosoph Longchenpa Rabjamba (1308–1363), mit großen Leistungen aufwarten, was die eigene spirituelle Wandlung, die esoterische Wissenschaft, die künstlerische Kreativität und die internationale Diplomatie anbelangt. Ihre Verdienste und die Entwicklung des tibetischen Volkes selbst bereiteten den Boden für die einschneidende innere Wandlung, die sich um 1400 vollzog und die tibetische Renaissance einleitete. Sie koinzidierte verblüffenderweise zeitlich mit der von Francesco Petrarca (1304–1374) und Leonardo da Vinci (1452–1519) geförderten europäischen. Die tibetische Renaissance wurde ausgelöst durch Ereignisse, die in engem Zusammenhang standen mit der Erleuchtung des größten spirituellen und intellektuellen Genies, das Tibet je hervorgebracht hat, mit dem Gelehrten Tsongkhapa (1357–1419).

Tsongkhapa war ein spiritueller Wunderknabe. Er studierte bei vielen Meistern in den verschiedensten Klosteruniversitäten und zog sich immer wieder aus der Gesellschaft zurück, um sich intensiv in die ihm zuteil gewordenen Unterweisungen zu versenken. Ihm erschienen wiederholt die Buddhas, die schon in allen Zeitaltern existiert haben sollen, insbesondere Mañjushrī, der Bodhisattva der transzendenten Weisheit. Nach Jahren anstrengender spiritueller Übungen und eingehender Kontemplation an einem einsamen Ort hoch oben in den Bergen erlangte Tsongkhapa 1398 die vollkommene Erleuchtung. Seine Weltsicht änderte sich diametral, wurde zum Gegenteil dessen, was er erwartet hatte. Es vollzog sich in ihm eine Wandlung von kosmischem Ausmaß, sein Universum wurde zum Buddhaversum, zum Buddha-Paradies. Er trat Buddha Shākyamuni von Angesicht zu Angesicht gegenüber und erkannte, daß die Welt schon immer rein gewesen war.

Bis zur Zeit Tsongkhapas neigten die Tibeter im allgemeinen – abgesehen von einigen bemerkenswerten Ausnahmen – zu einem in erster Linie religiös geprägten Verständnis der

Erleuchtung. Das heißt, sie glaubten an den Buddha und die Bodhisattvas und hielten deren Lehren für hilfreich und befolgenswert. Sie meinten, ihre Zeit sei ein finsteres Zeitalter, überhaupt nicht zu vergleichen mit der Zeit der Vollkommenheit, in der Buddha Shākyamuni einst gelebt hatte. Sie sahen in Indien das Heilige Land, Tibet erschien ihnen dagegen als ein mit menschlichen Problemen beladenes. Viele Menschen hatten das Gefühl, die letzten Tage des Dharma seien gekommen, und der Mensch könne nur noch beten und glauben. Sehr fern lag der Gedanke, man könne persönlich die Erleuchtung erlangen, denn dies galt als ein Ideal, das nur ganz wenigen vorbehalten schien.

Nachdem Tsongkhapa mit Erfolg alle Wissensgebiete des buddhistischen Lehrgebäudes studiert hatte, unterzog er diese einer neuen klaren und gründlichen sprachlichen Überarbeitung, so daß Lehrbücher entstanden, die jeder verstehen konnte. Die Erleuchtung war nun nicht länger eine ferne Möglichkeit, sie wurde vielen zugänglich, und Zehntausende befreiten sich von ihren Fesseln und ihrer Unwissenheit. Diese gewaltige Freisetzung von Energie innerhalb eines kurzen Zeitraums durch Tausende geistig vollkommen befreiter Menschen war ein Phänomen von planetarischem Ausmaß, vergleichbar einer riesigen kosmischen Strahlenquelle der Spiritualität, die ihre Leuchtkraft wellenförmig über den gesamten Globus aussandte.

Die letzten einundzwanzig Jahre seines Lebens widmete Tsongkhapa sich der Aufgabe, Tibet von einer konventionellen, von der normalen Weltsicht geprägten Gesellschaft in eine unkonventionelle, außergewöhnliche Gesellschaft zu verwandeln, die ganz auf die Welt des Buddha-Paradieses eingeschworen war. Er reiste umher, unterwies Scharen sehnsüchtig nach Erlösung Suchender in der Lehre und arrangierte einen Kongreß, um die klösterliche Disziplin als Basis für die Fortentwicklung der inneren Umkehr zu reformieren.

Im Jahr 1339 organisierte Tsongkhapa ein Fest zu Ehren des Erscheinens des Buddha der Zukunft, Maitreya, und 1409 führte er den später regelmäßig begangenen Nationalfeiertag der Erleuchtung ein.[23] Alljährlich zu Neujahr wurde die Barriere zwischen dem heiligen Land des Buddha und dem weltlichen Tibet aufgehoben, alle normalen Tätigkeiten ruhten, und das gesamte Volk feierte vereint die unmittelbar bevorstehende Erleuchtung. Das gesamte tibetische Volk, nicht nur die Vollendeten, schauten gen Himmel, und es erschienen ihnen dort Buddhas und Gottheiten, und dies Tag für Tag, in allen Regionen und Provinzen. Für das tibetische Volk waren Buddha Shākyamuni und die anderen Buddhas nicht länger historische Gestalten aus der Vergangenheit, nein, die Tibeter spürten die unmittelbare Gegenwart erleuchteter Wesen, die von ihnen ausstrahlende Liebe und endlose Güte. Sie spürten, daß deren geschickte Techniken, die Erlösung zu erlangen, allen Entschlossenen hier und jetzt zur Verfügung stünden.

Jeder einzelne hatte fortan alle Möglichkeiten, niemand war zu früh oder zu spät auf die Welt gekommen, niemand brauchte sein persönliches Streben nach spiritueller Fortentwicklung wegen weltlicher Verpflichtungen hinauszuschieben. So wurde Tibet ein Land, in dem der Horizont für die individuelle Fortentwicklung so unendlich weit geworden war, wie man sich das nur wünschen konnte.

Das Große Gebetsfest Mönlam wurde seit seiner Einrichtung mit wenigen Unterbrechungen bis ins 20. Jahrhundert begangen. Es ist mit dem jüdischen Rosch Ha-Schana und dem christlichen Osterfest zu vergleichen, ein Fest zu Ehren eines Augenblicks in der Ewigkeit, in dem alle Wünsche in Erfüllung gehen, wenn die Kraft der Barmherzigkeit manifest ist und Gnade in ihrer Unmittelbarkeit erlebt wird – es ist ein Moment chiliastischer oder mystischer Erfahrung, ein Moment der Endzeit, der Unendlichkeit.

Was zeichnet diese chiliastische oder mystische Bewußtheit aus? Wie unterscheidet sie sich von unserem normalen Bewußtsein? Wir haben gelernt, daß wir in unserem Bewußt-

[23] Das ist das sogenannte Mönlam Chenmo, das »Große Streben«, das heißt Streben nach Erleuchtung. [Anm. d. Übers.]

sein normalerweise die Illusion hegen, wir seien der absolute Mittelpunkt einer aus vielen absoluten Wesenheiten bestehenden Welt, einer Welt, in der wir großes Leid erfahren, wenn diese anderen Wesenheiten uns unsere Position im Mittelpunkt des Universums streitig machen. Wenn wir beginnen, das diesem mißlichen Denkmuster innewohnende Spannungspotential zu erkennen, visualisieren wir uns in einem Zustand der Befreiung aus diesem Gefängnis, das uns dazu verleitet zu denken: »Das bin ich, das bin ich, ich bin das, ich bin ein und alles.« Wir können zwar auf diese Befreiung hoffen und sogar darauf hinarbeiten, doch unserem gegenwärtigen Bewußtheitszustand liegt die tiefe Überzeugung zugrunde, es sei unmöglich, eine derartige Befreiung in diesem Leben tatsächlich zu erleben.

Dagegen entwickelt sich eine chiliastische oder mystische Bewußtheit, wenn der betreffende Mensch den Kokon seiner gewohnheitsmäßigen Ich-Zentriertheit durchstößt, die illusionäre Vorstellung von der Absolutheit der konventionellen Welt durchschaut und der Wahrheit in einem einzigen Augenblick gewahr wird. Im Augenblick der Verschmelzung zweier Menschen auf dem Höhepunkt des Orgasmus verliert sich der gesunde Mensch vollkommen und erlebt einen mystischen Augenblick, ehe er wieder mit aller Macht auf die eigene Körperlichkeit und die Grenzen der Unzulänglichkeit zurückgeworfen wird. Ganz in ihren Aktivitäten aufgehende Menschen – Läufer beim Wettkampf, Musiker beim Musizieren, bildende Künstler während des Schaffensprozesses, stillende Mütter –, sie alle spüren einen Hauch dieses mystischen Erlebens, einen Augenblick der glückseligen Befreiung von Unzufriedenheit, Selbstbesessenheit und Schmerz. Dieser Bewußtseinszustand wird im Zusammenhang mit der Erleuchtungsbewegung dann als chiliastisch bezeichnet, wenn diese Vision der Befreiung sich so weit entfaltet, daß es möglich wird, eine die ganze Nation umfassende und schließlich eine die gesamte Welt erfassende Gesellschaft vollkommener, auf Erleuchtung basierender Glückseligkeit zu schaffen. Sie ist mystisch in dem Sinn, als sie eine unmittelbare Offenbarung darstellt und eine letztlich entscheidendende Erfahrung.

In Tibet entwickelten sich die Klosteruniversitäten zu Lerninstitutionen für die Fortentwicklung erleuchteter Menschen, die sich dieses Bewußtsein dauerhaft bewahren konnten. Die durch Tsongkhapa mit dem Großen Gebetsfest Mönlam freigesetzten Energien bildeten die Basis für eine im 14. und 15. Jahrhundert einsetzende erneute intensive Blütezeit der Klosterkultur in Tibet. Viele Menschen fühlten die Berufung, sich auf die Suche nach ihrem wahren Selbst zu begeben, den Quell der unvergänglichen Weisheit zu entdecken, und sie benötigten dafür Lehrinstitutionen, die ihnen bei diesem Abenteuer zur Seite standen. Die Tibeter waren zwar nicht sehr wohlhabend, doch sie verfügten über genügend materielle Güter, um ausreichend für ihre körperlichen Bedürfnisse sorgen zu können, so daß sie sich ihrer spirituellen Entwicklung widmen konnten. Die einzige Möglichkeit, zur wahren inneren Freiheit zu gelangen, war die Geistesschulung durch Bildung, Reinigung und Verwirklichung.

Während der folgenden Jahrhunderte entstanden sehr viele neue Klosteruniversitäten, etwa zwei- bis dreitausend neue Klosterstädte wurden gegründet, und eine ebenso große Zahl alter Universitätszentren wurde renoviert und ausgebaut.

Exakte Zahlen stehen uns zwar nicht zur Verfügung, doch man schätzt, daß beinahe ein Sechstel der acht Millionen Tibeter in die großen Klosterstädte zog, die überall im Land entstanden. Gegen Ende des 16. Jahrhunderts waren vermutlich über eine Million Menschen nach Abschluß eines solchen Bildungsprozesses geistig geschult, und schätzungsweise Hunderttausende für die bedeutenden neuen Erleuchtungsenergien empfänglich geworden.

Die Welle der befreienden Energie begann Mongolen, Türken, Mandschus, Chinesen und einige Völker der Himalaja-Region zu erfassen. In Tibet begann sich allmählich der Einfluß dieser Bewegung auf Wirtschaft und Politik abzuzeichnen; in dieser Zeit wurde der Grundstein für die endgültige Struktur der tibetischen Gesellschaft gelegt. Im

17. Jahrhundert waren dann die mystisch geprägten und von Mönchen und Vollendeten getragenen kulturellen Gegenströmungen vollkommen mit der Hauptströmung verschmolzen und repräsentierten fortan die eigentliche Kultur der Gesellschaft.

Zeitgleich entstand auch außerhalb Asiens eine Aufklärungsbewegung. Die Renaissance des Abendlandes kann als Phase des wiedererwachenden Vertrauens in die Fähigkeiten des Menschen, das Universum zu begreifen, charakterisiert werden, als Zeit der Abkehr von der Vorstellung, Gott sei der absolute autoritative Übervater und der Hinwendung zu dem Gedanken, Gott als die handelnde göttliche Vernunft, die aufgeklärte Urteilskraft, das allgegenwärtige Erbarmen und die alles umfassende Liebe zu begreifen. In der Renaissance manifestierte sich die neuartige Vorstellung, der menschliche Genius sei eins mit der Natur des Universums, und diese Erkenntnis war inspiriert von der Wiederentdeckung des Humanismus der alten Griechen. Dieses wiedererwachte Selbstvertrauen der Menschen setzte Energien für die individuelle Fortentwicklung im alltäglichen Leben frei, war förderlich für den Fortschritt in der Wissenschaft und spornte die Künstler zu großartigen Leistungen an.

Der geistige und spirituelle Horizont der Menschen begann sich zu weiten, die Entstehung der europäischen, die Ozeane überschreitenden Imperien beschleunigte den Prozeß der Globalisierung, der die Welt seit der Zeit Buddha Shākyamunis erfaßt hatte.

Eine Tragödie für die Europäer war jedoch, daß auf den von der Renaissance bis zur Aufklärung erzielten Teilerfolg der Bewußtwerdung des menschlichen Geistes eine Art Kurzschlußhandlung folgte, was die christlichen Klosterinstitutionen betraf: Die von diesen eingeleitete Entwicklung, die zu einer eigenen Form innerer Umkehr hätte führen können, wurde nicht weiterverfolgt. Obwohl dieser Rückschritt auf anderer Ebene durch die Gründung säkularer Universitäten zum Teil wieder wettgemacht wurde, entstand ein gesellschaftliches Vakuum, in dem der Militarismus zum dominierenden Faktor wurde. Die Menschen der europäischen Gesellschaften konzentrierten sich in ihrem neu gewonnenen Selbstvertrauen auf die Beherrschung der materiellen Welt. Ängstlich vermieden sie, ihre Energien in Sphären abfließen zu lassen, in denen nach unmittelbarer innerer Befriedigung gestrebt wurde. Sie lenkten ihre chiliastische, aus Selbstvertrauen geborene Kraft und ihre Aktivitäten nach außen auf den materiellen Fortschritt, auf industrielle Produktivität und militärische Entwicklung. Schließlich wurde sogar die Existenz einer spirituellen Sphäre verleugnet, die Materie wurde zur einzigen Konstante in einem nihilistisch geprägten Universum.

Chiliastisches Bewußtsein äußert sich im intuitiven Gespür für das allumfassende Positive, das der Unmittelbarkeit und dem effektiven Handeln innewohnt. In Tibet war das Große Gebetsfest Mönlam eine Art Garant dafür, daß für jedermann die besten aller Voraussetzungen geschaffen wurden: Das Gefühl der Menschen, in einer mystischen Zeit in einem besonders gesegneten und auserwählten Land zu leben – in ihrem eigenen »Neuen Jerusalem«, in einem sich auf Erden manifestierenden himmlischen Königreich –, war gegenwärtig, und all dies hatte große Auswirkungen auf die gesamte Gesellschaft. Das Heute zu leben und entsprechend den gegenwärtigen Augenblick in materieller Hinsicht voll auszuschöpfen, war nicht das Ziel der Menschen. Vielmehr strebten sie danach, sich immer uneingeschränkteren Zugang zu den effektivsten Methoden für die individuelle Fortentwicklung zu verschaffen, die sie zur vollkommenen und dauerhaften Erlösung in einer aus glückseligen Augenblicken bestehenden Ewigkeit führen sollten. In der tibetischen Gemeinschaft herrschte eine Atmosphäre gegenseitiger Hilfsbereitschaft, damit jeder einzelne seine Anstrengungen ganz auf das positive Ende richten könnte. Auch wenn man persönlich nicht so weit kommen würde, wußte man doch, daß es viele gab, die sich ganz diesem Pfad verschrieben hatten.

Das mystische Weltbild bietet viel Raum für ein hohes Maß an persönlichem Selbstbewußtsein und energetischer Erfüllung. Das chiliastische Bewußtsein, sich dessen bewußt zu sein, in einer geheiligten Sphäre zu leben, führte dazu, daß Tibet auf diese Weise in die Phase eintrat, in der seine Entwicklung Früchte trug: Jeder Mensch hatte jetzt die Möglichkeit, seine ganze Energie im gegenwärtigen Augenblick und Leben zu entfalten, und zu persönlicher Fortentwicklung und Erfüllung zu gelangen.

Es sind erstaunliche Parallelen zwischen Tibet auf der einen, dem Abendland und dem restlichen Asien auf der anderen Seite festzustellen – gleichzeitig aber auch merkwürdige gegenläufige Tendenzen. Ich meine damit die mit dem 16. Jahrhundert einsetzenden Entwicklungen, als die genannten Regionen zu Beginn der industriellen Revolution und des säkularisierten Zeitalters der Moderne unterschiedliche Wege der Modernisierung einschlugen. Der große Sozialwissenschaftler Max Weber hat auf brillante Weise nachgewiesen, daß die Wurzeln des industriellen Arbeitsethos in der selbstlosen, körperschaftlichen, ökonomischen Disziplin der europäischen Klöster zu finden sind. Paradoxerweise brachten es die Klöster, trotz ihres Ideals des Asketentums – man könnte auch sagen Konsumverzichts – zu großem Reichtum. Als Max Weber die Entwicklung dieses klösterlichen Asketentums zum kapitalistischen Arbeitsethos des industriellen Zeitalters nachzeichnete, entdeckte er, daß die protestantische Transformation des mittelalterlichen Weltbilds, in dem sich das Geistliche und das Weltliche die Waage gehalten hatten, Ausgangspunkt dieser Entwicklung war.

Im präkopernikanischen Weltbild hielt man die Erdscheibe für das Zentrum, auf das sich die göttliche Aufmerksamkeit richtet, für eine Art Bühne, auf der die Menschen agierten, um zu erfahren, ob sie für die himmlische Ewigkeit oder für die Verdammnis in der Hölle bestimmt seien. Das Ideal war damals ein Leben als Mönch im Dienste Gottes und in vollkommener Hingabe an Gott. Die weltliche Sphäre galt als Tummelplatz der Sünder und als Testgelände für möglicherweise zu rettende Seelen.

Das Denken stand unter Kuratel der Inquisition der katholischen Kirche, das soziale Leben wurde durch ein Netzwerk an Kirchen und Klöstern, den Festkalender und die alles beherrschende Ideologie der Kirche dominiert. Das politische Geschehen jedoch bestimmte die Militäraristokratie – in ihrer Machtgier wurde sie allein durch die beschränkten technischen Möglichkeiten in ihre Schranken verwiesen und durch ihre Abhängigkeit vom kirchlichen Segen. Rom hatte jahrhundertelang die europäischen Kriegsherren zu zähmen versucht, als hinderlich hatte sich jedoch erwiesen, daß es die geistliche Ebene nicht einbezogen hatte, sich nur an weltlichen Belangen orientierte. Die von den christlichen Klöstern initiierte Bewegung der inneren Umkehr vollzog sich ausschließlich in Form einer gegenkulturellen Strömung – genauso wie die buddhistische innere Neuorientierung in den meisten Ländern Asiens, auch wenn von Zeit zu Zeit Verstärkung aus den Reihen der mönchischen Streiter angefordert wurde, und diese sogar während der Kreuzzüge militärisch zum Einsatz kamen.

Im 15. Jahrhundert begannen die Energien der Europäer mit aller Macht in neue wissenschaftliche Entdeckungen zu fließen: Mit Kopernikus verlagerte sich das Denken von einer göttlich dominierten, anthropozentrischen Welt auf ein größeres und weniger überschaubares Universum, in dem der Mensch mehr auf sich gestellt war; mit dem Namen Kolumbus verbunden ist die Umsegelung der nicht mehr als flach, sondern kugelförmig betrachteten Erde mit ihren vielen karthographisch nicht erfaßten Ländern und riesigen auszubeutenden Ressourcen; durch Galilei veränderte sich der Glaube an eine aus mathematischen Gesetzen bestehende Welt, eine rein teleologisch verstandene Welt, eine – wie bei Aristoteles – unwandelbaren Gesetzen unterworfene Welt; sie wurde zu einer sehr viel komplexeren und von ziellosen Mechanismen gelenkten Welt, die der empirischen Erforschung harrte.

Die protestantische Revolution leitete im 16. Jahrhundert den Prozeß der Säkularisierung im Abendland ein, an dessen

Ende die Aufhebung der Dichotomie von Geistlichkeit und Weltlichkeit stand, da das Geistliche nun im Weltlichen aufging. Ungeheure intellektuelle und produktive Energien wurden freigesetzt, die für die Eroberung der Natur nutzbar gemacht wurden, für die technologische Beherrschung physikalischer Phänomene und die politische und ökonomische Herrschaft über den Planeten.

Ermutigt vom neuen Rationalismus und aus Enttäuschung über die Verwahrlosung der korrupten klösterlichen und kirchlichen Institutionen lösten sich Luther, Zwingli und Calvin von der katholischen Kirche und legten die Erlösung viel eindeutiger in die Hand Gottes und dessen Gnade, so daß den Menschen nicht mehr viel für ihre eigene Rettung zu tun übrig blieb – auch wenn sich das irdische Leben noch so reich und produktiv entwickeln mochte.

Im wesentlichen lief der Säkularisierungsprozeß darauf hinaus, daß die traditionell als sakrosankt geachteten Grenzen des menschlichen Denkens und Handelns durchbrochen wurden. Vernunft galt nicht länger als eine göttliche, dem Menschen allein zum Ruhme Gottes verliehene Fähigkeit, sondern sie wurde instrumentalisiert, um der Natur den menschlichen Willen aufzuzwingen, die mechanisch ablaufenden Prozesse in Körper und Umwelt zu beeinflussen und diese unmittelbar gewinnbringend auszubeuten.

Da der Mensch nun keinerlei Anstrengungen mehr für seine Erlösung unternehmen mußte, konnte er seine ganze Lebensenergie auf weltliche Aktivitäten konzentrieren, auf geschäftliche und produktive Belange verwenden. Das Kloster als Domäne spiritueller Entwicklung war für die Gesellschaft entbehrlich geworden. Mönche und Nonnen verkörperten ein übertriebenes Streben nach Vervollkommnung und versuchten vergeblich durch Läuterung und Kasteiung, Einfluß auf ihr Schicksal zu nehmen. Tausende von Klöstern in Nordeuropa wurden damals aufgelöst, das klösterliche Arbeitsethos – das Prinzip der vom rationalen, selbstlosen, uneigennützigen und kollektiven Geist getragenen Produktionsgemeinschaft – wurde nun auf den weltlichen Bereich übertragen und dadurch zum Fundament der kapitalistischen und industriellen Produktion. Die Universitäten übernahmen nun die zentrale Bildungsaufgabe im Staat, neue Berufssparten entstanden, die das Wirken der Mönche und Nonnen in den Bereichen Jurisprudenz, Medizin und Pädagogik, um nur einige wenige zu nennen, überflüssig machten.

In ökonomischer Hinsicht begannen die europäischen Staaten enorm zu expandieren, ihnen wuchs ein großes militärisches Potential zu, und sie durchliefen eine zuvor nicht gekannte Entwicklung in weltlichen Bereichen. Die industrielle Revolution begann, genährt von der protestantischen Ethik und ihrer die Säkularisierung stärkenden Ideologie, unterstützt von wissenschaftlichen Neuerungen, von Entdeckerreisen auf der Suche nach Rohstoffen und Ausbeutung dieser Reichtümer und der Begierde nach Eroberung der Welt. Da die Klöster ihre Pforten geschlossen hatten, gab es mehr Menschen, die in den Krieg ziehen konnten.

In dieser neuen Gesellschaftsordnung waren spirituelle und materielle Ebene vollkommen voneinander getrennte Sphären. Die spirituelle Sphäre wurde der materiellen entfremdet und wurde schließlich die »andere«. Daher meinten die Menschen, sie könnten überhaupt keinen Einfluß auf ihr spirituelles Schicksal nehmen. Luthers »Erlösung durch den Glauben allein« gab die Richtung vor, in Calvins Lehre von der Prädestination war von menschlicher Einflußnahme überhaupt keine Rede mehr, Descartes engte geistige und spirituelle Vorgänge so weit ein, daß nur noch absolut subjektives Denken übrigblieb, und mit Kants transzendentalem Ego verliert das spirituelle Sein praktisch jegliche Relevanz. Der eigentliche Mensch wird, genauso wie Gott, bis zur Nichtexistenz abstrahiert, sozusagen von allen wesentlichen Dingen subtrahiert. Die damit einhergehende Zerstörung der Klosterkultur in Nordeuropa als gesellschaftliches Gegengewicht führte zu einer »diesseitigen Enthaltsamkeit«, bei der die gesamte Lebensenergie sich auf weltliche Aktivitäten verlagerte, und die in dem Sinn als selbstlos bezeichnet werden muß, als sie auf diese Weise keine letztendliche Erfüllung findet. Es war nur natürlich, daß mit dem Verlust der mittelalterlichen Vorstellung eines Lebens im Einklang mit der Natur – einer als heilig betrachteten, da von Gott geschaffenen Natur – das Ideal des materiellen Fortschritts zur neuen absoluten Leitlinie wurde.

Im 17. Jahrhundert hatten sich diese Entwicklungen auf breiter Front durchgesetzt. Der Kosmos wurde als ein Mechanismus betrachtet, zwar höchstwahrscheinlich von einem göttlichen Demiurgen geschaffen, doch seitdem wie ein automatisches Räderwerk laufend. Der Planet war da, um den Menschen, dem eigentlichen Getriebe dieser größeren Maschinerie zur Verfügung zu stehen. Kloster und Kirche wurden ersetzt durch die Universität. Das gesamte Universum war entzaubert.

In den protestantischen Ländern Nordeuropas und im England nach der Hinrichtung Karls I. durch Oliver Cromwell im Jahr 1649 verlor das Königtum von Gottes Gnaden immer mehr seine Überzeugungskraft. Modernes utilitaristisches Denken machte seinen Einfluß in allen Bereichen gesellschaftlichen und politischen Lebens geltend, wodurch eine Entwicklung eingeleitet wurde, die in der amerikanischen und Französischen Revolution des ausgehenden 18. Jahrhunderts gipfelte. Die bedeutenden europäischen Seemächte, zuerst Portugal, Spanien, Holland, anschließend England und Frankreich, läuteten den Prozeß der Globalisierung ein, in dem wir uns noch heute befinden.

Immer wieder hat man nach einer Erklärung gesucht, wie es Europa gelang, unseren Planeten zu beherrschen. Die das Zeitalter der Moderne einleitenden Veränderungen gründeten sich nicht allein auf technologische Neuerungen oder auf die rein zufällige Entdeckung der Neuen Welt mit ihren ungeheuren Reichtümern und Ressourcen. Nein, es war das neu erwachte Gefühl der Europäer, die Welt sei ein ihnen gehörendes Juwel, und Gott habe aufgehört, die Impulse zu steuern. Die Gesellschaft konnte neu und in der Weise organisiert werden, wie es am effizientesten erschien. Die Landwirtschaft konnte so umgestaltet werden, daß sie maximale

Erträge abwarf, und in der Industrie konnte man maximalen Profit erwirtschaften. Selbst die einzelnen Elemente der Natur konnte man zu wirksamen chemischen Zusammensetzungen verschmelzen, und dadurch ließ sich beinahe jeder denkbare Effekt erzielen. Maschinen kamen in einer bislang unvorstellbaren Weise den Bemühungen und Vorstellungen der Menschen zu Hilfe. Es gab keine Grenzen, keine Haftung, keinen Lohn ohne Risiko und möglicherweise auch keine Strafe für den Erfolgreichen.

Kein Autor im Westen ist bisher auf den Gedanken gekommen, den europäischen Drang zur Erforschung und Beherrschung der Welt auf die Unterentwicklung Europas zurückzuführen, auf seine spirituelle Armut und seine relativ unzivilisierten und gewalttätigen Kulturen. Kompaß und Schießpulver – chinesische Erfindungen, jedoch nicht für Eroberungen oder Gewaltakte genutzt – wurden unverzüglich von den rückständigeren Europäern eingesetzt, um zunächst ihre Herrschaft über die arabischen und türkischen Muslime zu errichten, später über die Völker der Neuen Welt und Afrikas und schließlich über die hochzivilisierten Völker Asiens. Aus der Perspektive der Postmoderne erscheint der »Aufstieg« des Abendlandes in völlig anderem Licht. Keine Zivilisation vor uns entwickelte jemals Nuklearwaffen und setzte sich damit der erhöhten Gefahr des eigenen Untergangs aus. Äußert sich Fortschrittlichkeit etwa darin, daß man die menschliche Art und alles andere Leben auf der Erde an den Rand des Untergangs bringt?

So schmerzlich die Erkenntnis auch sein mag, es ist offensichtlich, daß die Europäer Asien erobern mußten, weil sie das haben wollten, was die Asiaten von Natur aus besaßen – vergessen wir nicht, Kolumbus wollte eigentlich den Seeweg nach Indien entdecken. Doch auch die ungeheuren Reichtümer der Neuen Welt und Afrikas konnten den Hunger der Europäer nicht stillen. Sie suchten nach immer effektiveren neuen Technologien. Sie hatten so lang Armut, Not und Entbehrungen erlebt, daß sie jetzt einen um so größeren Drang zu zügelloser Produktivität verspürten.

Der Gedanke, Asien habe Europa nicht erobert, gerade weil es höher entwickelt und sehr viel fortschrittlicher war, erschüttert zunächst unsere von Materialismus und Militarismus geprägten Vorurteile. Verfolgen wir diesen Gedanken jedoch weiter, stoßen wir auf Tröstliches: Um den Charakter der inneren Fortschrittlichkeit Tibets zu verstehen, müssen wir die fünf Hauptaspekte der Transformation Europas von der Reformation bis zur Aufklärung verstehen:

1. Die Vereinheitlichung der Lebenswelt, in der das Sakrale als entbehrlich für die menschlichen Belange betrachtet wurde, so daß eine alles beherrschende weltliche Sphäre entstand; 2. die Entzauberung der natürlichen Umwelt, so daß die traditionellen Schranken fielen, die ihre Ausbeutung bis dahin verhindert hatten; 3. die Rationalisierung aller menschlichen Bemühungen mit dem Ziel, dem Menschen für die Dauer seines Verweilens im säkulären Reich alles so angenehm wie möglich zu gestalten; 4. der Glaube an materiellen Fortschritt als höchstes Gut; 5. die Zerstörung des Zugangs zum Sakralen – repräsentiert durch das Mönchswesen und das von ihm ausgehende Streben nach Vervollkommnung –, das vormals als institutionalisierte Sperre gegen Materialismus, Industrialisierung, Militarisierung fungiert hatte. Nun konzentrierte sich dagegen alles menschliche Streben auf genau diese drei Bereiche.

Jedem dieser fünf Aspekte, die Europas Hinwendung zur äußeren Fortschrittlichkeit markieren, entspricht jeweils ein gegensätzlicher Aspekt, der die Hinwendung Tibets zur inneren Modernisierung markiert: 1. An die Stelle der Vereinheitlichung der Lebensbedingungen durch Säkularisierung trat in Tibet die Vereinheitlichung durch einen Prozeß, den man »Sakralisierung« nennen könnte – das Sakrale absorbierte allmählich das Weltliche. Das vornehmlichste Streben der gesamten Gesellschaft galt der höchsten Vervollkommnung des einzelnen, der Gesellschaft sowie der Schaffung des Buddhaversums oder Buddha-Paradieses. Die als modern geltende Auflösung der Dichotomie von sakraler und säkularer Ebene vollzog sich zugunsten des Sakralen und nicht zugunsten des Säkularen; 2. an die Stelle der Entzauberung trat die Verzauberung der gesamten Wirklichkeit. Die Dichotomie von magisch und gewöhnlich löste sich auf, indem alles magisch wurde; es trat also genau das Gegenteil einer Entwicklung ein, in der alles als alltäglich und mechanisch angesehen wurde. Da die esoterische Wissenschaft in Buddhas Lehre auf dem Gedanken der naturgegebenen Macht des Geistes über die Natur beruht, wurde in der Wandlung des Geistes die Hauptmethode gesehen, mit der die Transformation der Natur vorangebracht wird; 3. Handlungen und Ziele wurden in Tibet wie in Europa vollkommen rationalisiert, doch wurde in Tibet die Rationalität genutzt, um alle Lebensvorgänge für die evolutionäre Vervollkommnung des einzelnen in der Buddhaschaft zu instrumentalisieren, für die vollkommene Weisheit und die allumfassende Barmherzigkeit; 4. spiritueller Fortschritt war das Ziel, dem alles untergeordnet wurde – die Entwicklung menschlicher Vollkommenheit wurde sozusagen industrialisiert –, so daß die gesamte Gesellschaft sich in eine einzige große Schule der Erleuchtung verwandelte; 5. obwohl Materialismus in kommerzieller Hinsicht immer ein Teil der halbnomadischen Wirtschaftsform und Lebensart Tibets blieb, beherrschte die Klosterkultur alle anderen Institutionen – die Armee wurde entwaffnet, der kriegerische Geist, der so beherrschend für den tibetischen Militarismus gewesen war, verlor seine Wirksamkeit, und das asketische Heldentum der Mönche und durch Komtemplation Vollendeten entwickelte sich.

Das gewandelte Tibet der neueren Zeit unterschied sich also vom traditionellen Tibet des Mittelalters durch die Vereinheitlichung der Lebensbedingungen im Sinne einer umfassenden Sakralisierung des Weltbildes, der Kultur, der Ethik und Ökonomie. Das Europa der neueren Zeit unterschied sich dagegen vom prämodernen, traditionellen Europa durch die Vereinheitlichung der sakral und säkular geprägten Lebensbedingungen zu einer tiefgreifenden Säkularisierung. Daher müssen wir das von uns im Westen normalerweise als

»Modernität« oder Fortschrittlichkeit bezeichnete Phänomen differenzierter als »materialistische« und »äußere« Modernität oder Fortschrittlichkeit bezeichnen, im Gegenzug die zeitgleich verlaufende, aber andersgeartete Modernität oder Fortschrittlichkeit Tibets als »spirituelle« und »innere« Modernität oder Fortschrittlichkeit.

Während Europa sich der Eroberung der äußeren Welt zuwandte, begann Tibet nach der Renaissance der Erleuchtungsbewegung eine neue Phase der Eroberung der inneren Welt. Das chiliastische Bewußtsein, das Tsongkhapa zu Beginn des 15. Jahrhunderts freigelegt hatte, intensivierte sich in den nächsten zweihundert Jahren und bereitete den Weg für die nächste Phase der inneren Modernisierung. Während Europa den Einfluß von Papst und Kirche zurückdrängte und das Alltägliche entzauberte, überantwortete sich Tibet einer Regierung, die man korrekterweise nicht »theokratisch« nennen kann, da die Tibeter nicht an einen allmächtigen Gott glauben, sondern als »buddhokratisch« bezeichnen muß.

Das Jahr 1642 unserer Zeitrechnung entspricht dem tibetischen (männlichen) Wasser-Pferd-Jahr. In seiner den südlichen Teil des zentralen Hochplateaus Tibets überragenden mächtigen Himalaja-Festung Gyantse lebte der Mönch Ngawang Losang Gyatso, Seine Heiligkeit, der Fünfte Dalai Lama, ein sanftmütiger Genius, Gelehrter und die Reinkarnation eines Heiligen. Ihm wurde die Herrschaft über das rund 2,6 Millionen Quadratkilometer große Territorium mit sechs bis sieben Millionen Bewohnern übertragen, die stark religiös geprägt, doch auch recht bodenständig waren und verschiedenen Volksgruppen angehörten. Zuvor hatte der Herrscher des mongolischen Stammes der Khoschoten, Guschri-Khan, den tibetischen Adel, Verbündete und einstige Gegner versammelt und diese von der Richtigkeit dieses bedeutenden Schrittes überzeugt. Damit wurden die ein Jahrhundert schwelenden Regionalkonflikte beendet – auch den verschiedenen religiösen Orden war eine Befriedung letztlich nicht gelungen, denn ihre Uneinigkeit in intellektuellen und religiösen Fragen war oftmals von weltlichen Gruppierungen ausgenutzt worden.

Der gesamten Nation war es seit Ende des 14. Jahrhunderts zugute gekommen, daß die Klostergründungen, getragen vom chiliastischen Eifer, ein so großes Ausmaß angenommen hatten. Doch als immer mehr Klöster große Ressourcen banden, immer mehr Menschen in ihren Bann gezogen wurden und sich von ihnen ihr Heil erhofften, begann der Adel in den Klöstern eine Bedrohung für seine sozialen Kontrollmöglichkeiten zu sehen. Das Selbstverständnis der Aristokratie gründet sich auf militärische Ordnung, und militaristisch geprägtes Gedankengut hat gegen die Sakralisierung, in deren Verlauf das ganze Land mit Klöstern überzogen wird, überhaupt keine Überlebenschance; umgekehrt gilt auch: Die Klosterbewegung hat keinerlei Überlebenschance, wenn militärisches Denken alles bestimmt. So unternahmen die Regionalfürsten eine gewaltsame Anstrengung, die Uhr zurückzudrehen und zur mittelalterlichen Gesellschaft mit ihren zwei Sphären zurückzukehren, in der sich der Einfluß der Geistlichkeit in den Klöstern und die Macht des Militärs die Waage gehalten hatten. Der Widerstand der Warlords gegen die chiliastische Strömung war die Ursache für die blutigen sozialen Unruhen des 16. Jahrhunderts.

Die explosivste Phase der Unruhen fiel ungefähr in die Zeit des Dreißigjährigen Krieges von 1618 bis 1648 in Europa, als das Heilige Römische Reich auf gewaltsame Weise versuchte, die durch den Protestantismus verursachte Spaltung der monolithischen katholischen Kirche rückgängig zu machen. In Tibet nahmen die Unruhen derartige Ausmaße an, daß der Fünfte Dalai Lama schon als Kind im verborgenen leben mußte, und das alljährliche Große Gebetsfest Mönlam nicht stattfinden konnte. Die religiösen Orden wurden in diese Streitigkeiten hineingezogen und ergriffen Partei für einzelne Warlords. Anders als in Europa ging es jedoch in diesem Konflikt im wesentlichen nicht um religiöse Streitigkeiten, sondern um den Endkampf zwischen militärischer Macht und klösterlicher Macht. In Japan wurde ein ähnlich gelagerter Konflikt zugunsten der Kriegerfamilien entschieden, der Sengoku-Daimyō, als Oda Nobunga 1571 die Klosteranlagen auf dem Berg Hiei zerstörte. In Nordeuropa wurde der Konflikt durch den Westfälischen Frieden 1648 ebenfalls zugunsten der über das Militär gebietenden weltlichen Obrigkeit entschieden, es kam zur Bestätigung der Reformation und zur Schwächung des Mönchtums in den kriegführenden Staaten, in denen die industrielle Revolution und der imperialistische Eroberungsdrang bald alles bestimmen sollten.

In Tibet wurde der Konflikt – wie erwähnt – durch Eingreifen des mongolischen Schutzherrn des Fünften Dalai Lama, Guschri-Khan, entschieden, der die Koalition der tibetischen Warlords zerstörte. Da die Mongolen in religiöser Sache interveniert hatten und nicht daran dachten, sich in Tibet festzusetzen, überließen sie die weltliche und geistliche Macht im Königreich Tibet dem Dalai Lama höchstpersönlich. Erstmals in der Geschichte des Buddhismus besaß ein leibhaftiger Mönch sowohl weltliche als auch geistliche Herrschaftsfunktionen.

Der Fünfte Dalai Lama nutzte die Befriedung des Landes mit Unterstützung seines siegreichen mongolischen Warlords nicht zur Einflußnahme seines Ordens auf die anderen religiösen Orden. Er erkannte vielmehr, daß es eigentlich darum ging, die Konfrontation zwischen der erstarkenden Bewegung der inneren Fortschrittlichkeit und der von den rivalisierenden Warlords getragenen mittelalterlichen Sozialordnung abzubauen. Er vertrat die fortschrittliche Meinung, die spirituellen Klosterinstitutionen aller Orden sollten gemeinschaftlich sowohl soziale als auch politische Verantwortung übernehmen, um Bürgerkriege wie in der Vergangenheit auszuschließen. Der Dalai Lama war das Oberhaupt dieser neuartigen geistlichen Herrschaft und wurde als Inkarnation des in Tibet populärsten, wie ein Gott verehrten Bodhisattva Avalokiteshvara angesehen, als Bodhisattva des Erbarmens, und in dieser Eigenschaft von der gesamten Bevölkerung als geistlicher Führer anerkannt.

Und dies ist auch nicht verwunderlich. Stellen Sie sich vor, die Bevölkerung eines katholischen Landes sähe in einer bestimmten spirituellen Gestalt nicht nur einen Repräsentanten Gottes, wie etwa den Papst als Statthalter Christi auf Erden, sondern die tatsächliche Inkarnation des Heilands – oder, sagen wir, die Inkarnation des Erzengels Gabriel. In einer derartigen Situation läge es doch nahe, daß die gesamte Nation eines Tages an den Punkt gelangte, wo sie der Geistlichkeit die Obhut über die Regierungsgeschäfte anvertraute. In Tibet war dies der Höhepunkt in der jahrhundertelangen Entwicklung eines im Volk verankerten chiliastischen Bewußtseins, gewissermaßen die politische Ratifizierung der chiliastischen Zielrichtung, die mit der Einführung des Großen Gebetsfestes Mönlam im Jahre 1409 immer nachdrücklicher verfolgt worden war. Das Gefühl der Tibeter, ein erleuchtetes Wesen lebe mitten unter ihnen, war so weit verbreitet, daß die Bevölkerung sich in Erinnerung an die vergangenen Unruhen zusammenschloß und diesem erleuchteten Wesen ihr Land und ihr Schicksal anvertraute.

Der Dalai Lama nahm diese Verantwortung auf sich und begab sich in die gesellschaftlich-politische Arena, um die sich befehdenden Warlords der gesamten Region, in Tibet, der Mongolei, China und der Mandschurei, zu befrieden. Als buddhistischer Mönch lebte Losang Gyatso zölibatär, besaß kein Eigentum und strebte in erster Linie danach, sich selbst und alle anderen lebenden Wesen vom Leiden zu erlösen und aus der Unwissenheit zu befreien. Buddha Shākyamuni hatte den Weg der inneren Umkehr beschritten, indem er dem Thron seines Königreichs entsagt hatte, um als Mönch nach Erleuchtung zu streben. Wie kam nun Losang Gyatso dazu, den umgekehrten Weg einzuschlagen, die Verantwortung für ein riesiges Reich mit Millionen Menschen auf seine Schultern zu laden und trotzdem sein Mönchsgelübde nicht zurückzugeben, da für ihn das Geistliche nach wie vor Priorität besaß? In der buddhistischen Geschichte gibt es keinen Vorläufer für Losang Gyatso, der als Mönch die eigentliche Führungsverantwortung für die Gesellschaft übernahm.

Jedenfalls rief er etwas auf unserem Planeten Einmaliges ins Leben: eine national-tibetische und von Mönchen getragene Regierung, die die Lebenswelt Tibets vereinheitlichte und die weltliche Sphäre in die geistliche integrierte. Diese Revolution war – anders als die König Ashokas von der Spitze an die Basis – eine von der Mehrheit unterstützte Revolution, denn die Bevölkerung identifizierte sich mit den spirituellen Zielen der neuen Obrigkeit. Mit dieser Unterstützung schuf sich Losang Gyatso die Vertrauensbasis, die König Ashoka gefehlt hatte.

Nachdem der Große Fünfte, wie er genannt wird, inthronisiert war, machte er sich zielstrebig daran, die Gesellschaft der Heilserwartung zu konsolidieren und sie in eine Welt der für jedermann erreichbaren vollkommenen Erleuchtung zu verwandeln. Er entwaffnete den Feudaladel vollständig und löste anschließend alle Armeen der Warlords auf. Da es in einem demilitarisierten Tibet keine Truppenbewegungen mehr gab, brauchte er auch nicht für ein staatliches Straßennetz zu sorgen – Räderfahrzeuge waren im Hochgebirgsterrain Tibets ohnehin kaum von Nutzen. Für Handelswaren bot sich der Transport mit Yak-, Pferde- und Kamelkarawanen an. Da staatliche Gelder also nicht für den Bau von Wagenstraßen in Anspruch genommen wurden, konnten die Haushaltsmittel in erster Linie für das Gesundheits- und Sozialwesen, für Bildung und geistliche Feste verwendet werden.

Da die gesamte Bevölkerung dem Fünften Dalai Lama die Verantwortung für das ganze Land übertragen hatte, sah er sich ermächtigt, den landbesitzenden Adel zu enteignen; er übergab etwa ein Drittel des Landes einzelnen Familien zur Nutznießung als Lohn für ihre staatlichen Dienste. Ein weiteres Drittel des Landes übereignete er den vielen Klosterschulen und löste damit eine noch größere Welle von Klosterneugründungen aus. Das letzte Drittel des Landes wandelte er in eine Stiftung für die neue Regierung um, die in Verehrung für den Buddha der Zukunft, Maitreya – dem buddhistischen Symbol des Heilsbewußtseins –, die Glanzvolle Regierung im Ganden-Palast genannt wurde.

Der Große Fünfte ließ in Lhasa auf dem Roten Felsen über der Stadt einen monumentalen Amtssitz der Regierung errichten, den Potala, ungefähr an der Stelle der alten Residenz von Songtsen Gampo, dem ersten Herrscher Tibets, der die Ausbreitung der buddhistischen Lehre rund tausend Jahre zuvor gefördert hatte. Der Potala wurde das Energiezentrum der neuen Hauptstadt, war Kloster, Palast und heiliges Mandala zugleich, und damit Symbol der drei vom Dalai Lama verkörperten Rollen: selbstloser Mönch, Herrscher und großer Vollendeter. Er war das erhabene spirituelle Zentrum, von dem der einigende Geist des Heilsbewußtseins eines ganzen Volkes ausging.

Der Große Fünfte veränderte das Leben aller Tibeter, indem er die Möglichkeit, zur Vervollkommnung im Sinn der inneren Umkehr zu gelangen, für jedermann alltägliche Realität werden ließ. Der militaristische Geist wurde ausgerottet, und damit war auch die Dienstverpflichtung der Bauern in der Armee ihrer jeweiligen Feudalherren abgeschafft. Er sorgte für die Straffung des mittelalterlichen Sozialnetzes, geprägt durch gegenseitige Treueverhältnisse, und schuf ein System auf der Grundlage ökonomischer Beziehungen. Durch die Verlagerung des sozialen Beziehungsgefüges vom militärischen in den wirtschaftlichen Bereich erzielte die Regierung des fünften Dalai Lama einen weiteren Erfolg bei der Modernisierung Tibets: So viele Menschen wie nie zuvor konnten sich nun ihren inneren Bedürfnissen und ihrer spirituellen Zukunft widmen, der eigenen auf die Erleuchtung abzielenden Ausbildung in den Klosteruniversitäten, solange sie nur ihren auf ein Minimum reduzierten wirtschaftlichen Obliegenheiten dem Staat gegenüber nachkamen. Auch nahm man den tibetischen Bauern und Nomaden ihr Land nicht weg und zwang sie nicht, wie in Europa geschehen, in den Slums der Industriestädte zu leben. Die Propaganda der chinesischen Kommunisten, Tibet hätte die Lebensbedingungen seiner mittelalterlichen Feudalgesellschaft perpetuiert, eine Sklavengesellschaft nach dem Muster der amerikanischen Südstaaten vor dem Bürgerkrieg geschaffen, ist schlicht und einfach eine Erfindung, um die durch die Invasion der chinesischen Armee angerichtete Verwüstung, Okkupation, zwangsweise Verstaatlichung und schließliche Kolonialisierung des Landes und den Völkermord an den Tibetern zu rechtfertigen.

Wir, die wir in der westlichen Staatenwelt leben, halten uns heute für freie Bürger, da wir alles in Heller und Pfennig ausdrücken können, unsere Verdienste und unsere Verbindlichkeiten sind genauestens in abstrakten Zahlen quantifizierbar. Doch da wir alles in »Münzwert« sehen, bedeutet dies gleichzeitig auch, daß alles vollkommen veräußerbar ist – wir können jederzeit jeden und alles verlieren. Im neuzeitlichen Tibet vor der chinesischen Invasion besaß jeder die Freiheit, sich mit seiner spirituellen Entwicklung zu befassen, eine Pilgerreise zu unternehmen, Handel zu treiben oder sich voll und ganz der Muße hinzugeben. Man war wie jedes Lebewesen nicht gefeit davor, mit dem Tod alles zu verlieren, doch man besaß unveräußerliche Bindungen an die produktive Mutter Erde, auf die man in diesem Leben zählen konnte.

In der Zeit, da der Große Fünfte Tibet umgestaltete, gab es auch andernorts auf unserem Planeten große Veränderungen. Galileo Galilei starb 1642, und Isaac Newton wurde geboren – obzwar nicht seine Reinkarnation, doch zweifellos intellektuell gesehen sein Nachfolger. Der Sonnenkönig, Ludwig XIV. von Frankreich, erblickte 1638 das Licht der Welt und begann bald darauf sein Einigungswerk in Frankreich; seine neue Residenz, das Schloß von Versailles, wurde etwas später als der Potala-Palast des Dalai Lama in Tibet errichtet. Von 1642–48 führte Oliver Cromwell seine Elitetruppe, die »gottseligen Eisenseiten« (Ironsides), in den Krieg gegen Karl I. von England und schuf die Grundlagen, auf denen später parlamentarische Demokratie, Militarismus und eine von der Kirche unabhängige Regierungsform entstand. 1644 besiegten die Mandschus endgültig die Chinesen, eroberten ganz China und lösten die Ming-Dynastie ab. Um 1630 rief John Harvard die Stiftung für die Harvard-Universität ins

Leben. 1642 festigte das Tokugawa-Shōgunat seine weltliche Herrschaft über Japan. Der Haiku-Dichter Matsuo Bashō war in den letzten Jahrzehnten des 17. Jahrhunderts äußerst produktiv. 1613 etablierte sich die Dynastie der Romanows in Rußland und dehnte bald ihr Territorium von Europa nach Sibirien aus, obwohl Peter der Große erst 1703 mit der Errichtung von St. Petersburg begann. Die Holländer kauften die Insel Manhattan und begannen 1626 mit ihrer Besiedlung. 1642 malte Rembrandt seine *Nachtwache*, und Abel Tasman entdeckte Neuseeland. Königin Christine von Schweden wurde 1644 aus der Vormundschaft entlassen. Descartes veröffentlichte seine Thesen, nachdem er die individuelle Selbstgewißheit zum einzigen Kriterium für die vollgültige Erkenntnis erklärt hatte. Die Dynastie der Moguls schuf jene Kultur, als deren Krönung der Tāj Mahal gilt. Die Blüte der Dynastie der Safawiden im Iran währte bis 1629, unter Shah Abbas I. wurde das prächtige Isfahan zur Hauptstadt des Reiches erhoben. Die Osmanen errichteten die Blaue Moschee. Das Heilige Römische Reich deutscher Nation, ausgeblutet im Dreißigjährigen Krieg, verfolgte nicht länger das Ziel, die Reformation rückgängig zu machen und schloß 1848 den Westfälischen Frieden mit Frankreich und Schweden.

Das moderne Denken, das sich vor nicht allzu langer Zeit in der industrialisierten Welt durchsetzte, war keine vollkommen neuartige Erscheinung. Modernes Denken hatte sich viele tausend Jahre lang in den verschiedenen buddhistischen Schulen ganz Asiens entwickelt. Von der Warte der Erleuchtung aus betrachtet, entwickelt ein sich der Erlösung nähernder Mensch immer stärker in eine besondere Persönlichkeit, öffnet sich mehr und mehr und befreit sich von jeglicher Beständigkeit, wird zunehmend rational und mehrdimensional in seiner immer komplexer werdenden Verwobenheit mit dem Universum. Sobald wir die Existenz einer derartigen Bewußtseinsstruktur in anderen Kulturen einräumen, können wir auch davon ausgehen, daß man sich dort schon früher mit ihr beschäftigt und sie analysiert hat,

Methoden entwickelt hat, sie zu pflegen, zu stärken, ihre Irrungen und Wirrungen zu bekämpfen. Sobald wir Modernität nicht allein in ihrer westlichen materialistischen Ausprägung sehen, können wir kreativ über Alternativen zu unseren derzeitigen festgefügten Konventionen nachdenken; wir müssen dies nicht als Niederlage betrachten und auch nicht nach prämodernen Denkmustern und Lebensformen suchen. Wir haben gesehen, daß eine den Dualismus überwindende Denkweise – sei es auf weltlicher oder geistlicher Ebene – den Wesenskern dessen ausmacht, was wir als segensreiche Modernität oder Fortschrittlichkeit ansehen können. Wir sollten uns eines kreativen nichtdualistischen Denkens befleißigen, anstatt der Geschichte den Rücken zu kehren und zu einem monistischen, irrationalen Denken und seiner Begleiterscheinung, dem gesellschaftlichen Kollektivismus, zurückzukehren.

Dieser nichtdualistische Geist manifestiert sich im individuellen Bewußtsein als Einheit von Ich und Welt, als Empfinden, im wesentlichen ein Teil dieser Welt zu sein, ganz und gar mit ihr verwoben zu sein; dazu gesellt sich das Gefühl, für diese Welt von essentieller, einzigartiger Wichtigkeit zu sein. Wenn dieses Gefühl als ein inneres Wissen erlebt wird, fühlt man einen leichten, verlockenden Schauder der Erleichterung. Es befreit, von seiner alten, tiefverwurzelten Vorstellung getrennt worden zu sein – vom Körper und den Sinnesfunktionen, die in einen unbehaglichen und verworrenen Lebensprozeß geworfen sind, getrennt worden zu sein von einem entfremdeten Selbst, das auf unerklärliche Weise außerhalb dieses Prozesses existiert und auf unbegreifliche Weise von einer absoluten Macht und Autorität kontrolliert wird. Dieses entfremdete Absolute, Gott oder die Seele genannt, hat wie ein Bremsklotz im Bewußtsein der Menschen gewirkt. Die Grundlage dafür wurde in antiken Kulturen gelegt, in denen alles Geschehen instinktiv als die mechanische Fortsetzung des Uranfangs betrachtet wurde. Diese Sicht der Dinge wirkte gleichsam wie ein Schalter, mit dem die Sensibilität abgeschaltet wird. Durchaus nützlich für die Tierwelt im harten Daseinskampf, war dieser Schalter wie geschaffen, das menschliche Denken an die Leine zu legen, die Menschen in ihrem innersten Kern zu versklaven, indem man ihnen das Vertrauen in die eigene Kraft der Erkenntnis und des Seins raubte. Dies wiederum läßt die Menschen empfänglich werden für Gängelung durch irrationale Obrigkeiten und macht sie zu Gefangenen, die sich ihrer wahren Natur nicht bewußt sind.

Zwischen dem 14. und 17. Jahrhundert durchbrachen mutige Menschen in der westlichen und östlichen Hemisphäre diese geistige Blockade; sie ließen das verwirrende dualistische Denken hinter sich und kamen auf diese Weise zu einer neuen Einschätzung der Relativität, der Verantwortlichkeit und des sich durch bewußtes Denken auszeichnenden unabhängigen Menschen. Diese Sichtweise haben wir chiliastische und mystische Bewußtheit genannt.

Die äußere Fortschrittlichkeit im Abendland führte die europäischen Staaten zur militärischen und industriellen Aufrüstung, zur Eroberung aller traditionellem Denken verhafteten Völker und zur Aneignung aller materiellen Güter der Welt. Schließlich wurden sie in ihrer Abhängigkeit von immer mehr Produktion und immer mehr Konsum zu einer Bedrohung für den Lebensraum auf unserem Planeten. Die tibetische innere Fortschrittlichkeit bewirkte, daß Tibet gleichsam industriell Klöster produzierte und einseitig abrüstete, territorialen Expansionsgelüsten und Eroberungsdrang entsagte und sich statt dessen der Eroberung all jener inneren Regionen im Menschen zuwandte, die für die Erleuchtung wesentlich sind. Man verstand darunter die vollkommene Beherrschung von Geist und Körper, Zeit und Raum sowie sämtlicher mit dem Tod, dem Leben und den Existenzweisen in anderen Welten zusammenhängender Prozesse.

Vor uns liegt die Herausforderung, äußere und innere Fortschrittlichkeit miteinander zu verschmelzen, um eine ausgewogene, gesunde, komfortable und auf die Erleuchtung orientierte Lebensumwelt zu schaffen, die sich – weltweit in unterschiedlichsten Spielarten – im 21. Jahrhundert bewährt.

Kapitel 9

Hoffnung für das dritte Jahrtausend: Die Wiedervereinigung des Inneren und Äußeren

Da sich Tibet ganz nach innen wandte, nahm es die äußeren Realitäten nicht mehr wahr, und dies führte zu seiner Isolierung von der restlichen Welt. Die innere tibetische Fortschrittlichkeit wurde sehr bald durch jene Kräfte zerstört, die die Gewalt der äußeren Fortschrittlichkeit im 20. Jahrhundert repräsentieren.

Mahātmā Gandhi gehörte zu der kleinen Schar kreativer Geister, die sich gegen diese Zerstörungswut auflehnte. Er verschmolz die Lehren Buddha Shākyamunis, Jesu, Thoreaus und Tolstois zu seinem politischen Credo des gewaltlosen Aktivismus. Diesem Visionär, für dessen Denken die Menschen dieses Jahrhunderts noch nicht reif waren, gelang es immerhin, die Engländer zum Abzug aus ihrer wertvollsten Kolonie zu bewegen, doch dann wurde er Opfer eines Attentats und konnte nicht mehr verhindern, daß es im unabhängig gewordenen Indien zum Schisma zwischen Hindus und Moslems kam.

Für Gandhi gab es drei Möglichkeiten auf das Böse zu reagieren. Die schlechteste und am wenigsten empfehlenswerte ist die Unterwerfung unter das Böse, man kapituliert und fügt sich unterwürfig in das von oben Befohlene. Die zweite Möglichkeit ist, das Böse mit den gleichen Waffen zu schlagen, das heißt gewaltsam Widerstand zu leisten. Die beste Reaktion auf das Böse ist jedoch der gewaltlose Widerstand. Von allen drei Möglichkeiten erfordert diese den größten Mut, der sich paaren sollte mit intelligenter Standhaftigkeit und Barmherzigkeit. Das hätte für den Widerstand gegen die Nationalsozialisten bedeutet, die Menschen hätten sich zu Scharen vor die Panzer in den Straßen und vor die Erschießungskommandos stellen und sich ermorden lassen müssen, anstatt auch nur einem Befehl zu gehorchen. Aufgrund seiner Erfahrungen in Südafrika und Indien war Mahātmā Gandhi zu der Überzeugung gelangt, auch die deutschen Soldaten hätten angesichts dieses gewaltlosen Widerstands schließlich zu der Einsicht gelangen müssen, daß sie Grausamkeiten begingen wider jegliche Vernunft und die menschliche Natur. Gandhi war überzeugt, selbst die infernalische nationalsozialistische Kommandostruktur wäre aufgeweicht, und der Krieg somit beendet worden. Gandhi war sich auch bewußt, daß dieser Königsweg der Gewaltlosigkeit viel Blutvergießen fordert, bis die Mörder schließlich zur Einsicht gelangen. Doch auch gewaltsamer Widerstand – so Gandhi – fordere eine große Zahl an Menschenleben – bekanntlich hinterließ der Zweite Weltkrieg Spuren der Zerstörung in ganz Europa und riß Millionen hoffnungsvoller junger Menschen in den Tod.

Nach rund zweihundert Jahren, in denen sich die vom chiliastischen Geist getragene Zivilisation in die vom Großen Fünften Dalai Lama vorgezeichnete Richtung weiterentwickelt hatte, wurden der innere Frieden und die Stabilität des souveränen Tibets durch den Druck der imperialistischen Mächte jenseits der Grenzen des Landes zunehmend untergraben. Die Mandschus, die im Lauf des 19. Jahrhunderts ihren einstigen Respekt vor Tibet in seiner Rolle als spiritueller Friedensstifter der Region verloren hatten, fielen immer häufiger in Tibet ein, sie eigneten sich rund ein Drittel des Territoriums im Nordosten des Landes an und stießen immer weiter in Richtung Lhasa vor. Die Tatsache, daß während des

19. Jahrhunderts keiner der Dalai Lamas älter als dreißig Jahre wurde, läßt auf dunkle Machenschaften der Mandschus schließen, denn kein geistlicher Führer sollte sich eine so starke Stellung erobern, daß er von der chinesischen Dynastie unabhängige Entscheidungen fällen könnte.

Dies war die politische Lage, als Tubten Gyatso (1876–1934), der Große Dreizehnte Dalai Lama, 1878 gefunden wurde. Unmittelbar vor Abschluß seiner klassischen buddhistischen Ausbildung und vor Übernahme seiner Amtsgeschäfte als Oberhaupt des Landes in den neunziger Jahren des vergangenen Jahrhunderts deckte er das Komplott eines gegen ihn gerichteten Attentats auf und vereitelte es. Als er inthronisiert war, sah er sich mit einer internationalen Lage konfrontiert, in der die Tibeter und Mongolen mit ihrer Klosterkultur eingekreist waren von Indien unter britischer Kolonialherrschaft, vom Osmanischen und Russischen Reich sowie der in China herrschenden Mandschu-Dynastie. Da Tibet keine Verteidigungsarmee besaß und sich nur auf diplomatischem Wege schützen konnte, beschloß der Dalai Lama, sich mit Rußland zu verbünden. Er hoffte, diese geographisch am weitesten entfernte Macht werde sich am wenigsten in die inneren Angelegenheiten Tibets einmischen.

Die Engländer zeigten sich beunruhigt über diese nur nominell existierende Allianz und drangen 1904 in Tibet ein mit der Absicht, einen Bündnis- und Beistandspakt mit dem Dalai Lama abzuschließen. Falsch informiert über die tatsächlichen Absichten der Engländer, floh der Dalai Lama in die Mongolei und später nach Beijing. Nachdem er schließlich erkannt hatte, daß die Mandschus eine viel größere Bedrohung für Tibet waren als die Engländer, kehrte er in seine Heimat zurück. Als die Chinesen ihn dorthin verfolgten, floh er – um sein Leben zu retten – quer durch Tibet bis nach Darjeeling, direkt in die Arme der Engländer.

Als die Mandschu-Dynastie 1911 stürzte, konnte der Dalai Lama nach Tibet zurückkehren. Er wurde vom tibetischen Volk mit großer Freude empfangen. Die kleinen, immer noch im Land befindlichen mandschurischen Garnisonen wurden unblutig aufgelöst, die Soldaten marschierten südwärts nach Darjeeling und wurden über Kalkutta nach China repatriiert. Danach konnte der Große Dreizehnte Dalai Lama mit seinem Versuch beginnen, innere und äußere Fortschrittlichkeit miteinander zu verschmelzen – zu einer Zeit, da überall auf der Welt gewaltsame Umwälzungen stattfanden, genährt von den imperialistischen, völkermordenden Ideologien, die zu Beginn des 20. Jahrhunderts entstanden.

Der Große Dreizehnte erkannte klar, daß keine der europäischen Mächte sich ernsthaft für Tibet engagieren würde. Zwar war es in der Vergangenheit wegen der Höhenlage und der enormen Weite des Landes keinem chinesischen Herrscher gelungen, Tibet zu besetzen. Doch nun besaßen die lokal operierenden Warlords in den westlichen Provinzen Chinas moderne Waffen und waren durchaus nicht abgeneigt, sich auf eine neue Art von Abenteuer einzulassen. Tibet hatte seinen Platz in der Staatenwelt des 20. Jahrhunderts zu finden. Die Zeit des Imperialismus war abgelaufen, und das Zeitalter der Demokratien war angebrochen. Jede Nation war nun auf sich allein gestellt. So führte der Dalai Lama ein nach britischem Vorbild gestaltetes weltliches Erziehungssystem ein, schuf ein neues Münzamt, eine moderne Armee, ein Postwesen, eine Nationalflagge und rief ein weltoffeneres Außenministerium ins Leben. Er zog sich drei Jahre, von 1914 bis 1917, aus der Öffentlichkeit zurück, um sich innerlich mit dieser neuen Lebenssituation auseinanderzusetzen. Nach dieser Zeit begann er voller Energie, unter den verschiedenen konservativen Gesellschaftsgruppen Tibets Überzeugungsarbeit zu leisten. Der Adel weigerte sich, die für den Unterhalt einer Verteidigungsstreitmacht erforderlichen höheren Steuern aufzubringen. Die Mönche machten Front gegen ein umfassendes weltliches Erziehungssystem und die Besteuerung ihrer klösterlichen Ländereien zum Unterhalt der Armee.

Unendlich enttäuscht über die Intrigen der Weltmächte, die Verweigerungshaltung seines Volkes und die 1932 von den Bolschewisten in der Äußeren Mongolei begangenen Grausamkeiten, beschloß der Große Dreizehnte ganz bewußt, den Reinkarnationsprozeß zehn Jahre früher zu beginnen, um in den von ihm vorausgesehenen kommenden schweren Zeiten alt genug zu sein, seinem Land beizustehen.

Der Große Dreizehnte hinterließ zahlreiche Hinweise, wo er sich reinkarnieren werde. Die Nachforschungen in den Jahren nach seinem irdischen Ableben förderten Spuren zutage, die auf den Nordosten des Landes und auf ein weißes Haus mit türkisfarbenen Dachziegeln wiesen. Ein Suchtrupp wurde ausgeschickt, und nach einer langen Odyssee kam dieser schließlich in der Provinz Amdo zu einem Haus, auf das die Beschreibung zutraf. Ihr Gefühl sagte ihnen, es handele sich um das gesuchte Haus. Also verkleideten sie sich, indem sie untereinander die Kleider tauschten – der Kämmerer des Großen Dreizehnten schlüpfte in die Kleider des Dieners, dieser trug eine Mönchsrobe und so weiter –, und gingen hinein. Ein hübscher Knabe mit dem Namen Lhamo Dondrub betrat die Küche, ging auf den als Diener verkleideten Kämmerer zu und identifizierte ihn auf Befragen als den »Lama aus Sera«. Der Knabe erkannte alle Gegenstände, die der Große Dreizehnte besessen hatte und ließ sich auch nicht von neueren und schöneren Dingen ablenken. Dann teilte der Knabe seiner Familie mit, er werde mit den Männern nach Lhasa gehen. Alle im Suchtrupp waren sich sicher, das richtige Kind gefunden zu haben, doch sie taten so, als zweifelten sie, um den lokalen Warlord zu überzeugen, das Kind mit ihnen ziehen zu lassen. So wählten sie zur Tarnung noch einige andere Kandidaten aus und brachten die jungen Lamas ins Kloster Kumbum und von dort später nach Lhasa.

Der neue, 1935 geborene Vierzehnte Dalai Lama wuchs wie die meisten seiner Vorgänger auf, verbrachte einen Großteil der Zeit mit Studien, dem Auswendiglernen langer Gebetstexte, mit Exerzitien, Philosophie, Psychologie und Ethik. Als er die Originaltexte des Kanons auswendig beherrschte, wandte er sich dem Studium der Kommentarliteratur zu. Er begann auch mit seinen Mönchsbrüdern über den Sinn der von ihm studierten und gelesenen Werke zu diskutieren, da er die Diskussion als essentiell für die Schärfung der kritischen Denkfähigkeit und die Erlangung einer tieferen, durch Kontemplation zu schulenden Erkenntnis ansah. Am Ende gelangte er bei bestimmten Fragen immer wieder an einen Punkt, an dem er es für notwendig erachtete, sich kurzzeitig in Kontemplation zurückzuziehen, um das Erkannte auf sich wirken zu lassen und ganz zu verinnerlichen.

Zum Lernstoff des Dalai Lama gehörten auch die Geschichte Tibets und die Biographien seiner Vorgänger. Aus persönlichem Interesse wandte er sich auch einigen nichttibetischen Themen zu, las Bücher über andere Kulturen und die Weltgeschichte. Instrumente und technisches Gerät hatten es ihm besonders angetan: Filmprojektoren, Kameras, Uhren, Autos, ja sogar Gewehre. Von dem aus Deutschland ausgewanderten Bergsteiger Heinrich Harrer lernte er einiges über Technologie und Denkweise des Westens.

Als der Dalai Lama vierzehn Jahre alt war, entschieden die chinesischen Kommunisten den Kampf gegen die Nationalisten für sich und übernahmen im Oktober 1949 die Macht auf dem chinesischen Festland. Noch im selben Jahr drangen vereinzelt chinesische Einheiten in Osttibet ein, und 1950 kam es zum Einmarsch der chinesischen Armee in Zentraltibet. Die Tibeter inthronisierten den Dalai Lama fünf Jahre früher als geplant formell als ihren Herrscher, dann floh die gesamte Regierung in das indische Grenzgebiet. Als man erkannte, daß kaum ein Land der Erde sich für Tibet engagieren würde, entschied sich die Regierung, nach Lhasa zurückzukehren und den Versuch zu unternehmen, mit den chinesischen Kommunisten zusammenzuarbeiten. Ein oder zwei Jahre später reiste der Dalai Lama für mehrere Monate nach Beijing, um mit Mao Zedong die Zukunft Tibets zu erörtern. Vorübergehend glaubte der junge Dalai Lama in seinem Idealismus, China könne seinem Land möglicherweise bei der äußeren Modernisierung helfen, doch gegen Ende ihrer Begegnung überfielen ihn nach Maos mit eisiger Stimme geflüsterter Bemerkung »Religion ist Gift« ernsthafte Zweifel.

Nach China zurückgekehrt sah er sich mit der harten Realität des Lebens unter der Besatzungsmacht konfrontiert: Die mit der Herrschaft über Tibet beauftragten chinesischen Generäle brachen eine Zusage nach der anderen. Unter den Besatzern kam es zu Hungersnöten, Ländereien und Lebensmittel wurden requiriert, die Chinesen begannen die einfachen Tibeter der Gehirnwäsche zu unterziehen und wendeten Gewalt gegen die große Zahl jener Menschen an, die ihre Vorstellungen nicht akzeptierten.

Etwa 1956 war bereits offensichtlich geworden, daß der Dalai Lama angesichts der Zwangsmaßnahmen der chinesischen Besatzungsmacht in Tibet seinem Volk nicht in erforderlichem Maße helfen konnte. 1959 versuchten die Besatzer-Generale darüber hinaus den Dalai Lama gefangenzunehmen, vielleicht um ihn zu ermorden, ihn zumindest aber als ihre Geisel handlungsunfähig zu machen. Er konnte im Schutz eines plötzlich aufkommenden Sandsturms unbemerkt den rund um Lhasa gezogenen chinesischen Belagerungsring durchbrechen und nach einer kräftezehrenden Flucht vor seinen Verfolgern schließlich das indische Exil erreichen.

Nach seiner Emigration ermordeten die Chinesen Hunderttausende von Tibetern. Es begann ein systematischer Angriff auf die tibetische Kultur: Menschen wurden verhaftet, gefoltert und ermordet, nur weil sie ein Bild des Buddha oder des Dalai Lama besaßen oder sich vor einem geheiligten Monument verbeugt hatten. Schulen wurden zerstört, Bücher verbrannt und der Gebrauch der tibetischen Sprache war verboten. Klöster wurden verwüstet, die Mönche und Nonnen ermordet, eingekerkert oder gezwungen, öffentlich ihr Gelübde zu widerrufen. Das Tibet, das wir als jenes geschichtlich gewachsene Land kannten, in dem das gesellschaftliche Experiment einer inneren Umorientierung im Geist des Buddha am weitesten gediehen war, wurde ausgelöscht.

In Indien empfing man den Dalai Lama freundlich, man beschäftigte die tibetischen Flüchtlinge, die bald in immer größeren Scharen über die Grenze kamen, mit Straßenbauarbeiten oder stellte ihnen Land zur Verfügung, auch durften sie sich ihr eigenes Schulsystem aufbauen. Seine Heiligkeit konzentrierte sich ganz darauf, Institutionen ins Leben zu rufen, die für die Bewahrung der tibetischen Kultur im Exil notwendig waren. Außerdem setzte er seine Studien und seine buddhistische Meditationspraxis fort. Exilklöster entstanden in Indien und Nepal. Wie in Tibet nahmen auch in der Exilgemeinde mehr als zehn Prozent der Männer eine Klosterausbildung nach traditionellem Lehrplan auf. Allerdings modifizierte man das Klosterleben dahingehend, daß auch landwirtschaftliche Arbeit geleistet werden mußte, weil die Flüchtlingsgemeinde nicht so viel Überschuß erwirtschaften konnte wie in Tibet, um Vollzeitstudien von Mönchen und Nonnen zu ermöglichen. Die übrigen Mitglieder der Gemeinde integrierten sich in das Leben ihres Gastlandes, übernahmen größtenteils von der indischen Regierung zur Verfügung gestelltes Land und gründeten darauf ökonomisch autarke Gemeinwesen. 1995 wurden die Tibeter als eine der vorbildlichsten Flüchtlingsgemeinden der Welt geehrt. Inzwischen sind zwei Generationen Tibeter im Exil aufgewachsen, die sich ihre tibetische Bildung, ihr tibetisches Identitätsgefühl und ihren buddhistischen Glauben bewahrt haben. Die meisten von ihnen haben noch immer nicht die Hoffnung aufgegeben, daß sich die Welt eines Tages doch noch ihrer Verantwortung bewußt wird und die Realität in Tibet und das Existenzrecht der Tibeter anerkennt.

Das tibetische Volk mit seiner von ihm ausgehenden Kraft lebt nun in der ganzen Welt in der Diaspora. So wie gegen Ende des ersten Jahrtausends die dynamische Erleuchtungsbewegung in Tibet ihre geistige Heimat fand, ist sie heute, gegen Ende des zweiten Jahrtausends, zwangsweise in die größere Weltarena hinausgestoßen worden: Die Erleuchtungsbewegung hat begonnen, in der westlichen Hemisphäre Fuß zu fassen.

Wer Politik aus dem Blickwinkel aufgeklärten Denkens betrachtet, für den ist Zivilisation gleichbedeutend mit Sanftmut. Einen Anhaltspunkt, wie stark man diese in der Gesellschaft verwurzelt sieht, bietet unter anderem der jeweilige Standort einer Gesellschaft auf einer Skala, an deren einem Endpunkt die Klosterkultur und deren anderem der Militarismus steht. Die Europäer zerstörten ihre klösterlichen Zufluchtsorte im Zuge der Säkularisierung und Militarisierung ihrer geistigen Energien. Von rastloser innerer Unzufriedenheit getrieben, zerstreuten sich die Europäer in alle Winde; sie verließen ihre angestammten Heimatgebiete und setzten sich in der ganzen Welt fest, sie sorgten für die Entstehung jener äußeren Fortschrittlichkeit, welche aufgrund ihrer Schwächen als schweres Erbe auf unserem Planeten lastet.

Ich will damit nicht sagen, daß die Jahrhunderte des Fortschritts im Abendland überhaupt keine Früchte trugen und es besser für Europa gewesen wäre, wenn es unter der Knute von mittelalterlichem Aberglauben und blindem Gehorsam geblieben wäre. Nein, es war bedeutsam, daß Europa und die gesamte von Menschen bewohnte Welt sich aus der Knechtschaft unterdrückerischer und autoritärer Ideologien befreit und zu einem natürlichen Vertrauen in die menschliche Kraft und das menschliche Potential gefunden hat. Doch stets werden mit positiven Kräften auch negative Kräfte freigesetzt, daher haben die Menschen, die sich aus dem Joch ihrer Unterdrückung befreit haben, jetzt auch die Verpflichtung, Wege zu finden, wie sie sich selbst Zürückhaltung auferlegen können. Freiheit ist im allgemeinen zunächst grenzenlos, doch wird der befreite Mensch mit zahllosen neuen Problemen konfrontiert: er braucht eine Ausbildung, er muß seine negative geistige Programmierung überwinden, sich Selbstdisziplin aneignen und neue Fähigkeiten ausbilden.

Die westlichen und östlichen Aufklärungsbewegungen, und zwar in ihrer äußeren und inneren Ausprägung, brachen auf jeweils eigene Weise aus dem Gefängnis dualistischen Denkens aus und brachten unterschiedliche Vorstellungen hervor, was Verantwortungsbewußtsein und bewußte Willensfreiheit des einzelnen Menschen betraf.

Gesetzt den Fall, wir stimmen der These zu, daß unsere äußere Fortschrittlichkeit im Westen nicht die einzig mögliche Art von Fortschrittlichkeit ist und die Alternative, die innere Fortschrittlichkeit, nicht nur lebensfähig, sondern vielleicht sogar die überlegene ist, erscheint der Übergang in die Postmoderne in einem ganz anderen Licht. Halten wir jedoch unsere von Materialismus geprägte Fortschrittlichkeit für die einzig mögliche, erscheint uns die Postmoderne zwangsläufig zerstörerisch und chaotisch. Wer die Unmenschlichkeit des Fortschritts unseres Industriezeitalters verabscheut, nimmt Zuflucht zu allen möglichen traditionellen Denkformen; wem ein solcher Rückgriff Angst einflößt, der klammert sich an eine extrem materielle Fortschrittlichkeit mit immer ausgefeilteren Technologien und verschließt die Augen vor den unheilvollen Auswirkungen der Bevölkerungsexplosion, Umweltverschmutzung, Erschöpfung der Bodenschätze und Vernichtung ganzer Arten in der Tierwelt.

Es ist wahrlich ein großartiges Gefühl zu entdecken, daß es noch eine andere Form von Fortschrittlichkeit gibt, eine innere, spirituelle, individuelle Fortschrittlichkeit. Sie führt weder zur gnadenlosen Zerstörung unseres Planeten noch zum Rückzug in ein illusionäres und primitives Utopia. Es handelt sich um eine Fortschrittlichkeit, die uns aufruft, weiter an unserer individuellen Umformung und an der Umformung der Welt zu arbeiten, damit wir eine Lebensqualität erreichen, die höher ist als die bisher gekannte. Wenn es einen besseren und zufriedenstellenderen Weg gibt, modern zu sein, bietet sich an, auf eine lebensrettende neue Synthese von äußerer und innerer Modernität hinzuarbeiten. Die heute vor uns liegende Aufgabe besteht darin, unsere gegenseitige Verbundenheit zu vertiefen und unsere Entfremdung vollkommen zu überwinden. Unser so erlangtes vereinheitlichtes Bewußtsein kann das Empfinden jedes einzelnen stärken, unauflöslich mit allen anderen Lebewesen verwoben zu sein. Erst dann werden wir niemals mehr zu jener Zerstörungswut verleitet werden, die sich als unweigerliche Folge jeder Art von Entfremdung einstellt.

Lassen Sie uns nun betrachten, wie der Vierzehnte Dalai Lama das Weltgeschehen sieht, und worauf er seinen Optimismus gründet. Für ihn hat sich zwischen dem Beginn und dem Ende des 20. Jahrhunderts die Welt in vier Punkten gewandelt, und darauf setzt er seine Hoffnung für das 21. Jahrhundert.

Den ersten Hoffnungsschimmer sieht er darin, daß die Menschen möglicherweise umdenken und ihre Konflikte statt mit militärischen mit friedlichen Mitteln lösen. Zu Beginn des Jahrhunderts sah man praktisch keine Alternative zur Kriegsgewalt als letzter das Schicksal der Menschen entscheidender Instanz. Militärinstitutionen beherrschten die Welt, mit ihrer Hilfe wurde die technologische Entwicklung vorangetrieben und das größte Waffenarsenal aller Zeiten auf unserem Planeten geschaffen. Nun hat der militärische Denkansatz sich selbst besiegt, denn die Waffen sind zu unberechenbar geworden, um noch eingesetzt werden zu können. Mehr und mehr erachten die Menschen Frieden als einen mit nichts zu vergleichenden Wert, Gewaltlosigkeit setzt sich zunehmend durch als die vernünftigere Alternative zur Lösung sozialer Probleme.

An der ersten Grundprämisse zur Situation am Beginn des 20. Jahrhunderts gibt es keinen Zweifel. Rückblickend herrscht wohl allgemeine Einigkeit darüber, welcher Art das gesellschaftliche und kulturelle Klima am Vorabend der beiden Weltkriege war. Die meisten Menschen sind sich einig, daß bewußt auf Frieden hingearbeitet werden muß, doch nur wenige glauben, daß das Prinzip der Gewaltlosigkeit überzeugend genug ist, Frieden zu schaffen. Gewaltlosigkeit jedoch ist ein gangbarer Weg, das beweist der Erfolg Mahātmā Gandhis im Konflikt mit dem Britischen Empire und der Nelson Mandelas in Südafrika, nachdem er der ursprünglich zur Strategie des Afrikanischen Nationalkongresses gehörenden Gewalt abgeschworen hatte. Das zeigen auch die Erfolge der Palästinenser bei der Befreiung eines Teils des Westjordanlands und des Gazastreifens, allein durch Gewaltverzicht – wenn auch gewalttätige Extremisten auf beiden

Seiten ständig den Friedensprozeß gefährden –, die sanfte Revolution in der Tschechoslowakei, die Vereinigung der beiden Teile Deutschlands, die Befreiung der baltischen Staaten und der Ukraine; man könnte diese Liste noch fortsetzen – alle diese sind herausragende Beispiele für den Sieg der Gewaltlosigkeit über die Gewalt. Gegenbeispiele sind: die fortdauernde Unterdrückung Tibets, die Unnachgiebigkeit der diktatorischen chinesischen Kommunisten gegenüber der jungen Demokratiebewegung im eigenen Land, die Hartnäckigkeit der birmanischen Junta oder der Bosnien-Konflikt. Doch in allen Fällen gibt es immer noch eine realistische Hoffnung auf den letztendlichen Sieg der Gewaltlosigkeit, sobald sich die Schwäche der gewalttätigen Unterdrücker immer deutlicher offenbart.

Der zweite Anlaß zur Hoffnung ist für den Dalai Lama der einzelne Mensch. Zu Beginn unseres Jahrhunderts setzten die Menschen ihre gesamte Hoffnung auf das Gesellschaftssystem. Sie glaubten, Regierungsinstitutionen und eine effiziente Staatsbürokratie, ob in kapitalistischer oder kommunistischer Ausprägung, seien der Schlüssel zum Erfolg; sie waren der Ansicht, der einzelne müsse unter Kontrolle und in Abhängigkeit gehalten werden. Die faschistischen Systeme führten uns in den Zweiten Weltkrieg, in dessen Verlauf mehr als hundert Millionen Menschen ihr Leben lassen mußten; der sich auf die Ideologie der Diktatur des Proletariats gründende Staatssozialismus unterdrückte seine Bürger auf mörderische Art und Weise. Um mit Václav Havel zu sprechen: Der letzte Versuch der europäischen Aufklärung, das perfekte Gesellschaftssystem zu schaffen – basierend auf der marxistischen Gesellschaftsideologie und dem ihr zugrundeliegenden judäo-christlichen Utopismus –, ist katastrophal und endgültig gescheitert. So hat sich der große Traum vom Sozialismus – die Befreiung des Menschen, indem dieser ganz vom Gesellschaftssystem vereinnahmt wird – nur als ein böser Traum entpuppt.

In der »freien Welt« glauben wahrscheinlich noch immer einige Menschen, das kapitalistische System habe seine Effizienz gegenüber dem gescheiterten Kommunismus sowie seine Überlegenheit über diesen bewiesen. Es besteht kein Zweifel, daß der Grundgedanke des Kapitalismus – mehr produzieren als konsumieren und dadurch für andere und für zukünftige Generationen soviel Reichtum wie nur möglich zu erwirtschaften – auf abgeklärtem, beherrschtem und sogar großzügigem Denken beruht, und deshalb im Kern ein guter Ansatz ist. Der solide merkantilistische Ansatz als Weg zur Bestreitung des Lebensunterhalts steht zweifellos eine Stufe höher als der militaristische, der Raubzüge gegen den Nachbarn befürwortet. Zumindest kann sich Merkantilismus zugunsten des Wohlstands aller beteiligten Parteien auswirken. Es kommt nicht dazu, daß eine Seite mordet und sich den Wohlstand aller anderen aneignet. Auf der anderen Seite werden im kapitalistischen System Ressourcen und Menschen ausgebeutet. Der Kapitalismus, wie er bisher praktiziert wurde, ist einer elitären Minderheit zugute gekommen, doch hat diese sich nicht vom schädlichen Einfluß übermäßiger Begierde befreien können. Die Menschen der Mittelschicht sind wohl in der glücklichsten Lage, sie leiden immer noch so viel, daß sie von gesunder Herausforderung zu kreativem Handeln angeregt werden, und haben doch noch so viel Muße und streßfreie Atempausen, daß sie sich Unterhaltung verschaffen und ihren kreativen Herausforderungen stellen können. Doch fürchten sie immer mehr die Verbitterung der auf der sozialen Leiter unter ihnen stehenden Armen und fühlen sich immer unbehaglicher angesichts der Unersättlichkeit der Reichen in der Hierarchie über ihnen. Kurz, die Menschen an der Spitze, in der Mitte und an der Basis der Gesellschaftspyramide gelangen allmählich zu der Erkenntnis, daß unsere immer noch unzivilisierten Weltsysteme ihnen nicht allein Gutes bringen. Doch diese Situation ist nicht unumkehrbar.

Der Umdenkungsprozeß, auf den der Dalai Lama seine Hoffnung setzt, zielt nicht allein auf den bloßen Austausch von Staatssystemen ab. Es handelt sich vielmehr um eine Schwerpunktverlagerung: Abwendung von Kollektiven – von unpersönlichen, gesichtslosen Systemen, in denen der einzelne Mensch unterdrückt wird – und Hinwendung zum einzelnen. Das Ziel des menschlichen Lebens liegt in der Fortentwicklung eines jeden Menschen. Daher liegt die Zweckbestimmung der Gesellschaft darin, für Bildung und Stärkung ihrer einzelnen Mitglieder zu sorgen. Die Demokratie gilt als die gesellschaftliche Organisationsform (oder Desorganisationsform), die den individuellen Stärkungsprozeß am unmittelbarsten unterstützt. Von Winston Churchill stammt der Ausspruch, Demokratie sei die schlechteste Regierungsform überhaupt – mit Ausnahme aller anderen.

Das einzige dominierende System, auf das Kritik dieser Art noch zutrifft, ist der Nationalismus. Er erweist sich als letzte verbliebene Barriere auf dem Weg zu einem wahren Weltbürgertum, zu einer wahren Weltregierung, zu einem alles beherrschenden Gefühl der Selbstidentifizierung des Individuums als ein menschliches Wesen. Denn eine nationalistische Regierung zwingt den einzelnen zur Unterwerfung unter eine illusionäre, absolute Gruppenidentität, was dazu führt, daß sich unsere Abgrenzung von den »anderen« noch mehr verstärkt und wir in ihnen eine potentielle Bedrohung sehen. Sobald sich aber die Verlagerung vom Denken in kollektiven Kategorien zum Denken in individuellen Kategorien noch weiter gefestigt hat, werden die Menschen besser gewappnet sein gegen fanatisch vertretene Ideologien und sich nicht mehr so leicht in ein Heer von Jasagern und bedingungslosen Befürwortern eines Systems verwandeln lassen.

Der dritte Hoffnungsquell des Dalai Lama speist sich daraus, daß die Menschheit nicht mehr der Ansicht ist, materialistische Wissenschaft und Technik seien die Ultima ratio für die Gestaltung des Lebens und Schicksals. Zu Beginn des 20. Jahrhunderts schien es, als brauchte der Mensch nur noch wenige Jahrzehnte, bis er alle Naturphänomene unter seine Gewalt gebracht hätte, der menschliche Geist all seine Geheimnisse offenbaren würde und man auf künstlichem Weg Unsterblicheit erlangen könnte. Jetzt zeigt sich immer deutlicher, daß die Wissenschaft ihre Erkenntnisse nur insofern erweitert, als sie feststellt, wieviel sie nicht weiß, und daß technologische Verfahren nur neue Probleme heraufbeschwören.

Der Materialismus ist eine ideologische Entartung, die dazu führt, daß die Menschen beginnen, sich auf religiöse Überlieferungen zu besinnen, um zu einer andersgearteten Sicht der Wahrheit zu gelangen, teilweise werden Glaubensinhalte wiederbelebt, die von der Wissenschaft schon längst ad absurdum geführt worden waren. Die tibetische Tradition spiritueller Wissenschaft hat bei dieser Neuorientierung einen entscheidenden Beitrag zu leisten. Da sie ihren Schwerpunkt auf die Erforschung der Realität legt, kann sie uns dabei helfen, innere und äußere Wissenschaften zum wahren Nutzen des einzelnen zusammenzuführen, ohne dabei die spirituelle Bewußtheit zu unterdrücken.

Wissenschaft an sich, wenn man sie als die systematische Erforschung der Wahrheit durch präzise Beobachtung und kritische Analyse versteht, kann nicht als das eigentliche Problem des Materialismus betrachtet werden. Buddha Shākyamuni schätzte lange vor Beginn des Zeitalters der Moderne den sorgfältig forschenden Geist, der die Wissenschaft fördert als das vorzüglichste Instrument zur Verwirklichung menschlicher Aktivitäten. Es geht in den nach Erleuchtung strebenden Traditionen nicht um eine grundsätzliche Abkehr von der Wissenschaft oder um einen Rückschritt in nichtrationales Denken. Die Kritik bezieht sich vielmehr auf den dogmatisch vertretenen Materialismus, gleichzeitig geht es um die Wiederbelebung der spirituellen Wissenschaften als Ergänzung der materiellen Wissenschaften. Die Erleuchtungsbewegung ist ein Bereich, der sich mit innerer Wissenschaft beschäftigt; zielgerichtet und systematisch wird geforscht, um die wahre Realität des Selbsts und der Lebensumwelt durch präzise Beobachtung und kritische Analyse zu erkennen. Sie postuliert die Möglichkeit der vollkommenen Erkenntnis aller Phänomene der Realität, ein Wissen, das den Menschen in die Lage versetzt, allen Bedingungen im Zusammenhang mit Leben und Tod ganz gewachsen zu sein, um auf diese Weise vollkommen glücklich zu werden. Sie postuliert außerdem, daß dieses Wissen vermittelbar ist und mit anderen Wesen geteilt werden kann, so daß schließlich alle zu der vollkommenen Erkenntnis gelangen werden, zu der sie befähigt sind. So ist man in den auf die Erleuchtung ausgerichteten Glaubenstraditionen dem Fortschrittsstreben, das die materialistischen Wissenschaften voranbringt, durchaus nicht abgeneigt.

In der nach Erleuchtung strebenden Glaubenstradition wird nicht einmal verlangt, daß der Wanderer auf dem Pfad an ein Phänomen wie Erleuchtung glaubt. Er wird lediglich dazu veranlaßt, seine Vorurteile, was das jenseits der Sinneswelt Liegende betrifft, kritischer zu durchleuchten und seine Methoden der Einbeziehung innerer Erfahrungen zu verbessern. Um seinen subjektiven Geist selbst zu einem feinsinnigen Instrument zur Durchdringung und Umwandlung der Erkenntnis zu machen, soll sich der Wanderer kontemplativer Techniken bedienen. Kritisches Denken wird erwartet, das Hegen von Zweifel an allen Dingen unter der Sonne, unsichtbaren wie sichtbaren, das Zweifeln selbst an Descartes' Theorie des scheinbar so offensichtlich denkenden Ichs, das wegen ebendieses Denkens so unabweisbar zu existieren scheint.

Die Geschichte hat uns mit den Biographien der Anhänger der Erleuchtungsbewegung, die über die Jahrtausende in unterschiedlichsten Kulturen lebten, eindrucksvolle Zeugnisse bewahrt, wie wirkungsvoll die Methoden und wie wünschenswert die Ergebnisse der Bewegung sind. Die Erleuchtungsbewegung kann daher auch hervorragend als Vorbild für die Wiederbelebung der spirituellen Wissenschaften anderer Glaubensvorstellungen genutzt werden; dabei geht es nicht allein um die Wiederbelebung von Mythen, sondern um deren Anerkennung als ideale Ergänzung für die modernen Wissenschaften. Eine solche neuartige Synthese von innerer und äußerer Wissenschaft wäre wünschenswert für unser Leben im 21. Jahrhundert.

Die vierte Hoffnung des Dalai Lama gründet sich auf das

wachsende Verständnis für die Tatsache, daß das Ökosystem unserer Welt ein fragiles Netzwerk lebender Organismen ist. Zu Beginn des Jahrhunderts betrachtete man die Natur als eine leblose und mechanisch funktionierende Masse, eine riesige Rohstoffquelle, die nur darauf wartete, daß der Mensch Einfluß auf sie gewinne und sie verwerte. Wasser, Luft, Erde, Bäume, Mineralien und Tierwelt – alles wurde mit immer größerer Effizienz genutzt und ausgebeutet. Obwohl Regierungen und internationale Wirtschaftskonzerne die Krise mit ihrem auf kurzfristigen Vorteilserwägungen beruhenden Kosten-Nutzen-Denken immer noch anheizen, setzt sich langsam die Einsicht durch, daß wir in unserer menschlichen Existenz auf Gedeih und Verderb mit dem lebenden Organismus Natur verbunden sind. Es macht sich daher ein Umschwung bemerkbar, weltweit setzen sich die Menschen nun aus wirklicher Überzeugung für den Schutz von Mutter Erde ein.

Nicht zuletzt unser übersteigertes Gefühl, wir besäßen ein autarkes, unveränderliches und unabhängiges Selbst, ist verantwortlich für die größten von uns begangenen Umweltsünden. Denn sobald wir diesen Standpunkt einnehmen, ist alles andere für uns fremd, nicht mit uns verbunden, und die Folge dieses Denkens war, daß wir in ein tödliches Spannungsverhältnis zu diesem anderen gerieten. Unsere so hoch gepriesene abendländische Zivilisation schlug bereits vor langer Zeit, in der hellenistischen Epoche, eine falsche Richtung ein. Dies wird durch die berühmte Schuh-Leder-Metapher Shāntidevas unterstrichen; sie läßt sich auf uns, die wir der Beherrschung der äußeren Natur größere Priorität einräumen als der Beherrschung unserer inneren Natur, und auf unser Verhalten übertragen: »Wer seine Füße nicht verletzen will, wenn er über die unebene und von Dornen überwucherte Erde wandelt, kann zwischen zwei Möglichkeiten wählen: Entweder er pflastert die Erde mit Leder zu, oder er stellt sich ein Paar Sandalen her.« Wir im Abendland haben uns vergeblich bemüht, die Erde in einen schönen weichen Ball zu verwandeln, haben sie eingenäht in eine schützende und geschmeidige Lederhülle, wir haben versucht, die eigene Empfindungsfähigkeit zu erhalten, indem wir die äußere Welt veränderten und neu ordneten. In der indischen und tibetischen Erleuchtungsbewegung schlug man die entgegengesetzte Richtung ein. Man entschied sich dafür, daß der »Fuß« der sensiblen menschlichen Denkweise lernen müsse, sich selbst mit der »Sandale« der Selbstbeherrschung zu schützen, da inneres Verständnis und innere Kontrolle eher zu erlangen sind als die totale Beherrschung der unendlichen äußeren Welt.

Obwohl Indien und Tibet sich auch mit den äußeren Wissenschaften beschäftigten, konzentrierten sie sich auf das Herstellen von Sandalen und verzichteten auf die Entwicklung von Techniken zur Beherrschung der äußeren Welt.

In Tibet wurden die äußeren Wissenschaften in den letzten Jahrhunderten allerdings vernachlässigt, und die technische Infrastruktur war unzureichend. Die Kultur der inneren Fortschrittlichkeit ist also auf unsere äußeren Wissenschaften ebenso angewiesen wie wir umgekehrt auf ihre inneren.

Die wiedererwachte Friedensliebe der Menschen, die Wertschätzung der individuellen Freiheit, das Streben nach jener nichtdualistischen Weisheit, die das Spirituelle mit dem Materiellen versöhnt, und die Einsicht in ökologische Zusammenhänge – lassen in uns interessanterweise die Erinnerung an die fünf aufgeklärten Prinzipien der Politik Ashokas wach werden: Gewaltlosigkeit, Individualismus, Erziehung und Altruismus. Das fünfte Prinzip, das der universalen Volksherrschaft, ist in Seiner Heiligkeit, dem Großen Vierzehnten Dalai Lama, selbst verkörpert.

Wir sind an einem Punkt angelangt, den einige als das Ende der Geschichte bezeichnen, an dem wir darauf warten, entweder dem Vergessenwerden anheimzufallen, oder darauf, daß gleichmütige Helden auf den Plan treten, die ihr Leben für den Frieden einsetzen, so wie die militanten Helden vergangener Jahrhunderte ihr Leben für den Ruhm hingaben.

Wir haben gesehen, wie die fortschrittliche Erleuchtungsbewegung in Indien und Tibet sich jetzt auch Richtung Westen ausgedehnt hat. Welchen Dienst kann diese Bewegung der gesamten Menschheit erweisen, die gegenwärtige Krise zu meistern?

Zweifellos gehören der Dalai Lama und die Tibeter, die mit ihm gewaltlos der Unterdrückung durch die chinesischen Machthaber Widerstand leisten, zu jener Art von gleichmütigen Helden. Sie fahren trotz aller Widrigkeiten fort, sich gegen die unzeitgemäß denkenden Führer des bevölkerungsreichsten Staates der Welt aufzulehnen. Michail Gorbatschow und diejenigen, die mit Boris Jelzin den Putsch des reformfeindlichen Militärs vereitelten, agierten im Geist gleichmütigen Heldentums und trugen dadurch zu Veränderungen auf unserem Globus bei. Auch Lech Wałesa und Václav Havel führten solche Helden zum Sieg. Corazón Aquino und ihre Anhänger, Aung San Suu Kyi und ihre Gefolgschaft – sie alle bewiesen gleichmütiges Heldentum, Erfolg und Rückschlag hielten sich bei ihrem Einsatz die Waage, doch siegten sie am Ende, weil sie standhaft an ihrer Vision vom Frieden festhielten. Die Studenten auf dem Tiananmen-Platz in Beijing lehnten sich im Geist gleichmütigen Heldentums vor den Augen der Weltöffentlichkeit auf, sie wurden mit Panzern niedergewalzt, und die Welt schaute zu – trotzdem setzen sie ihren Widerstand fort. Auch die Tibeter lassen sich in ihrem gewaltlosen Widerstand nicht beirren. Doch alles scheint gegen diese gleichmütigen Helden und Heldinnen zu sprechen, die immer noch Niederlagen einstecken müssen. Gibt es eine wirkliche Hoffnung für sie?

Beinahe alle Lehrmeister, die die unterschiedlichsten Richtungen der Bewegung vertreten, scheinen in einem Punkt übereinzustimmen: Wenn es zu einer Renaissance der inneren Wissenschaften der Erleuchtung kommen soll, muß diese von Amerika ausgehen. Amerika ist das Land der größten Gegensätze: Hier hat der Materialismus extreme Formen angenommen, hier sind die Menschen besonders desillusioniert angesichts dieses materialistischen Denkens und angesichts der ausgeprägten Genußsucht des einzelnen, hier steht dem jedoch auch eine ausgeprägte Hinwendung zum Transzendentalen gegenüber. Die Bevölkerung Amerikas ist in ihrer Mehrheit nicht unempfänglich für nihilistisches Gedankengut, fürchtet nichts und niemanden, glaubt nur das, was sie mit eigenen Augen sieht, hat den Glauben an einen Sinn ihrer Existenz gänzlich verloren und ist innerlich zerrissen, was ihr Identitätsgefühl angeht. Die Erleuchtungsbewegung verfügt über ein großes Repertoire an Methoden zur Identitätsanalyse und an Wissenschaftszweigen und Künsten, mit denen die Selbstachtung wiederhergestellt werden könnte, so daß sich jeder einzelne Amerikaner und jede Amerikanerin ein eigenes Königreich erschaffen könnte.

Die meisten Amerikaner haben dem Geist des militanten Heroismus den Rücken gekehrt und verharren nun in gleichmütiger Passivität – dies ist ein Schritt in die richtige Richtung. Wir Amerikaner werden immer aufgeschlossener, dies zeigt sich darin, daß wir Schmerz und Leid – die Begleiterscheinung des aggressiven Kampfes gegen äußere Feinde – zu vermeiden suchen. Wir haben an Einsicht gewonnen, aus welch fadenscheinigen Gründen die politischen Führer ihre Soldaten in den Krieg schicken; intelligente Menschen haben dies durchschaut, und lehnen es aus gutem Grund ab, dem Schlachtruf zu folgen.

Einige Intellektuelle sind überzeugt, daß ein großes Umdenken eingesetzt hat: Wir erleben derzeit keine Rückkehr aus der von Männern beherrschten in die traditionelle, von Frauen beherrschte Gesellschaft, sondern es zeichnet sich eine ganz neue Entwicklung ab, eine echte demokratische Gleichheit der Geschlechter. Und dies könnte ein kreatives Potential freisetzen, mit dem wir alle gemeinsam die Welt verändern könnten. Die Vorstellungswelt des tibetischen Buddhismus könnte uns eine Hilfe sein, wie wir uns ein Symbol für das Absolute schaffen können, das Gott Vater und Mutter Gottes transzendiert zu Gott und Göttin als die große Vater-Mutter-Einheit. Daher werden tantrische Gottheiten in sexueller Vereinigung[24)] dargestellt, und der einzelne Mensch soll durch die Übungspraxis seine Fähigkeit ausbilden, diese Vater-Mutter-Einheit in sich manifest werden zu lassen. Die Erleuchtungsbewegung hat die individuellen Kräfte erstarken lassen, die für ein Funktionieren der Gesellschaft auf der Basis eines Kräftegleichgewichts zwischen Mann und Frau und auf der Grundlage nicht autoritärer, demokratischer Strukturen sorgen. Sie hat zur Entwicklung effektiver Systeme geführt, die sich durch die Pflege folgender Tugenden auszeichnen: Toleranz ohne Kontrollmechanismen, Informationstransparenz, mitfühlendes Interesse am anderen und Kooperationsfähigkeit mit anderen, Anpassungsfähigkeit des einzelnen aus tiefer Selbstachtung, Empfindungsfähigkeit und Sanftmut, fehlendes Obrigkeitsdenken und Vertrauen auf den eigenen Verstand und auf eigene vernünftige Einsichten.

Wird es in Amerika eine Bewegung des gleichmütigen Heldentums geben? Wird es uns auf unserem Kontinent gelingen, derartige Führer hervorzubringen und zu unterstützen? Wenn ja, könnte er oder sie in eine Machtposition gelangen? Wie sähe die Strategie der Wahlkampagne auf der Grundlage einer solchen aufgeklärten Politik aus? Wie könnten wir als einzelne Menschen ein derartiges Heldentum in uns entwickeln? Wie könnten wir uns im täglichen Leben in eine derartige aufgeklärte Politik einbringen?

Seit der Zeit Ashokas hat sich die Politik der Aufklärung eine Eroberung des Planeten im Geist der Wahrheit zum Ziel gesetzt – eine Dharma-Eroberung, das heißt eine kulturelle, erzieherische und geistig-intellektuelle Eroberung. Dabei sollen Einsicht in die Realität, zur Befreiung führende Tech-

[24)] Der Autor spricht hier vom Absoluten als Vereinigung des männlichen und weiblichen Prinzips, das heißt die Vereinigung von *Geschick in den Mitteln* mit dem Prinzip der *Weisheit*, der Akt der Vereinigung führt zur höchsten Glückseligkeit. Künstlerischen Ausdruck findet diese Vorstellung im sogenannten linkshändigen Tantrismus in Motiven, die Buddhas und Bodhisattvas im Geschlechtsverkehr darstellen, in Yab-Yum-(Vater-Mutter-) Haltung. [Anm. d. Übers.]

niken, Großzügigkeit, Gerechtigkeit, Toleranz und Wagemut die Menschen in anderen Nationen ermutigen, diese Eigenschaften in sich selbst zu entwickeln und in ihren Ländern zu fördern. Diese Art befreiender Eroberung unterscheidet sich diametral von den mit Waffengewalt durchgesetzten Eroberungen, bei denen es allein um die mit Gewalt durchgesetzte Kontrolle des Verhaltens anderer Menschen geht. Sie unterscheidet sich auch vom Wirtschaftsimperialismus, bei dem unter Androhung militärischer Gewalt den betreffenden Völkern Wirtschaftsabkommen aufgezwungen werden. Dies hat auch nichts mit ideologischer Eroberung zu tun, bei der den Menschen, die keine Möglichkeit zur umfassenden Information besitzen, eine falsche Wahrheit vorgegaukelt und mit Gewalt eine Ideologie aufgezwungen wird.

Die amerikanische Fortschrittlichkeit und der amerikanische Geist bieten eine gute Grundlage, auf der sich vieles aufbauen läßt. Was hat die amerikanische Fortschrittlichkeit für Vorzüge? Was würden die Amerikaner um keinen Preis aufgeben wollen? Wofür wären wir Amerikaner bereit, uns gegen die gesamte Welt zur Wehr zu setzen? Leben! Was heißt das für uns Amerikaner? Wir glauben, daß das Leben des einzelnen Menschen allen anderen Menschen besonders am Herzen liegen sollte und umgekehrt. Die gesamte Gesellschaft sollte für den Lebensunterhalt eines jeden einstehen. Niemand hat das Recht, dem anderen dies zu seinem eigenen Vorteil zu verweigern. Niemand darf aus niedrigen und persönlichen Beweggründen verlangen, daß dies Ziel aufgegeben wird. Die Sicherung der Existenz des einzelnen ist die Hauptaufgabe der gesamten Gesellschaft. Jeder einzelne von uns kann spüren, daß jeder andere für uns da ist, und kann zu der Einsicht gelangen, daß wir auch für jeden anderen da sind.

Freiheit, Selbstbestimmung. Was verstehen wir darunter? Wir meinen die Chance, immer wieder aufs neue, und das in jeder Generation, das eigene Lebensziel selbst bestimmen zu können, wählen zu können, wie man seine schöpferischen Kräfte einsetzt. Das heißt Bildungschancen für alle Klassen,

Rassen und beide Geschlechter, gleiche Gesundheits- und Sozialleistungen für alle, Schutz des Gesetzgebers für Minderheiten, Frauen, Kinder und für auf verschiedenste Weise benachteiligte Menschen. Und wir meinen damit schließlich ein Regierungssystem, das in allen Bereichen die Ausbeutung eines einzelnen oder einer Gruppe durch einen einzelnen oder eine Gruppe verhindert.

Das Streben nach wahrem Glück. Was verstehen wir darunter? Wir leben nicht von Brot allein! All die uns gebotenen Chancen führen zu seelischer Verkümmerung und Langeweile, solange wir überhaupt nicht wissen, was uns glücklich macht und wie wir dieses Glück finden. Dieses Glück sollte allein für uns da sein, und es gibt Mittel und Wege herauszufinden, welche Art von Glück wirklich beständig und zufriedenstellend für uns ist, so daß wir dieses auf Dauer anstreben können, ohne anderen Menschen zu schaden.

Amerika hat gegenwärtig die Chance, den Stein ins Rollen zu bringen. Wir schicken uns gerade vorsichtig an, die Realität klar zu erkennen, um darauf persönlich und gesellschaftlich aufbauen zu können, trotz der nach wie vor fehlgeleiteten und rückständig denkenden politischen Führung an der Spitze unserer Nation. Ich beziehe mich auf das, was US-Präsident Jefferson in seiner Antrittsrede zu seiner zweiten Amtszeit vortrug. Er sprach damals den gesamten Planeten an und betrachtete unser amerikanisches Experiment als die letzte und entscheidende Chance zur Befreiung der Menschheit aus ihrem jammervollen Existenzkampf, als die letzte Chance zur Sprengung der traditionellen Fesseln der Ich-Identität und nationalen Identität.

Der Frieden ist für uns zur einzigen Alternative geworden, seit wir Waffen entwickelt haben, die eine Spirale der Vernichtung unvorstellbaren Ausmaßes auslösen können. Für alle, die richtig informiert und bei einigermaßen klaren Verstand sind, kann Krieg heute keine Option mehr sein, denn es gibt weder Sieger noch Besiegte.

Wir haben in kultureller Hinsicht beinahe mit Indien

gleichgezogen, da wir gelernt haben, wie wichtig es ist, den einzelnen Menschen in den Vordergrund zu stellen. Obwohl Indien während eines ganzen Jahrtausends schrecklich unter fremden Eroberern zu leiden hatte, steht es heute an unserer Seite als die bevölkerungsreichste Demokratie der Welt, in der das Recht des Individuums politisch sanktioniert ist.

Allmählich beginnen wir, neben materiellen Wissenschaften auch spiritituelle anzuerkennen. Wir haben erkannt, daß man Wissen nur mit Weisheit richtig nutzen kann. Wir halten es mit dem Pragmatismus John Deweys, was religiöse Theorien und Denkschulung angeht, und wir setzen alle möglichen sich anbietenden Methoden experimentell in die Praxis um. Wir verfügen über das gesamte Wissen der Vergangenheit und besitzen die Fähigkeit, unter Einsatz unseres ganzen Erfindungsgeistes immer noch bessere Verfahrensweisen zu entwickeln.

Wir sind traditionell offenherzig und gehen warmherzig auf andere Menschen zu, daher sind wir prädestiniert, ein gesundes, die ganze Welt umfassendes Gefühl der Verbundenheit zu entwickeln und uns nicht in paranoider Entfremdung von anderen abzuwenden. Obwohl viele Manager des Big Business sich immer noch rückschrittlich verhalten, gehören wir zu den führenden Staaten der Welt, was den Umweltschutz betrifft. Auch ist unsere Gesellschaft noch weit entfernt davon, den Kampf gegen die wilde Barbarei der Begierden, der Aggression und Verblendung gewonnen zu haben.

Wir tragen in uns das überkommene, negative Gottesbild vergangener Zeiten – es ist der eifersüchtige Gott, der zornige Gott, der Gott der Rache und Strafe, der autokratische All-Eine, der offenbar keine Bestätigung braucht, offenbar in kein Beziehungsnetz eingebunden ist, unberechenbar zu sein scheint und donnert: »Ich bin der, der ich bin!« Wer einen solchen Spruch im Mund führt, der wird zum Tyrannen, und solche sind uns im Verlauf der Geschichte in vielerlei Gestalt entgegengetreten: Hitler, Stalin und Mao hielten sich durch ihren Glauben an die eigene unabhängige Existenz an der

Macht, aber auch durch die totalitären Strukturen unterschiedlichster Ausprägung in ihren jeweiligen Kulturen. Unsere totalitär strukturierte Kultur bringt noch immer autokratische Führer hervor. Unsere totalitärem Denken zugeneigten Persönlichkeitsstrukturen machen uns ängstlich und hindern uns daran, aktiv an der Demokratie mitzuwirken und sie umzusetzen. Sie lassen uns davor zurückschrecken, uns selbst zu Königen und Königinnen zu erheben, daher übertragen wir königliche Fähigkeiten auf andere, die nur vorgeben, Wissen, Barmherzigkeit und Talent zu besitzen.

Trotz berechtigter Hoffnung auf ein gutes 21. Jahrhundert stecken wir in einem Dilemma und meinen: »Das kann doch nicht sein! Das wird niemals eintreten!« Allein diese zweifelnden Gedanken haben dafür gesorgt, daß sich die Welt in all den vielen vergangenen Jahrhunderten nicht von diesem aggressiven Wahnsinn lösen konnte, sieht man einmal von den kurzen Intermezzi ab, als Buddhas auf Erden lebten. Wegen dieser Zweifel verschwenden wir den größten Teil unserer Lebensenergien und der Ressourcen der Welt darauf, uns in Hoffnungslosigkeit im Leben zurechtzufinden, wir haben hin und wieder ein wenig Erfolg aufzuweisen, bleiben aber nach wie vor überzeugt von der Tatsache, daß sich letztlich doch der Erfolg niemals ganz einstellen wird. Wir meinen, wir seien schlecht geschaffen oder entwickelt für unser Leben auf einem unvollkommenen Planeten, bewohnt von unzufriedenen und nicht vertrauenswürdigen Wesen. Wir strampeln weiter als Gefangene in unserer menschlichen Existenz, die uns, so meinen wir, über unser leidvolles Dasein in den Untergang des Universums führe.

Nur unsere Halsstarrigkeit und unsere fehlgeleiteten Überzeugungen halten uns davon ab, das Ruder herumzureißen. Wir könnten alles begreifen, wenn wir nur lernten, unser Wissen genau unter die Lupe zu nehmen und Falsches von Wahrem zu unterscheiden. Wir verfügen über die notwendigen Fähigkeiten, die infrastrukturelle konventionelle Ebene in Ordnung zu bringen, wir müßten nur unser Wissen allen zugänglich machen, die Menschen dürften sich untereinander keinen Schaden zufügen, um irgendwelchen Schimären nachzujagen, etwa nach persönlicher Macht gieren, durch Anhäufung sinnlosen Reichtums. Würden die Armeen abgeschafft, könnten die eingesparten Gelder der Verteidigungsetats der Großmächte dieser Welt zusammengelegt werden, und binnen weniger Jahre würde die Bevölkerung Afrikas in blühenden Landstrichen leben.

Die Geschichte der Aufklärungsbewegungen hat bewiesen: Wir können uns selbst und die Welt verändern. Wir können sogar lernen, freudig zu sterben. Wir können aber auch fortfahren, in den periodisch immer wiederkehrenden Höllen zu leben, die wir uns durch unsere Ignoranz selbst schaffen, und wir können es auch weiterhin mit denen halten, die uns prophezeien, wir würden nur verrückt, wenn wir an unserem Glauben festhielten, wir könnten irgend etwas an der Welt verändern. Die Alternative ist: Wir freunden uns endlich mit dem Gedanken an, daß es möglich sein könnte, eine aufgeklärte Gesellschaft zu schaffen, jeder einzelne Mensch für sich. Lassen Sie uns dabei beim Naheliegenden beginnen: bei uns selbst. Haben wir uns selbst erst einmal auf den Weg zu aufgeklärtem Denken begeben und sehen dann auch noch eine Möglichkeit, anderen Menschen diesen Weg zu weisen, so ist dies um so besser. Wenn noch mehr Menschen umzudenken beginnen und sich innerlich wandeln, wäre das noch besser. Wenn wir auch in unserer jeweiligen Lebensspanne nicht erleben werden, wie dieser Aufbruch in ein Buddha-Paradies mündet, werden wir doch zumindest zu dieser sich abzeichnenden Lösung beigetragen haben.

Das amerikanische Präsidialsystem wurde an die Stelle der britischen Monarchie gesetzt, als sich George Washington seinerzeit dafür entschied, nicht George I. von Amerika zu werden. Er wollte damit dem zwangsläufig eintretenden Verfall vorbeugen, wenn die Macht innnerhalb einer dynastischen Linie vererbt wird, und er wollte dem freien Bürger über seine Stimme bei Wahlen zur Teilhabe an königlicher Macht verhelfen. Der Kerngedanke des dem amerikanischen System zugrundeliegenden Ideals bestand darin, jeder einzelne Bürger und jede einzelne Bürgerin solle sein eigener König beziehungsweise ihre eigene Königin sein, sich selbst regieren und Verantwortung für das Allgemeinwohl übernehmen. Thomas Paine fand ein wundervolles Bild zur Beschreibung dieses weltgeschichtlichen Wendepunkts, er empfahl, die Krone des britischen Dominions zu zerschlagen und jedem Bürger einen juwelenbesetzten Splitter aus ihr zu schenken. Eine Legende besagt, der Buddha der Zukunft, Maitreya, werde seinen ererbten juwelenbesetzten Chörten zerschlagen und jeweils ein Fragment an seine vielen Tausend Anhänger verteilen, die daraufhin alle unmittelbar erlöst und erleuchtet sein werden.

Man kann sicher ohne Übertreibung behaupten, die eigentliche Ursache für Amerikas Größe sei dieses Ideal. Eine ungeheure schöpferische Dynamik wurde freigesetzt, als jeder einzelne Bürger in sich einen Funken wahrhaft königlichen Selbstvertrauens verspürte und zugleich durchpulst wurde von Würde und Großzügigkeit. Zweifellos beruht die Tatsache, daß Amerika von allen Völkern der Erde verehrt wird, der Lebensstil Amerikas so sehr bewundert und nachgeahmt wird, auf dieser schöpferischen Fähigkeit. Amerikas fehlgeleiteter Rassismus, Militarismus und seine undemokratischen politischen Entscheidungen sind die Ursache für all seine Fehlschläge und Unzulänglichkeiten, und diese haben dem guten Ruf des Landes ungeheuren Schaden zugefügt. Wenn wir uns wieder auf unsere hoffnungsvolle Vision und unseren kreativen Geist besinnen, ist es noch nicht zu spät, zu einem Ausgleich zwischen demokratischer äußerer Revolution und innerer Neuorientierung zurückzufinden. Wir müssen unserer demokratischen Sendung neue Kraft einhauchen und jedem einzelnen Menschen auf diesem Planeten einen Splitter jener Juwelenkrone zurückgeben, die die natürliche Königswürde des einzelnen symbolisiert. Lassen wir die totalitären Geister der Diktatoren und der Obrigkeitshörigen in der Glut dahinschmelzen, die menschliche Schönheit und befreite Schöpferkraft ausstrahlen.

Epilog

Leitvorstellungen für die Realisierung und Umsetzung der inneren Umkehr und aufgeklärten Politik

1. Leben ist unendlich. Unendlich weit gespannt ist der Horizont, was die Entwicklung zum Positiven angeht, aber auch die Gefahr des Abstiegs ist unendlich groß. Es gibt ein Endziel für die menschliche Aufwärtsentwicklung, das ist der erleuchtete Geisteszustand, die vollkommene Entwicklung der Weisheit, Liebe, Glückseligkeit und Kraft, eine Lebensfülle, die wir uns in unseren kühnsten Träumen nicht vorzustellen wagen, denn sie übersteigt unsere normale Vorstellungskraft.

2. Im Denken der Materialisten und Nihilisten gibt es keinen Platz für ein solches Ideal, daher verschließen sie sich diesen Möglichkeiten. Für die Vereinigung mit ihrem Schöpfergott suchende Mystiker ist ein solches Leben gleichbedeutend mit dem Leben Gottes, und nur einigen wenigen Auserwählten in der Unio mystica vorbehalten. Für einen Buddhisten jedoch hat ein erleuchteter Mensch, ein vollkommener Buddha, einen solchen Zustand verwirklicht. Buddhisten glauben, dieser Zustand sei für jedermann erreichbar, denn jeder einzelne Mensch besitzt eine Buddha-Natur und wird daher selbst ein erleuchteter Buddha werden.

3. Die vollkommene Erleuchtung in der Buddhaschaft – die selbstlose Erlösung – erhebt sich über alle Dichotomien und entfaltet daher eine ebensolche Kraft in der gesell-

schaftlichen Sphäre, wie sie für den einzelnen Menschen eine friedvolle Erfahrung bringt. Ihr Kerngedanke beinhaltet, daß das unabweisbare Verwobensein des selbstlosen einzelnen mit allen anderen Lebewesen voll und ganz verinnerlicht wird. Nāgārjuna fand folgende Worte für einen derartig erleuchteten Existenzzustand: »Teilhaftig sein der Leere und des Erbarmens.«

4. Buddhaschaft als die universale Liebe und Weisheit ist die höchste Kraft, die Stärke des unzerstörbaren Diamanten der wahren Wirklichkeit[25], die allen Atomen eines jeden Universums entströmt. Buddhaschaft manifestiert sich als aktive Kraft der inneren Umkehr im Rahmen der menschlichen Gesellschaft, als Politik der Aufklärung.

5. Ausgehend von der Tatsache, daß »Welt« zutreffender als kollektives Bewußtseinsfeld lebender Wesen zu definieren ist denn als eine Masse unorganischer Elemente, bedeutet ein Buddha zu werden soviel, wie das gesamte Bewußtseinsfeld umzuwandeln, gleichsam ein mythischer Welteroberer zu werden. Eine derartige Eroberung ist sehr viel wirkungsvoller, als sich die Welt physisch untertan zu machen.

6. Buddhaschaft ist die vollkommene Wahrheitseroberung der gesamten Welt, die Schaffung eines vollkommenen Buddha-Landes, obwohl aus Sicht der unerleuchteten, dem alltäglichen Zeitverständnis oder der gewöhnlichen Geschichte verhafteten Menschen das Erblühen eines solchen Buddha-Paradieses viel Zeit in Anspruch zu nehmen scheint.

7. Die Erleuchtung eines Buddha manifestiert sich in Form höchster Kunstfertigkeit, was die Umgestaltung unseres Planeten angeht. Sie macht sich nach und nach im Verlauf der Geschichte bemerkbar als ein Prozeß, bei dem Gewalt durch Gewaltlosigkeit gezügelt wird – wir alle kennen dies als »Fortschritt« oder »Zivilisationswandel«.

8. Besonders die menschlichen Wesen sind prädestiniert für die Schaffung eines Buddha-Paradieses, da der Daseinsbereich

[25] Der Vajra, das Symbol des Unzerstörbaren, daher Diamant, steht im Buddhismus für die Leerheit oder Leere, das Wesen oder die Essenz alles Seienden. [Anm. d. Übers.]

der menschlichen Art der Erlösung durch die Buddhaschaft am nächsten liegt. Die menschliche Existenzweise selbst steht bereits auf einer sehr hohen Stufe, was die evolutionäre Verinnerlichung von Großzügigkeit, Sensibilität und Toleranz anbelangt, die jeder einzelne sich über Äonen in strebendem evolutionärem Bemühen angeeignet hat.

9. Die Wahrheitseroberung oder Errichtung eines Buddha-Paradieses kann nur gewaltfrei erfolgen, denn den einzelnen Menschen erobert man nur, wenn sein Inneres, sein Herz, erobert wird und er aus eigener freier Überzeugung handelt. Nachdem sich die Einsicht der Menschen selbst gewandelt hat, kommt es anschließend zur Freisetzung jener Energien allgemeinen Wohlwollens, die die Fundamente dieses vervollkommneten Landes bilden.

10. Daher müssen vervollkommnete Buddhas ihre Wahrheitseroberung durch Erziehung der Menschen zu diesem erlösenden Geist weiterverfolgen, ohne Indoktrination noch Schulung.

11. Die Einsicht in die innere Selbstlosigkeit war stets der unerschöpfliche Quell des schöpferischen Individualismus, der im Buddhismus gepflegt wurde. Er war es auch, der jene weltverändernde Dynamik des Ethos der Selbstlosigkeit freisetzte, die wir zu allen Zeiten in der Geschichte buddhistischer Gesellschaften feststellen können. Eine aufgeklärte Politik auf der Grundlage inneren Umdenkens mit dem Ziel der Erleuchtung ist so angelegt, daß sie den einzelnen Menschen in der Gesellschaft den größtmöglichen Freiraum für ihre Entwicklung bietet.

12. Die von Buddha Shākyamuni begründete Lehre ist die Juwelen-Gemeinschaft (Sangharatna). Sie ist eine Gesellschaft, gegründet auf Erleuchtung, Gleichmut und Liebe (die normale Gesellschaft gründet sich auf Verblendung, Gier und Haß). Sie wirkt auf der moralischen, spirituellen und intellektuellen Ebene als Inspirationsquell für eine neue Ethik, neue Glaubensvorstellungen und neue Wissenschaften.

13. Das Mönchswesen bildet den Kern der Juwelen-Gemeinschaft und wurde von dem Buddha ins Leben geru-

fen. Durch das Wirken der Mönche wird für die Gesellschaft erkennbar, daß das höchste Gemeinwohl nichts anderes ist als die Erfüllung der einzelnen Individuen der Gesellschaft. Wenn der aufgeklärte Mensch bewußt daran festhält, der gewöhnlichen Welt vollkommen zu entsagen, ist dies die konsequenteste und effizienteste aller politischen Handlungen, wodurch der Gedanke von der Überlegenheit des Transzendenten fest in der Politik der Aufklärung verankert wird.

14. Der monastische Kern stellt so etwas wie einen Kokon dar, in dessen Schutz die Laienmitglieder der Juwelen-Gemeinschaft ihre Kreativität ungehindert entfalten können, denn sie benötigen besondere Unterstützung, um angesichts des militaristischen Denkens in der gewöhnlichen Gesellschaft nicht an ihren erleuchteten Prinzipien zu verzweifeln.

15. Dem Mönchswesen kommt eine Vermittlerrolle zu, es nimmt in jeder Hinsicht eine Mittelstellung ein zwischen Stadt und Einöde, zwischen Priester und Einsiedler, Adligem und Gemeinem. Es sorgt indirekt für gesellschaftlichen Zusammenhalt und gesellschaftliche Mobilität. Die Klöster sind Refugien und Trainingszentren für die gewaltlose »Armee«, jenen Stoßtrupp der von Buddha Shākyamuni ins Leben gerufenen andauernden Sozialrevolution, mit der er die auf Unwissenheit und Selbstsucht gegründeten Gesellschaften verwandeln wollte in Gesellschaften, die sich auf Weisheit und Erleuchtung gründen.

16. Hauptgegner des Mönchswesens ist der imperialistische Militarismus, die Kerninstitution weltlicher und religiöser Herrscher in konventionellen Gesellschaften. Der Militarismus regiert in Organisationen, in denen die dem Menschen innewohnende Buddha-Natur aberzogen und zugepanzert wird und in denen dem Rückschritt des Menschen in unmenschliche Gefühllosigkeit, Bösartigkeit und Zerstörungswut Vorschub geleistet wird. Militarismus fördert Zwangsmaßnahmen in der Politik, wenn er überhaupt Freiraum für Politik läßt.

17. Seit der Zeit des Buddha hat die auf dem Mönchswesen basierende Juwelen-Gemeinschaft immer mehr gegen-

über militaristisch eingestellten Gesellschaften an Boden gewonnen, sie hat das Gefühl für Menschlichkeit gestärkt und die Grundlage geschaffen für eine aufgeklärte Politik.

18. Diese aufgeklärte Politik basiert auf transzendentalem Individualismus, heroischem Pazifismus, erzieherischem Universalismus, sozialem Altruismus und demokratischem Liberalismus.

19. Aufgeklärte Politik – als ein theoretisches System und ausgerüstet mit einem Repertoire an praktischen Handlungsanweisungen – bildet wie in früheren geschichtlichen Epochen auch heute noch das Herzstück der dauerhafteren und effektiveren Sozial- und Politiksysteme in allen Teilen der Welt. Dem Ideal selbst und der politischen Praxis liegen aufgeklärte Denkweisen zugrunde, die sich die Menschen zu eigen machten, um einen schöpferischen Freiraum für individuelles Wachstum und gesellschaftliches Wohl zu schaffen. Politik selbst muß als Mittelweg betrachtet werden zwischen den beiden Extremen in konventionellen Gesellschaften – zwischen kriegerischen Handlungen auf der einen und rituellen Handlungen auf der anderen Seite.

20. Die aufgeklärte Politik verbucht weiterhin Erfolge über die Politik der Zwangsmaßnahmen (immerhin haben wir bis jetzt überlebt), und zwar nicht allein wegen der ethischen Stärke der ihr zugrundeliegenden Prinzipien, sondern auch aufgrund ihrer natürlichen Affinität zu einer durch Handel geförderten Ausbreitung des Wohlstands und zu populären, sich auf die Loyalität von Bürokratien stützende Regierungen.

21. Die Juwelen-Gemeinschaft arbeitet in allen Kulturen, die sie beeinflußt hat, auf drei Ebenen: auf der revolutionären, auf der evolutionären und auf der erlösungs- oder heilsorientierten Ebene.

22. Auf der revolutionären Ebene kommt die Polarität kompromißlos zum Tragen. Die Juwelen-Gemeinschaft bietet sich in dieser Phase als eine Alternative zur konventionellen Gesellschaft an, unterstreicht ihre religiöse Sonderstellung und unternimmt keinerlei Versuch, sich aktiv in gesellschaftliche Probleme einzumischen.

23. Während der evolutionären Phase wird auf Polarität *in der Erziehung verzichtet.* Die Juwelen-Gemeinschaft schafft sich eine eigene Machtposition in der Gesellschaft, indem sie über vielfältige Laien-Bildungsinstitutionen im Umfeld ihres klösterlichen Kerns für die Verbreitung einer neuen Sozialethik sorgt.

24. Während ihrer heilsorientierten Phase wird *gänzlich* auf die Hervorhebung der Gegensätzlichkeit verzichtet. Während dieser Phase hat die Gesellschaft die Möglichkeit, voll und ganz in den Genuß des aufgeklärten Universums zu gelangen, denn die Institutionen der Juwelen-Gemeinschaft übernehmen offiziell die Verantwortung dafür, in welche Richtung sich die Gesellschaft entwickelt. Diese letzte Phase ist in der Geschichte nur in seltenen Ausnahmefällen verwirklicht worden, sie bleibt im wesentlichen noch eine ferne Zukunftshoffnung.

25. In der Weltgeschichte bildet die tibetische Gesellschaft bislang die einzige Ausnahme bei der teilweisen Verwirklichung dieser dritten Phase.

26. Einige Elemente aus der erlösungsorientierten Phase spielten eine zentrale Rolle während der Renaissance und der Reformation, die schließlich in die moderne Welt einmündeten. Doch ein bis auf die Spitze getriebener Materialismus bewirkte, daß sich das Abendland in das genaue Gegenteil einer erlösungsorientierten Gesellschaft verwandelte.

27. Die moderne Welt – mit ihrer säkularen Vereinheitlichung und effektiv in Schach gehalten durch eine Reihe transzendentalistischer absolutistischer Glaubenssätze – steht am Abgrund der totalen Selbstvernichtung.

28. Deshalb ist hier und jetzt deutlich geworden, daß die Durchsetzung aufgeklärter Politik die einzige Möglichkeit darstellt, die Weltkatastrophe abzuwenden.

29. Es bedarf allein der klaren Erkenntnis dessen, was im langfristigen Eigeninteresse liegt, des wohlwollenden Verständnisses eigener und fremder Unzulänglichkeiten, des Vertrauens in die für unsere Bedürfnisse angemessene Umwelt und in unsere Mitgeschöpfe, schließlich des Mutes, die Ver-

antwortung für die Aufklärung zu übernehmen, um das Wesentliche bei der inneren Umkehr zu begreifen und die aufgeklärte Politik umzusetzen.

30. Ein Buddha ist, wer wie ein Buddha handelt. Sei einfach glücklich. Handle zumindest aufgeklärt. Fühle dich aufgeklärt. Du fühlst dich besser, und die Erleuchtung selbst wird folgen.

Anhang

Einige zeitgemäße Gedanken für ein konkretes, auf aufgeklärten Prinzipien basierendes politisches Programm

Dieses Programm erhebt nicht den Anspruch, mehr als ein gedanklicher Anstoß für Parteien in funktionierenden Demokratien weltweit zu sein, mehr zu sein als ein archetypisches Grundsatzprogramm, das zur Diskussion in einem laufenden Prozeß anregen soll. Es basiert auf den fünf Prinzipien aufgeklärter Politik: transzendentalem Individualismus, gewaltlosem Pazifismus, erzieherischem Evolutionismus, ökosozialem Altruismus und universaler Demokratie. In diesem Programm werden die genannten Prinzipien auf die schwierigeren Problemstellungen unserer heutigen Weltpolitik übertragen, um den Prozeß in Gang zu setzen, über eine moderne aufgeklärte Politik nachzudenken. Ich präsentiere diese Plattform im Geist des inneren Umdenkens, um andere anzuregen, sich für die Vision der Schaffung eines aufgeklärten Potentials einzusetzen in der Hoffnung, es möge ein zentrales Anliegen in unserer heutigen Welt werden.

Einzelne Punkte aus diesem Programm könnten von Verantwortlichen bereits existierender Parteien in ihre Parteiplattform übernommen werden. Es ist nicht erforderlich, auf die Gründung einer neuen Partei zu warten und erst dann den Versuch zu unternehmen, die aufgeklärten Prinzipien mit ihr umzusetzen. Allerdings könnte es eines Tages in dem einen oder anderen Land notwendig werden, eine solche neue Partei zu gründen. Es ist niemals zu früh für die Überlegung, wie theoretische Prinzipien in die Praxis umgesetzt werden könnten. Die innere Neuorientierung ist eben nicht nur ein Ereignis, das sich vor langer Zeit und in weiter Ferne abspielte. Nein, sie setzt sich heute in den Herzen und Köpfen von Milliarden Menschen fort. Sie spiegelt sich bereits auf ganz natürliche Weise in den Prinzipien unserer modernen Demokratien, wenngleich sie noch nicht immer in die Praxis umgesetzt wird. Es ist immer die richtige Zeit, das innere Umdenken in der Praxis auf die aktuelle Politik und deren Implementierung Einfluß nehmen zu lassen, damit sich unser aller Leben zum Besseren wendet.

Kandidaten für ein politisches Amt könnten auf der Basis eines aufklärungsorientierten Parteiprogramms ihren potentiellen Wählern wieder hoffnungsvolle Visionen für das eigene Land und für die Welt insgesamt an die Hand geben. Dabei ist es nicht einmal angeraten, beständig auf die »erlösungsorientierte« gedankliche Grundlage dieser Programmpunkte aufmerksam zu machen: die Kandidaten sollten vielmehr deren rationale, spirituelle, humanistische und wissenschaftliche Grundlagen in die Debatte einbringen. Wir brauchen die aufgeklärte, idealistische Ausrichtung unserer Plattform dabei ja nicht zu verleugnen.

Bei unserer zeitgemäßen politischen Neuorientierung würden wir uns auf unsere ursprünglichen demokratischen Ideale zurückbesinnen, würden darüber hinaus unser Schicksal nicht länger gesichtslosen, unpersönlichen Systemen anvertrauen und würden unsere Welt mit Milliarden von Individuen in ein neues Zeitalter führen. Es besteht kein Zweifel daran, daß dies politisch möglich ist. Defätistische und apathische Menschen werden auf diese Weise als die zynischen Tyrannen entlarvt werden, die sie in Wirklichkeit sind und die den Ausverkauf unseres Planeten betreiben – und dies weit unter Wert.

Die größte Gefahr droht dieser Art politischer Plattform vom organisierten Widerstand eingesessener Oligarchien, die sich aller möglichen unmoralischen Taktiken bedienen werden, um die Menschen zu hindern, über ihre wahren, ureigenen Interessen nachzudenken. Daher müssen diesem aufgeklärten Denken verpflichtete Kandidaten fundierte Argumente haben, einen gut organisierten Wahlkampf betreiben, kommunikativ geschult sein und gut bewacht werden. Der große Vorteil solcher Wahlplattformen ist, daß sie dem Wählervolk und der Weltöffentlichkeit leicht vermittelbar sind, da in ihnen einfühlsame und praktikable Lösungen für Probleme präsentiert werden. Es sind Probleme, die von einigen Mächtigen in kurzsichtigem und selbstsüchtigem Denken heraufbeschworen worden sind und die wegen der tiefverwurzelten allgemeinen Unaufgeklärtheit der Mehrheit der Bevölkerung mittlerweile schon seit geraumer Zeit bestehen.

Ein Schlüsselgedanke bei der Formulierung einer aufklärungsorientierten Plattform ist, daß es in der Praxis gar nicht so schwierig ist, die Probleme der Welt in den Griff zu bekommen. Die Menschen sollten davon überzeugt werden, daß die Dinge machbar sind und eine aufgeklärte Führung die notwendigen Veränderungen herbeiführen kann. Man muß durch eine klare und alles umfassende Lageanalyse an den Optimismus und die Entschlossenheit der Menschen appellieren. Schwarzseherei, Apathie, Zynismus und Verzweiflung – all diese negativen Stimmungen werden von jener an der Macht befindlichen Minderheit beschworen, die sich leichter tut, wenn die Welt schlecht regiert und die Mehrheit der Bevölkerung daran gehindert wird, nach einer guten Regierung zu verlangen und diese auch einzusetzen.

Nachfolgend schlage ich zehn Programmpunkte für eine solche Plattform vor und gebe jeweils eine kurze Erläuterung dazu. Ich habe sie mit Absicht ziemlich allgemein gehalten, da die Details nur durch Gruppenkonsens auf Parteikongressen entwickelt werden können, auf denen gleichzeitig auch die faktische Umsetzung dieser Prinzipien erarbeitet werden sollte. Obwohl diese Programmpunkte sich für ein breites Spektrum von Demokratien eignen, die Vereinigten Staaten, Argentinien, Indien, Südafrika, Schweden oder Rußland beispielsweise, lege ich meinen Gedanken natürlich die Realität in der heutigen US-Gesellschaft zugrunde, die in gewissem Sinne die Entwicklungstendenzen der modernen Demokratie des Industriezeitalters im guten wie im schlechten politisch, gesellschaftlich und kulturell am weitesten ausgereizt hat.

ERSTENS: Wir unterstreichen, daß der einzelne Mensch in allen Bereichen Vorrang vor der Gemeinschaft genießt. Daher unterstützen wir eine Politik, die sich des einzelnen Menschen annimmt. Wir erklären, daß – historisch gesehen – das moderne demokratische System die am stärksten individualistisch ausgerichtete und erfolgreichste Regierungsform ist. Wir bekennen uns uneingeschränkt zu der Tatsache, daß die Demokratie noch unvollkommen und verbesserungswürdig ist, und laden alle Menschen herzlich ein, sich zu diesem System zu bekennen, um die wahrhaft demokratischen, spirituell die Bedürfnisse des einzelnen befriedigenden Vereinten Nationen der Erde zu schaffen.

Die essentielle Lehre der Entsagung des Siddhārta Gautama – und er wurde nicht müde dies nach seiner Erleuchtung immer wieder zu unterstreichen – liegt ohne Zweifel darin, daß der einzelne Mensch sich selbst gegenüber die größte Verantwortung trägt: Er muß sich von einem auf sein Ich konzentriertes Wesen in ein erleuchtetes Wesen verwandeln. Das höchste Interesse der Gesellschaften liegt darin, den einzelnen Menschen bei seinem auf dieses Ziel gerichteten Streben zu unterstützen. Die Juwelen-Gemeinschaft wurde vor 2500 Jahren auf der Basis jener Prinzipien gegründet, die auch den Kern der modernen Demokratie bilden. Thomas Jefferson und seine Zeitgenossen traten mit ihrer aus England importierten Tradition bürgerlicher Freiheiten in ihre Fußstapfen. Außerdem ließen sie sich auch von Einflüssen aus den einheimischen amerikanischen Indianerkulturen anregen, die sehr viel stärker individualistisch geprägt waren, in denen weniger hierarchische Strukturen bestanden als in den europäischen Gesellschaften und in denen dem einzelnen Menschen sehr viel mehr persönliche Einflußnahme ermöglicht wurde. Daher empfanden die Einwanderer das Joch des imperialistischen Geistes der Engländer schließlich als so unerträglich, daß sie danach strebten, es abzuschütteln. Sie verankerten dieses Streben nach Selbstbestimmung, nach mehr Freiheitsrechten und Abkehr von den traditionellen autoritären Strukturen in ihrer Unabhängigkeitserklärung, der Bill of Rights, und in ihrem politischen System, in dem die Regierungsgewalt durch individuelle und periodisch wiederkehrende Stimmabgabe auf den jeweiligen Führer übertragen wird.

Vor nicht allzulanger Zeit geriet dieser demokratische Prozeß effektiv durch Menschen in Gefahr, die im Innersten Autokraten waren und behaupteten, sich für den einzelnen Menschen und seine Freiheit einzusetzen, um ihn gegen die angebliche Unterdrückung durch das »Big Government« zu verteidigen. Diese Unternehmenslobbyisten bedienten sich der Technik der »großen Lüge«, und es gelang ihnen beinahe, im Namen der individuellen Freiheit die Demokratie zu Grabe zu tragen. Sie waren die Speerspitze subversiver Bestrebungen mit dem Ziel, die Steuerabgaben für die Superreichen zu reduzieren, sie riefen nach Law and Order, um die Ärmsten hinter Gitter zu bringen. Sie versuchten, den Gedanken rassischer Überlegenheit im Volk zu etablieren, beschnitten das Recht der Frauen, über ihre Rolle als Frauen und ihre Beziehungen selbst zu entscheiden. Sie förderten religiöse Bigotterie unter dem Deckmantel religiöser Freiheit. Sie unterstützten den Wahnsinn einer internationalen Rüstungsindustrie und die Bewaffnung der Bürger, die ein geradezu aberwitziges Ausmaß angenommen hat. Sie versuchten, jeglichen Schutz der Umwelt vor kurzsichtiger Ausbeutung aufzuheben und leisteten ganz allgemein einem Gefühl der Entfremdung, Apathie und Verwirrung in der Bevölkerung Vorschub. Es ist deswegen notwendig, daß wir uns wieder auf das hohe Ideal des politischen Aktivismus für die Demokratie rückbesinnen und die Prinzipien der individuellen Willensfreiheit in den Vordergrund allen politischen Handelns stellen. Geschicktes Argumentieren im Sinn dieser Prinzipien wird zur Lösung der wichtigsten Probleme unserer Tage beitragen und die über jeweils unterschiedliche Fragen untereinander uneinigen Splittergruppen in einer Koalition der Sieger zusammenführen. Wollen wir erfolgreich sein, müssen wir der aufgeklärten politischen Denkweise als Mittelweg zwischen der lähmenden politischen Polarisierung Gehör verschaffen.

Im Rahmen dieses ersten und wichtigsten Programmpunkts müssen wir den Menschen jenes Gefühl des Stolzes zurückgeben, das sie vormals aus der Selbst-Transzendierung schöpften und das sie neu für sich entdecken können, Stolz, der sie auch wegen ihres heroischen Kampfes für ein positives Ideal beseelte und von dem sie erfüllt waren, weil sie ihre Freiheit nutzen konnten, allen Menschen den Weg in ein glückliches Zeitalter zu weisen. Wir können auf internationaler Ebene den Stolz auf die Demokratie wiederherstellen, indem wir Führungsqualitäten an den Tag legen, die auf Freiheit beruhen, nicht auf militärischen Abenteuern, nicht auf neoimperialistischer Unterstützung profitgieriger Wirtschaftsunternehmen, nicht auf nuklearer Erpressung, sondern indem wir ein Beispiel geben für Idealismus, Friedfertigkeit, Pluralismus, Großzügigkeit und Verantwortungsbewußtsein. Seit Ende des Kalten Krieges braucht die Welt mehr denn je ein tatkräftiges multinationales Friedenscorps – das als Exporteur von demokratisch vermittelter daseinsfreudiger Freiheit, besonnener Güte, innovativer Kreativität, Selbstlosigkeit und Heldentum wirkt. Bei unserem Kampf gegen den Totalitarismus haben wir zuviel von unseren Feinden angenommen, sind wir mit ihren schlechten Gewohnheiten infiziert worden (einige unserer politischen Führer ziehen den Umgang mit einem freundlichen ausländischen Diktator dem mit einem widerspenstigen ausländischen Demokraten vor). Wir dürfen uns auf keine Kompromisse mit den heute noch existierenden Diktaturen einlassen, ich meine insbesondere die Diktaturen in China, Myanmar (früher Birma), Indonesien,

Nordkorea, Vietnam, Irak, im Sudan und überall dort, wo sie wieder zur Herrschaft gelangen.

Der in der Demokratie in reinster Form verwirklichte Universalismus muß als Idealziel für unseren gesamten Planeten neu belebt werden. Er muß in eine neue Richtung gelenkt werden, das aus dem Zweiten Weltkrieg und dem Kalten Krieg noch erhalten gebliebene militaristische Denken muß überwunden werden, und wir müssen in den Kategorien Friedens- und Wahrheitseroberung nach dem Vorbild Ashokas und Gandhis denken lernen. Die Erfahrung Amerikas mit pluralistischer Lebensweise und deren denkbare erfolgreiche Durchsetzung sollten wir unter dem Aspekt sehen, daß sie der Welt wie ein Leuchtfeuer den Weg weisen könnten. Wir sollten unser Vorhaben, eine Polizeitruppe für die Freiheit in der Welt ins Leben zu rufen, nicht allzu schnell aufgeben und wir sollten aller Welt demonstrieren, wie diese nach und nach und Schritt für Schritt ihre Herrschaftsgewalt auf die globale Weltgemeinschaft der Vereinten Nationen der Erde überträgt. Außerdem sollten die Bürger aller freiheitlichen Staaten in allen Teilen der Welt allen Völkern als Künstler und Visionäre zur Verfügung stehen und Jazz und Rock, Film und Mode, Computer und Solarzellen in alle Welt exportieren.

ZWEITENS: Eingedenk des unvorstellbar großen Unrechts, das Milliarden von Menschen immer noch erleiden müssen, verkünden wir Chancengleichheit in jeder Beziehung für alle Menschen, unabhängig von Rasse, Geschlecht, Zugehörigkeit zu einer bestimmten religiösen, nationalen, ethnischen oder ökonomischen Gruppierung, und wir sprechen jeder Gruppierung das Recht ab, ihre Mitglieder im Namen der Verteidigung der nationalen Souveränität, der Unantastbarkeit des Glaubens oder aus welchen Gründen auch immer zu unterdrücken.

Fragen wie die jährliche direkte und indirekte Quotenregelung für die Einwanderung in die USA lösten eine rassistische Gegenbewegung aus und wurden von Vertretern bestimmter Interessengruppen propagandistisch genutzt, um sich selbst als Vertreter individueller Willensfreiheit in den Vordergrund zu schieben, insbesondere als Verfechter von Freiheitsrechten für die Weißen zu präsentieren. Wir sollten diesen Politikern ihre Maske der sogenannten Willensfreiheit herunterreißen und deutlich machen, daß die Integration von Entrechteten alle anderen Bürger bereichert; wir sollten unterstreichen, daß die Zufluchtnahme zu militaristischer und faschistischer Politik der Unterdrückung nur ein Vorwand für die von Wahnideen besessene politische Führungsschicht ist, uns alle zu unterdrücken. Wir sollten die brillante Idee des Black-Power-Führers Malcom X aufgreifen und jedem Angehörigen einer Minderheit hundert Dollar zukommen lassen. Wir sollten außerdem in Washington große Unterstützungsfonds gründen, einen mit 3,5 Milliarden dotierten Afrika-Amerika-Fonds, einen mit 1,5 Milliarden Dollar dotierten Asien-Amerika-Fonds, einen mit einer Milliarde Dollar dotierten Fonds für die Ureinwohner Amerikas und so weiter. Das Innenministerium sollte nicht länger für die Wahrnehmung der Eingeborenen-Interessen zuständig sein, sondern es müßte eine spezielle Behörde gegründet werden, möglicherweise als Teil einer Minderheiten-Super-Behörde. Wir sollten Thomas Jeffersons These von der Gleichheit im Geiste der Pluralität wieder mit Leben erfüllen und die rassistische Gegenbewegung als das entlarven, was sie ist: eine selbstzerstörerische Haltung, die anderen ihre Rechte vorenthält. Diese politischen Maßnahmen in Amerika sollten als Grundlage dienen für ein neues Maß an Selbstbestimmung in den vielen Staaten der Welt, die in Unfrieden gespalten sind, weil die Mehrheit von einer Minderheit unterdrückt wird. Im 20. Jahrhundert sind mehr Menschen durch die eigenen Regierungen ermordet worden als durch Feinde im Krieg ums Leben gekommen. Es kann erst dann eine Weltdemokratie geben, wenn sich wirklich alle Menschen von ihrer Regierung vertreten fühlen.

DRITTENS: Wir verpflichten uns, ein auf gegenseitiger Absprache beruhendes Steuersystem einzuführen, das dem einzelnen Steuerzahler das Recht gibt, mit seiner Abgabe eine Zweckbestimmung zur Förderung von Programmen der eigenen Wahl zu verknüpfen. Allerdings muß die Regierung aus praktischen Gründen das Recht haben, zwischen mehreren Optionen zu wählen.

Steuersysteme sind seit altersher Auslöser von Revolten und Ursache für tiefgreifende Wählerunzufriedenheit gewesen, sie haben Regierungen gelähmt und sie zur Verschuldung gezwungen, was allen wegen der Verschlechterung der Lebensqualität große Opfer abverlangt. Andererseits haben die Steuersysteme dazu beigetragen, daß sich die Taschen der Reichen und deren Wirtschaftsunternehmen füllten, da ihnen über Ausnahmeregelungen erlassen wird, ihren Beitrag zur Unterstützung des Gemeinwohls zu leisten. In einem auf Absprache beruhenden Steuersystem würden die Besteuerten gefragt, wie ihr Steuergeld ausgegeben werden soll: für Schulen, Verteidigung, Infrastruktur, Sozialleistungen, Forschung, das politische System oder wo auch immer es sonst benötigt wird. Eine computergesteuerte Finanzplanung könnte diese Präferenzen zusammentragen und so viel Gelder wie möglich der gewünschten Zweckbestimmung zuführen. Die Steuerzahler würden informiert, wie ihr Geld jeweils ausgegeben wurde, ob für den Zweck ihrer ersten oder zweiten Wahl, und so weiter.

Wir sollten bei der Einkommenssteuer verstärkt auf die stufenweise Progression zurückgreifen. Die Regierung sollte die Wirtschaftsunternehmen als ihre Partner betrachten und ihnen helfen, international wettbewerbsfähig zu bleiben, doch sollte sie auf Zahlung angemessener Steuern bestehen und dem spitzfindigen Lobbyismus für versteckte Beihilfen und Steuerbefreiungen einen Riegel vorschieben. Die Unternehmen sollten zur Verantwortung gezogen werden für die langfristigen Konsequenzen ihrer unternehmerischen Entscheidungen, was ihren Einfluß auf die Umwelt, auf die

Gesundheit ihrer Mitarbeiter und Kunden, auf die Lebensqualität betrifft und dergleichen mehr. Die Medien, das Internet eingeschlossen, sollten genutzt werden, um all diese finanziellen Transaktionen transparent zu machen, um den Menschen das Gefühl zurückzugeben, wieder frei entscheiden, an der Politik teilhaben und Verantwortung übernehmen zu können. Gleichzeitig muß auch das Gefühl vermittelt werden, daß man sich auf die Regierung verlassen kann.

VIERTENS: Wir sind Gegner der Todesstrafe und entschlossen, sie in unserer sich für zivilisiert haltenden Gesellschaft abzuschaffen. Wir sind auch Gegner einer lebenslänglichen Haftstrafe, wenn nicht gleichzeitig ein vollwertiges Erziehungsprogramm angeboten wird, das dem Gefangenen eine wirkliche Chance zur inneren Neuorientierung eröffnet. Die Gefängnisse sollten als die hinterste Verteidigungslinie des Systems betrachtet werden und deshalb fest in die Ressourcen dieses Systems eingebunden sein.

Heutzutage wird in vielen Ländern der Wille zur Durchsetzung von Law and Order durch die Bereitschaft unterstrichen, Verbrecher hinzurichten. Dieser Praxis sollte sofort ein Ende bereitet werden. Wir sollten klarmachen, daß das Recht eines Menschen auf Leben, Freiheit und Streben nach Glück dadurch bestätigt wird, daß der Staat sich in Situationen Zurückhaltung auferlegt, in denen er »rechtmäßig« die Todesstrafe vollstrecken könnte. Unser Verzicht auf die Vollstreckung der Todesstrafe an Insassen der Todeszellen sollte ein Ausdruck unserer Stärke sein, unserer Fähigkeit, von der Suche nach Sündenböcken abzulassen, die Probleme umfassender zu betrachten sowie die Ursachen von Gewalt in unserer Gesellschaft zu erkennen – in ungünstigen ökonomischen Strukturen, gestörten Familienverhältnissen, unzureichender Bildung, übermäßiger Aufrüstung, in der Verbreitung von Gewalt durch die Medien und so weiter. Durch die Rehabilitierung und Wiedereingliederung von ehemaligen Mördern rehabilitieren wir uns selbst, unsere Gesellschaft. Andererseits sollten wir erkennen, daß einige Situationen nicht lösbar sind, wir sollten diejenigen nicht gegen ihren Willen zum Leben zwingen, die sich die Bestrafung wünschen, und wir sollten uns im klaren darüber sein, daß wir uns in manchen Fällen nur ein gewisses Maß an Rechtschaffenheit erlauben können.

FÜNFTENS: Wir treten nachdrücklich für das Recht der Frau ein, selbst zu entscheiden, ob sie in ihrem Körper ein neues Leben wachsen lassen will oder nicht. Deshalb verpflichten wir uns, Sexualaufklärung in jeder Form und Verhütungsmittel zur maximalen Sicherheit der Frau zur Verfügung zu stellen. Obwohl wir für die Rechtmäßigkeit der Abtreibung eintreten und sie jeder Frau zugänglich machen wollen, verpflichten wir uns, eingedenk der gravierenden moralischen, physischen und psychischen Konsequenzen in jeder Phase der Schwangerschaft zur Hilfeleistung, indem wir die verschiedensten Möglichkeiten aufzeigen, etwa die besten Adoptionsmöglichkeiten, mit Institutionen und einzelnen Mitarbeitern der Organisation Pro-Life zusammenarbeiten, um im Fall einer ungewollten Schwangerschaft die Belastungen abzumildern. In gleicher Weise treten wir für Sterbekliniken ein und für die Sterbebegleitung jedes einzelnen Menschen in jeder Phase seines Weges zum Tod, und wir treten für das Recht jedes einzelnen unheilbar kranken Menschen ein, über Zeitpunkt und Art seines Todes selbst zu entscheiden.

Die Anhänger eines nicht kirchlich gebundenen Humanismus vertreten in der Abtreibungsfrage den Standpunkt, jede Frau habe das Recht zu entscheiden, was mit ihrem Körper geschieht. Ohne Frage ist ihr Recht auf Leben dem Recht auf Leben des Ungeborenen übergeordnet. Der aufgeklärte Politiker muß dieses Recht der Wahlfreiheit unterstützen. Da aber jeder Verlust menschlichen Lebens zutiefst bedauerlich ist, müssen wir jeder Frau, die sich für die Austragung ihres Kindes entschieden hat, unabhängig davon, ob sie bereit oder in der Lage ist, es zu behalten, jede erdenkliche Hilfe und

Unterstützung zur Verfügung stellen. Wir müssen ihr große Achtung und Respekt entgegenbringen, eine exzellente Gesundheitsversorgung, gute Adoptionsmöglichkeiten, Finanzierung von Leihmüttern ermöglichen, kurz, alles erdenkliche und finanziell nur mögliche tun, geleitet von unserer gemeinsamen Wertschätzung für dieses zukünftige Leben. Sollte sich die Mutter jedoch dafür entscheiden, das Baby nicht auszutragen, müssen wir ihr jede nur mögliche Hilfestellung geben, ihre Schwangerschaft ohne gesundheitlichen Schaden und ohne Stigmatisierung zu beenden.

Die Pro-Life-Organisationen und deren Mitarbeiter beklagen so vehement den Verlust eines ungeborenen Lebens, doch mit welchem Recht wenden sie sich dann gegen Sexualaufklärung und Programme zur Schwangerschaftsverhütung? Wie können sie es daher verantworten, die jungen Menschen nicht über alle Aspekte der Sexualität aufzuklären?

SECHSTENS: Wir setzen uns ein für das Recht jedes einzelnen Menschen, über seine Lebensweise und seine medizinische Versorgung selbst zu bestimmen, für das Recht auf freie Gewissensentscheidung in religiösen Fragen, wir treten für die Redefreiheit ein und für die Freiheit, den jeweiligen sexuellen Vorlieben nachzugehen, solange diese Freiheiten andere Menschen nicht beeinträchtigen. Es gehört in den Verantwortungsbereich der Regierung, unaufgeklärte Menschen vor Substanzen zu schützen, die ihrer Gesundheit schaden oder die diese Menschen veranlassen, anderen Schaden zuzufügen. Jedoch eingedenk des katastrophalen Fehlschlags, den Konsum von Alkohol und anderen Substanzen zu verbieten und in Anbetracht der Tatsache, daß der Krieg gegen die eine und die andere Droge nur zur Bereicherung krimineller Elemente beigetragen hat, halten wir es für unerläßlich, daß die Regierung ihrer Fürsorgepflicht im medizinischen, erzieherischen und spirituellen Bereich nachkommt, um das Problem der Drogenabhängigkeit in den Griff zu bekommen.

Wir sollten uns eingestehen, daß der Drogenkrieg gescheitert ist. Obwohl Milliarden ausgegeben wurden, ist das Drogenproblem schlimmer denn je zuvor. Wir müssen das Prinzip wiederbeleben, nach dem es jedem Menschen erlaubt sein sollte, mit seinem Körper so umzugehen, wie er es für richtig hält, solange er anderen keinen Schaden zufügt. Setzen wir den sinnlosen Versuchen der Regierungen ein Ende, den Drogenkonsum zu kontrollieren, und sehen der Tatsache ins Auge, daß alle Kreuzzüge für ein Verbot von suchtbildenden Substanzen fruchtlos sind. Wir müssen den Verbrechern den Anreiz nehmen, Drogen zu schmuggeln, Gesetze erlassen für die vom Drogenkonsum profitierenden Industrien und diese besteuern sowie die zuvor umsonst ausgegebenen Milliarden für Aufklärung und Therapie nutzen. Wir sollten auf die Wirksamkeit der Gesundheitskampagne gegen das Rauchen hinweisen, durch die die Zahl der Zigarettenraucher um viele Millionen reduziert worden ist. Wir sollten eine Aufklärungskampagne gegen Drogen starten, dem Drogenkonsum seinen verführerischen Reiz nehmen und gleichzeitig der im Gesundheitsbereich tätigen Industrie durch Initiierung verantwortungsvoller Alternativsysteme zur Gesundheitsvorsorge ebensolche Möglichkeiten einräumen wie der mit Suchtsubstanzen verdienenden Industrie, um damit dem einzelnen Menschen eine wirkliche Wahlfreiheit zu eröffnen.

SIEBTENS: Eingedenk unserer Mitverantwortung für die katastrophale Vergeudung von Energien und Ressourcen in unserem gegenwärtigen von Militarismus geprägten Jahrhundert verpflichten wir uns, unsere Verteidigungshaushalte um zwei Drittel zu kürzen. Allein in Amerika sollten zweihundert Milliarden US-Dollar und Hunderte von Milliarden in anderen Ländern einem neuen Verwendungszweck zugeführt werden. Wir verpflichten uns ferner, aufgeklärte und entmilitarisierte Demokratien nach dem Vorbild Tibets und Costa Ricas zu etablieren, die der Welt den Weg weisen könnten zu Aufklärung, Freiheit und Frieden.

Milliarden verschlingende Rüstungsindustrien lähmen gegenwärtig unsere Nationalstaaten und deren Wirtschaftssysteme. Ihre Rüstungsetats treiben uns in den Ruin. Unsere im Prinzip freiheitsorientierte Lebensweise wird vom Militarismus korrumpiert. Die angekündigte Kürzung der Verteidigungsetats und die geringfügigen Einschnitte ändern nichts an dieser Situation. Wir müssen Stärke neu definieren, indem wir den Frieden zur effektiven Umgestaltung nutzen, für Fortschritte sorgen bei der Ausbreitung von Wohlstand und Demokratie und verhindern, daß sich in anderen Teilen der Welt Zustände entwickeln, in denen die Krebsgeschwüre Militarismus und Diktatur gedeihen können.

Die Umwidmung des Verteidigungsetats sollte auf für jedermann verständliche Weise vorgenommen werden.

1. Wir sollten aufzeigen, a) auf welche Weise unser Abschreckungspotential so lange einsatzbereit bleiben würde, bis keine Bedrohung des gesamten Lebens auf der Erde durch eine über Nuklearwaffen verfügende Diktatur mehr besteht, b) wie ein pragmatischer Ansatz es ermöglichen würde, unsere Geheimdiensttraditionen mit den Einzelkampftechniken eines japanischen Ninja-Meisters zu kombinieren, um eine neuartige hochspezialisierte Einsatztruppe zu schaffen, die in der Lage wäre, Kriegsszenarien wie die von Kuwait oder Sarajewo zu verhindern, c) daß eine glaubwürdige militärische Reserveeinheit gegen jede Art von tatsächlicher Bedrohung einsatzbereit bleiben würde.

2. Wir müssen beweisen, wie verschwenderisch und kontraproduktiv die nutzlosen Rüstungsindustrien sind. Die vielen Milliarden in waffentechnische Phantastereien investierten Dollars sollten umgelenkt und in Infrastruktur- und Umweltprogramme gesteckt werden. Die Raumfahrtindustrie sollte dabei unterstützt werden, ihre Technologie, Erfahrung und Ausrüstung für friedliche Zwecke nutzbar zu machen sowie für ein Frieden und Wohlstand förderndes Waren- und Dienstleistungsangebot.

3. Wir müssen die Aufgaben unserer Militärbasen neu definieren. Die Militärbasen im Ausland könnten zu Zentren

umgebaut werden, in denen eine Art Friedens- und Technikercorps für Entwicklungshilfe und Umweltaufgaben stationiert wäre. Die inländischen Militärstützpunkte sollten nicht geschlossen werden, sondern in inländische Zentren für das Friedenscorps umgewandelt werden.

ACHTENS: Wir geloben, lebenslange Bildungsmöglichkeiten aller Bürger zur höchsten Priorität des Staates zu erheben. Wir wollen Gefängnisse zu wirklichen Rehabilitationszentren umgestalten, finanziell gut ausgestattete TV-Bildungskanäle schaffen und die Ausbildung in frühester Jugend für alle Menschen unterschiedlicher Volkszugehörigkeit, für Frauen und Männer sowie für die Angehörigen aller gesellschaftlichen Schichten so gestalten, daß deren Jugend das Rüstzeug an die Hand gegeben wird, mit dem sie ihr wertvolles menschliches Leben voll und ganz nutzen kann.

Thomas Jeffersons Traum von einem universalen Bildungssystem sollte mit neuem Leben erfüllt werden. In unserer Plattform muß unterstrichen werden, daß die höchste Berufung des einzelnen Menschen darin besteht, sich selbst durch Bildung welcher Art auch immer zu fördern. Studenten müssen stets daran erinnert werden, daß sie ihre Studien in erster Linie grundsätzlich im Dienst nationaler und globaler Interessen absolvieren. Erwachsene müssen ermuntert werden, an ihre frühere Ausbildung anzuknüpfen, um ihre Fähigkeiten und ihr Wissen ständig zu erweitern. Akademiker müssen wieder mehr zu Ehren kommen, besser unterstützt werden, und die akademische Berufslaufbahn sollte für die größten Talente attraktiver gestaltet werden. Der große Gehaltsunterschied für Ärzte, Anwälte und Geschäftsleute einerseits, die auf der oberen Hälfte der Gehaltsskala stehen und Lehrer und Professoren andererseits, die auf der unteren Hälfte der Skala angesiedelt sind, muß wieder angeglichen werden. Es sollte sehr viel Geld in neue Grundschulen – Kindergärten und gute Tagesstätten eingeschlossen – investiert werden. Die Gehälter der Lehrer dieser Schulen sollten deutlich angehoben werden. Finanzielle Sicherheit, gute pädagogische Ausbildung, Respekt Ehrerbietung, Achtung und Wertschätzung – all dies sollte für die Lehrer der ganz Kleinen selbstverständlich sein. Junge Mütter und besonders junge Väter sollten unterstützt werden. Die unterschiedliche ethnische Zugehörigkeit in den einzelnen Wohngebieten sollte kein Problem sein, da die Bundesbehörden bei diesen lokal auftretenden Diskriminierungen klärend eingreifen würden. Unumstritten sollte sein, daß für die ärmsten Viertel die größte Unterstützung zur Verfügung gestellt wird. Die Schulen in den Farbigengettos sollten als Tore zu neuen Lebensformen gefördert werden. (Natürlich würden die Gettos durch die Umformung des Militärs in ein im wesentlichen mit interner Infrastrukturentwicklung befaßtes Friedenscorps schnell und von Grund auf umgestaltet, materiell, sozial, ästhetisch und moralisch.) In ähnlicher Weise sollten auch die High-Schools mehr Unterstützung und Wertschätzung erfahren. Mehr kleinere Schulen sollten gebaut werden, in denen das Schüler-Lehrer-Verhältnis zahlenmäßig günstiger ausfällt. Promovierte Geisteswissenschaftler sollten als Lehrer in High-Schools eingesetzt und angemessen für ihre Tätigkeit bezahlt werden. Jeder entsprechend Befähigte sollte ermutigt werden, nach Abschluß der High-School seine Studien fortzusetzen. Staatliche Zuschüsse, Forschungsgelder, Stipendien und andere neue Möglichkeiten sollten großzügig zur Verfügung gestellt werden, um dem größeren Kreis jener Menschen zugute zu kommen, die erfüllt sind vom Glauben an einen globalen Umdenkungsprozeß.

Denkanstöße für diese Bildungsmaßnahmen könnten insbesondere aus den aufgeklärten politischen Traditionen kommen, die keinen religiösen Stempel tragen. Auf allen Ebenen der Ausbildung könnte man sich für Workshops zur geistigen Bildung einsetzen, zu denen auch Techniken zur Stärkung positiven Bewußtseins, Unterweisung in Meditation, Kampfsportdisziplinen und dergleichen mehr gehören könnten.

Wenigstens fünfzig Milliarden Dollar jährlich sollten aus dem Verteidigungsetat abgezweigt werden für derartige Bildungsprogramme auf allen Ebenen. In den Vereinigten Staaten unterstrichen mehrere Präsidenten in Folge den hohen Wert der Bildung, doch sie alle haben nur zur Lähmung des Bildungssystems beigetragen. Mit unserer Plattform soll der Bildung ihre zentrale Rolle zurückgegeben werden als dem Garanten für Demokratie, sie führt zu einem erfüllteren Leben des einzelnen Menschen, sie ist der Dreh- und Angelpunkt für ein effizientes »Streben nach Glück«, von dem Präsident Jefferson einst sprach.

NEUNTENS: Wir bekennen uns zu dem aufgeklärten Prinzip der selbstlosen Unterstützung aller Menschen. Das beinhaltet die Durchsetzung des Rechts auf Arbeit, Ausbildung, Unterkunft, Ernährung, eine gesunde Umwelt und ein umfassendes Gesundheitswesen nach kanadischem oder europäischem Vorbild mit einem gleichberechtigten Nebeneinander verschiedener Heiltraditionen, darunter die chinesische, tibetische und indische Tradition.

In den achtziger Jahren verfügten die politisch Verantwortlichen Einschnitte in den amerikanischen und europäischen staatlichen Wohlfahrtssystemen, indem sie sich gegen eine entscheidende Verantwortung der Regierung für soziale Belange aussprachen. In Amerika malte man das von rassistisch denkenden Weißen ausgemachte Phantom einer von staatlicher Wohlfahrtsunterstützung lebenden Schwarzen an die Wand, einer Mutter von neun Kindern, die im Cadillac herumfährt, im Luxus schwelgt und dergleichen mehr. Doch dies war nur eine rassistisch gefärbte Phantasievorstellung von Politikern, denen es trotz vorgenommener Kürzungen noch nicht einmal gelang, Geld zu sparen; sie verursachten die größten staatlichen Haushaltslöcher in der Geschichte der Vereinigten Staaten. Was sie bei Schulspeisung, Versorgung schwangerer Mütter und anderem einsparten, wurde zehnfach wieder ausgegeben für Verbrechensbekämpfung, Gefängnisse und andere sinnlose Maßnahmen zur Verhinderung der reinen Zerstörungswut, die solcher Ungerechtigkeit stets auf dem Fuß folgt. Die Gelder für Ausbildungsmaßnahmen wurden gekürzt, um mehr Mittel für die Arbeitslosenunterstützung zu haben. Die Steuerquote wurde etwas zurückgeschraubt, aber davon profitierten im wesentlichen nur die Reichen, und die ungeheure Anhäufung von Wohlstand der ein Prozent Reichen an der Spitze der Bevölkerungspyramide bewirkte nicht etwa eine Investitionsflut mit einem entsprechenden Jobangebot. Nein, es kam zu einer massiven Kapitalflucht und Kapitalanlagen in steuerbegünstigte Investitionsvorhaben in Billiglohnländern und in der Folge zu einem katastrophalen Verlust an Arbeitsplätzen und damit zur Zerstörung des ökonomischen Unterbaus in den entwickelten Industriegesellschaften. Wir müssen es uns zum Programm machen, den altruistischen Wohlfahrtsstaat wieder zu stärken und beweisen, daß das am unteren Ende der Gesellschaft, bei den wirtschaftlich Schwachen, investierte Geld gut angelegtes Geld ist. Wenn wir uns für die Sanierung unserer Armutsgebiete einsetzen, dient dies nicht nur der Gerechtigkeit, sondern ist langfristig gesehen ökonomisch sinnvoll und schafft ein unschätzbar reiches menschliches Potential.

Unser Gesundheitsprogramm setzt auf den Ausbau einer umfassenden Gesetzgebung für die Gesundheitsvorsorge, die in den Vereinigten Staaten traditionell von bestimmten Interessengemeinschaften verhindert wird, insbesondere von den Ärzteverbänden, der Pharmaindustrie, den Krankenhaus- und Versicherungsgesellschaften. Die staatlichen Gesundheitssysteme Kanadas und einiger europäischer Staaten bieten sich als vernünftige Alternativen an. Bei den aufgeklärtem Denken verpflichteten Heiltraditionen geht man davon aus, daß ein jedermann zugängliches medizinisches Versorgungssystem notwendig ist, damit sich die Menschen, unbeeinträchtigt von gesundheitlichen Problemen, in ihrem menschlichen Leben ganz darauf konzentrieren können, den Weg zur Erleuchtung zu durchlaufen. In den Beruf des Arztes wird in unseren Industriegesellschaften zwar übertrieben viel hineingeheimnist, doch diesem könnte man durch die Einrichtung von medizinischen Kursen für Laien auf Oberschul- und Studentenniveau abhelfen, denn so bekämen die Teilnehmer einen besseren Einblick in die Grundlagen dieser Wissenschaft – und ihre offenkundigen Grenzen. Es sollte sehr viel mehr Ärzte geben, was auch ohne weiteres möglich wäre, wenn die Standesvereinigung der Ärzte nicht künstlich für Beschränkungen sorgte, um das hohe Einkommensniveau der Ärtzteschaft zu sichern. Die Krankenversicherungen sollten ebenfalls der Kontrolle unterliegen, und die Regierung sollte mit ihnen zusammen ein effektiveres System erarbeiten. Die Pharmaindustrie sollte zu einer verantwortungsvolleren Preispolitik aufgerufen werden, und sie sollte sich um längerfristigen Nutzen und Zuverlässigkeit ihrer Produkte kümmern. Schließlich sollten auch Präventivmedizin, Ernährungslehre, Gymnastik- und Fitneßprogramme und alternative Heilmethoden gefördert werden, um den auf Medizintechnik basierenden Heilverfahren mehr Konkurrenz und dem einzelnen Menschen eine größere Wahlfreiheit zu bieten. Die wie Epidemien in unseren Gesellschaften grassierenden Leiden, Herzkrankheiten, Krebs, Rheuma, AIDS und streßbedingte Gesundheitsstörungen etwa, sollten wir epidemisch und auch individuell behandeln. Die Hersteller von Dünge- und Schädlingsbekämpfungsmitteln sowie die Nahrungsmittelindustrie sollten kontrolliert und zu größerer Zurückhaltung aufgefordert werden. Auf diese Weise könnten sich die mit Medizin befaßten Branchen wieder mehr auf das allgemeine Wohl konzentrieren.

ZEHNTENS: Grundlage des Programms ist unser Bekenntnis zur Unabdingbarkeit einer starken Exekutive in allen Demokratien – besonders angesichts der gegenwärtigen Krisensituation in der Welt. Wir appellieren erneut an das demokratische Ideal, daß es freien Menschen erlaubt sein sollte, sich zu ihrem eigenen Schutz eine starke, engagierte, verläßliche und mit Vollmachten ausgestattete oberste Exekutive zu wählen. Um dies sicherzustellen, plädieren wir dafür:

1. die Wähler über das Computersystem der KFZ-Zulassungsbehörden zu registrieren;

2. Fernsehen und Telefon für den Aufbau eines elektronischen Volksbefragungssystems zu nutzen, um Exekutive und Legislative mit einem individuellen Feedback zu versorgen;

3. wieder eine demokratische Medienpolitik ins Leben zu rufen, um Medienmonopole auszuschalten;

4. die Wahlkampagnen aus öffentlichen Mitteln zu bestreiten, um zu verhindern, daß Abhängigkeiten entstehen zwischen Mitgliedern der Exekutive auf der einen und individuellen Finanziers beziehungsweise finanzkräftigen Institutionen auf der anderen Seite.

Die Gründerväter der demokratischen Gesellschaft waren davon überzeugt, daß der einzelne Mensch sinnvollerweise nur für eine begrenzte Zeit Regierungsverantwortung tragen solle. Außerdem glaubten sie, es gebe viele Menschen, die auf begrenzte Zeit über die anderen Menschen hinausgehoben und mit Macht und Verantwortung für die Regierungsgeschäfte ausgestattet werden könnten. Denken wir immer daran, daß der einzelne Mensch überall im Land weniger Unterstützung von den regional miteinander rivalisierenden Behörden und Wirtschaftsunternehmen – den Raubrittern unserer Zeit – erfährt als von der durch ihr Votum beauftragten zentralen Exekutive. In einer buddhistischen Legende wird berichtet, daß die Menschen in der Antike Mahāsammata, »den Großen Auserwählten«, auserkoren, sie vor den potentiell unterdrückerischen Lokalgewaltigen zu schützen. Ebenso sollten wir uns in unserer Wahlplattform für jemanden einsetzen, dem wir Vertrauen entgegenbringen können – und wir glauben fest daran, daß es unter uns auch noch solche Menschen gibt. Im Verlauf dieses Wahlprozesses würde die Beziehung zwischen den einzelnen Bürgern und den von ihnen gewählten Politikern gestärkt.

Außerdem sollten wir uns verpflichten, alle Anstrengungen zu unternehmen, jeden in den politischen Prozeß einzubeziehen, damit die Demokratie wieder mit Leben erfüllt wird. Ebenso sollten wir uns verpflichten, für eine Kommunikation zu sorgen zwischen dem einzelnen Bürger und der zentralen Exekutive. Die Wünsche der Bürger könnten auf diese Weise dort häufiger zur Kenntnis genommen werden und nicht nur gelegentlich, wenn die Bürger sich bei Wahlen zu Wort melden. Der einzelne Bürger fühlt sich so selten motiviert, mit Politikern Verbindung aufzunehmen, daß ein Kongreßmitglied daher bei gelegentlichem Erhalt eines Briefes dessen Inhalt als repräsentativ für die bisher nicht artikulierten Gedanken von 17 000 Menschen halten würde. Stellen Sie sich einmal vor, um wieviel aufmerksamer der gewählte Repräsentant wäre, wenn politische Probleme allabendlich begleitend zu den Nachrichten auf Bildschirmen für ein Wählerreferendum erörtert würden und wenn der einzelne per Knopfdruck seine Meinung über den Computer seines Repräsentanten kundtun könnte! Wir besitzen die Technik für ein solches System. Wir sollten uns dafür einsetzen, daß sie zum Wohl der Öffentlichkeit genutzt wird und nicht allein Anzeigenagenturen und Marktforschungsunternehmen von ihnen profitieren.

Die Mehrheit der Gebildeten und Ungebildeten ist von den Politikern enttäuscht und mißtraut reichen und einflußreichen Menschen. Das unglaublich selbstsüchtige und selbstzerstörerische Verhalten der Reichsten dieser Welt in den vergangenen Jahrzehnten hat diese Antipathien in gefährlicher Weise noch weiter angeheizt. In unserer Wahlplattform müssen wir das Versprechen abgeben, die Reichen und Mächtigen wieder in die Gesellschaft einzubinden. In der ganzen Welt hat sich die Konzentration von Reichtum und Macht in Händen einer kleinen Elite in höchstem Maß zerstörerisch auf das fragile gesellschaftliche Geflecht der meisten Industriegesellschaften ausgewirkt. Unfähige Politiker trifft man stets dort, wo Gefängnistüren schwer ins Schloß fallen, Schalter am elektrischen Stuhl umgelegt, unzählige Gefängniszellen gebaut und Polizisten mit automatischen Waffen ausgerüstet werden – alles Maßnahmen gegen die Ärmsten der Armen und Unterdrückten. Wir müssen uns in unserer Wahlplattform zur wirklichen Gerechtigkeit für alle verpflichten.

Wer mit dem Ziel handelt, eine aufgeklärte Gesellschaft zu schaffen, tritt selbstverständlich auch für den Wohlstand ein, denn er betrachtet ihn im karmischen Sinn als die Frucht großzügiger Taten in früheren Existenzen. Ein Bodhisattva oder heilsorientierter Mensch strebt nach Reichtum, damit er oder sie davon an Bedürftige geben kann, besonders fruchtbar wirkt sich Großzügigkeit aus, wenn man sie mit Bedacht auf Dinge richtet, die den Menschen langfristig Glück verheißen. Wenn jedoch Reichtum allein Begierde ist, wenn er unbedacht verschwendet wird, kann er sich unglaublich zerstörerisch auswirken, am meisten für den Reichen selbst. In aufgeklärten demokratischen Systemen ist der Gedanke der sozialen Revolution institutionalisiert, und die progressive Einkommensbesteuerung und andere Instrumente werden dazu eingesetzt, um auf behutsame und dauerhafte Weise einen Ausgleich zwischen Reich und Arm in der Gesellschaft zu erreichen. In unserer Wahlplattform unterstützen wir aus Barmherzigkeit für die Reichen und Armen diese Politik der kontinuierlichen und friedlichen gesellschaftlichen Umwandlung. Wahrer Reichtum ist ein von liebenden Menschen geknüpftes gesellschaftliches Netz, er zeigt sich in einer angenehmen und gesunden Lebensart, einer schönen Umwelt und einer einladenden Atmosphäre, in der sich Kreativität entfalten kann. Geld allein wird zur schweren Last, es hindert seinen Besitzer daran, wahre Zuneigung zu empfinden, adelt ungesunde Abhängigkeiten, schädigt die Umwelt und führt zu Langeweile, Enttäuschung und Verzagtheit. Aufgeklärtheit begegnet all diesen Problemen durch ihre wichtigste Tugend: Großzügigkeit bei allen Dingen im Leben.

Econ
Phyllis Krystal
Die inneren Fesseln sprengen
Arbeitsbuch